JN096805

第1章-1　下原遺跡：爪形文土器より古いと思われる波状文土器が検出された。今年度になって、さらに琉球列島最古の土器（13000～14000年前）が発見されている。

第1章-2　下原遺跡出土の波状文土器

第2章-1　喜界島城久遺跡群

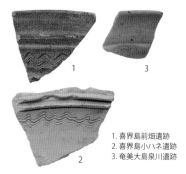

1. 喜界島前畑遺跡
2. 喜界島小ハネ遺跡
3. 奄美大島泉川遺跡

第2章-1　南島域出土の須恵器

第3章-1　春の七くさ　表紙

第3章-2　七くさ　すずしろ

第4章-1　津名久焼窯跡採集の板状陶製品
　　　　　（大和村教育委員会保管）

第4章-2　盛岡家伝来の津名久焼鷹形置物
　　　　（奄美市奄美博物館保管）

第5章-1　大和村名音集落の全景

第5章-2　龍郷町秋名集落の田袋の風景

第6章-1　芦検の共同墓地公園

第7章-1　老朽化が進む清水集落の護岸

第7章-2　アダン林のおかげで広くなった蘇刈集落の浜

第8章-1 「自殺艇」（震洋）模型

第8章-2 呑之浦の入江

第9章-1 環境省パンフレットにみる
南西諸島のイメージ

第10章-1 金作原国有林

第9章-2 奄美市のご当地ナンバー

第10章-2 展望台から見たマングローブ林

第11章-1　南海日日新聞の記者らが聴取した住民アンケートの結果を報じる『南海日日新聞』(2016年1月1日付1面)

第11章-2　網野子トンネル(4243メートル)ができて旧道となった国道58号。アマミノクロウサギに注意を促す看板と路面表記は以前からあったようだ＝瀬戸内町網野子(2015年9月15日撮影)

第12章-1　諏訪之瀬島のユニークな地蔵(筆者撮影)

第12章-2　諏訪之瀬島小・中学校(筆者撮影)

第13章-1　港に停泊する船舶

第13章-2　出港する船舶

AMAMI ISLANDS

# 奄美群島の歴史・文化・社会的多様性

渡辺芳郎 編著

南方新社

# はじめに

　九州島南方の南西諸島—大隅諸島・トカラ列島・奄美群島・沖縄諸島・先島諸島—は、本土から、鹿児島県域の奄美群島・与論島までが約600km、先島諸島の与那国島までが約1000kmをはかる長大な島嶼のつらなりである。気候帯としては温帯から亜熱帯に属し、植物相・動物相に日本本土地域にはない多様性が見られる。動物相の違いに着目して、トカラ列島に引かれた「渡瀬ライン」が有名である。また各島嶼の形成要因の違いにより、火山活動を成因とする島、隆起サンゴ礁による島などの地形的な違いも見られ、それが島嶼の自然環境にも多様性を与えている。

　自然環境の多様性は、そこに住む人々の生活の多様性も生み出している。生活とは自然環境への適応形態の現れの一つと言えるからだ。さらにその多様性は、人々の生業や生活様式だけでなく、社会のあり方や儀礼、宗教、世界観などにも広く及ぶ。民俗学、文化人類学の調査研究成果は、南西諸島が南からの文化と本土の北からの文化の交錯・重層地帯であることを明らかにしている。

　このような南北の文化の交錯性・重層性は、自然環境の多様性とともに、歴史的に形成されてきたものでもある。古くは弥生時代や平安時代において、南海産の貝—ゴホウラやイモガイ、夜光貝など—が装身具・装飾品の原料として求められた。中世になり海上交通が活発化すると、三山を統一した琉球王国は、中国・日本・朝鮮・東南アジアを結ぶ海上交易の要衝として繁栄した。近世では、鹿児島の島津氏が琉球に侵攻し、奄美群島までをその領域に収めるが、引き続き琉球は中国との貿易を継続している。このような南北を結ぶ交易・交流ルートとしての南西諸島の歴史的蓄積もまた文化的多様性を生み出した要因の一つといえよう。

　また現在、奄美大島、徳之島、沖縄島北部及び西表島の世界自然遺産登録が目指されているが、それに先立ち、2017年に「奄美群島国立公園」が設立された。この公園では、生態系全体の管理・保全を目的とした「生態系管理型」とともに、「環境文化型」という新しいコンセプトがうたわれている。「環境文化型」とは、多様な自然環境と地域の伝統文化を包括して保全すること

を目的としている。つまり両者は個別的、対立的なものではなく、不即不離の関係として理解されているのである。

　これまで鹿児島大学では、文部科学省特別経費プロジェクト「薩南諸島の生物多様性とその保全に関する教育研究拠点整備」の助成を受け、2015年より調査研究を進めてきた。その成果は、『奄美群島の生物多様性—研究最前線からの報告』（2016年）、『奄美群島の外来生物—生態系・健康・農林水産業への脅威—』（2017年）、『奄美群島の野生植物と栽培植物』（2018年）、『奄美群島の水生生物　山から海へ　生き物たちの繋がり』（2019年）（いずれも南方新社刊）として刊行されている。プロジェクト最終年度である今年は、上に述べたような自然環境の多様性を基礎として形成された奄美群島の歴史的、文化的、社会的多様性についての調査研究成果をまとめた。

　本書は「歴史編」「文化編」「社会編」の3部構成よりなっている。

　「歴史編」には4編を収録している。**高宮広土「奄美・沖縄諸島の島々に旧石器時代にヒト（ホモ・サピエンス）がいた意義」**では、世界的な規模での比較と、最新の考古学的知見を踏まえ、先史時代の琉球列島の特異性を二つの点から指摘している。一点は旧石器時代（今から1万年以上前）において狩猟採集民である人類が居住した島嶼は、世界的に見て希少であることである。もう一点は、近年、旧石器時代と貝塚時代前期（日本列島の縄文時代）との間にあったギャップを埋める考古学資料が急増し、両時代の連続性、つまり琉球列島に継続して人類が居住していた可能性が高まっている点である。このようなきわめて古い時代から継続的に狩猟採集民が居住した島嶼は世界的にきわめて珍しく、人類史の「常識」を大きく変える地域であると指摘している。

　**橋本達也「須恵器流通からみた南島と古墳社会の関係」**では3世紀中葉から7世紀初頭、南九州から東北地方南部にかけて広がる古墳社会と南島世界との関係を考古学資料から論じている。喜界島・奄美大島・トカラ悪石島に散見される須恵器は、肝属地域を介して、南海産貝交易の過程で運ばれた可能性が高いとしている。しかし大隅海峡を境界として、九州と南西諸島との間では、交易はしても相互に文化的影響を与えない関係が見られるとし、その断絶性が倭人—南島人という相互認識、さらには古代の「日本」という

領域の形成を促したと指摘する。

　高津孝「曾槃著述考略　本草の部」で取り上げられている曾槃（1758 ～ 1834 年）は、博物学大名として知られる薩摩藩主・島津重豪（1745 ～ 1833 年）に仕えた、薩摩藩を代表する本草学者、博物学者である。農業百科全書『成形図説』の編纂（1804 年刊行）で知られるが、それ以外の著作も数多い。その中には『鳳梨寫眞』『中山草木』など琉球に関わる著作も含まれる。しかし活字化されているものが少ないため、その全貌はいまだ十分に把握されていない。本論では現存する曾槃著作について解題を作成し、曾槃研究の基礎としている。

　高宮論文で示されたように、奄美群島においては非常に古くから土器が作られ始めたが、窯を築いて焼き物を生産したのは、11 世紀後半～ 14 世紀の徳之島カムィヤキに限られる。その中で、明治初期に奄美大島大和村で焼かれた津名久焼は、短期間で終焉したとはいえ、群島の窯業史を考える上で重要である。渡辺芳郎「奄美大和村津名久焼の基礎的研究」では、その津名久焼について、新出資料を踏まえて、現段階で判明している具体相を検討している。とくに白薩摩に類似した鷹形置物の確認は、これまでの津名久焼の製品像を大きく変えるものである。

　「文化編」には 4 編をおさめた。桑原季雄「奄美大島大和村と龍郷町における女性たちの活動と地域の資源」では、大和村名音集落の「のんティダの会」と龍郷町秋名集落の「まーじんま会」という 2 つの会における女性たちの活動を「地域の資源」という視点から考察している。そして人口減少、住民の高齢化が進行する両地域において、前者は「人の循環」を重視した人の資源の活用に、後者は「自然の循環」に着目した自然の資源の活用に新たな付加価値を生み出している点で共通すると指摘している。

　同じような人口減少と高齢化に対応する島嶼社会の別の側面に注目したのが、兼城糸絵「奄美大島の共同納骨堂に関する一考察―宇検村の事例を中心に―」である。祖先祭祀の伝統が強い奄美では墓地の管理は重要な問題であるが、過疎化、高齢化にともない管理の負担増加と墓地の無縁化に対する懸念が増大している。その一つの解決法として宇検村では集落による共同納骨堂の建設が選択されたと論じている。「家」意識の希薄化など従来の墓の形態が変わる現代において示唆的な事例である。

熊華磊「浜における豊かな生活風景とその変化─奄美大島瀬戸内町の三集落を中心に─」では、奄美における浜を「生産域」「生活域」「信仰域」の重層的な存在としてとらえ、聞き取り調査を基に、かつて浜で営まれた生活風景の「豊かさ」を記述している。その生活風景は昭和30年代以後の護岸工事の進展により失われ、また新たな観光化の波によるさらなる変容が起こりつつある。改めてかつての「開発」が持っていた意味についての検証の必要性を指摘している。

　奄美と縁の深い小説家として島尾敏雄がいる。彼は特攻隊隊長として加計呂麻島に滞在し、特攻の命令が下りる前に終戦を迎えた。その終戦直前、自らの「死」と直面する状況に材を取った一連の作品の一つ「出孤島記」を論じたのが、鵜戸聡「島尾敏雄「出孤島記」における環境世界」である。本論では主人公の「私」の目に映じた加計呂麻島の豊かな自然（環境世界）の記述を手がかりとしながら、環境世界が「私」に、ひいては人間に何を与え、人間がそこに何を見いだしているのかという、特攻や戦争を超えた、より普遍的な「世界に向き合う方途の一つ」を指し示していると論じている。

　「社会編」には５編を収録している。うち３編は世界自然遺産と、それと密接に結びついたエコツーリズムに関する論考である。萩野誠「南西諸島におけるエコツーリズムと生物多様性─エコツーリズム分析の枠組み─」では、南西諸島において観光産業としてエコツーリズムが成り立つ条件について、経済学的視点から検討している。筆者は、エコツーリズムを自然環境という公共財のサービスを消費する観光と定義し、その際にサービスの量・質の増大にガイドの果たす役割が大きいこと、また自然環境以外の社会文化領域をガイドに組み込むことの重要性を指摘する。その上で奄美・沖縄の世界自然遺産地域において想定しうるエコツーリズムの形態を類型化している。

　そのエコツーリズムの実際を調査した宋多情「奄美の世界自然遺産登録と観光利用─エコツーリズムの側面から─」では、奄美群島における世界自然遺産登録推進の経緯とそれと結びつけられたエコツーリズムの成立過程について明らかにしている。そして奄美群島における初期のエコツアー商品化および地域住民主体の徳之島のエコツーリズムについて報告する。その具体的な姿を通じて、開発主義に偏らない地域づくりの必要性を指摘している。

　宮下正昭「世界自然遺産登録問題とメディア、住民意識」は、2015年10

〜11月に実施したアンケート結果と奄美在住の記者・識者ら計10名の聞き取り調査を基に、世界自然遺産登録に関する島民の意識を検討している。自衛隊駐屯地誘致、ノネコ対策、ハブに対する考え、環境保全と観光とのバランスなど、自然遺産登録と関連する、あるいは派生する諸問題について、住民意識の多面的、多様な意識のありようを浮き彫りにしている。

　人口減少、高齢化に直面している南西諸島にあって、十島村諏訪之瀬島では、村による積極的な移住奨励策により、平成22年以後、人口が増加していることが全国的に注目されている。**西村知「諏訪之瀬島における移住決定要因─多様性の受容を中心として─」**は、移住者増加、定着の要因を関係者からの聞き取り調査により明らかにし、多様な移住者を受容する諏訪之瀬島の社会環境と、多様な主体による協働が島の経済・社会を活性化させていると指摘している。

　事故によるタンカーからの原油流出、あるいは一般船舶からの機械油の流出が、周辺の海洋と陸地を汚染し、大きな被害を与えることは、海に囲まれ、漁業や観光業に重きをなす南西諸島にとって深刻な問題である。**松田忠大「船舶事故を原因とする損害賠償制度の現状と課題」**では、タンカーの油濁損害が、船主の制限責任を補う国際基金により賠償されるのに対し、一般船舶ではそれに対応する基金がないことを指摘し、被害者賠償が十分に果たせるだけの法律の運用が求められるとしている。

　本書で報告する調査研究成果が、奄美群島の自然環境と歴史・文化・社会の多様性の理解と保全、そしてその継承のための一助となれば幸いである。

編者

# 目　次

# 第 1 部
## 歴史編

# 第1章

## 奄美・沖縄諸島の島々に旧石器時代に ヒト（ホモ・サピエンス）がいた意義

高宮広土

## 1．はじめに

　周知の通り今日奄美諸島は鹿児島県の一部で、沖縄諸島は沖縄県に含まれる。しかし、先史時代にはこのようなボーダーはなく、奄美・沖縄諸島は一つの文化圏を形成していた。この文化圏を国分直一（1966）は「南島中部圏」と呼称した。いわば、両諸島は兄弟姉妹的な関係にあったといっても過言ではない。

　先史時代とは人類史のなかで文字のない時代のことで、奄美・沖縄諸島では約3万年前から約1000年前までの期間である。文字の出現以降を歴史時代とするが、奄美・沖縄諸島においてヒト（ホモ・サピエンス）がこの地に足を踏み入れてから今日までの期間のうち、実に95％以上が先史時代であったのである。過去を振り向くと、両諸島はこれだけ長い期間兄弟姉妹関係にあったのである。

　さらに特筆すべき点は、奄美・沖縄諸島の先史時代を世界的な視野で検証すると、大変稀な文化現象があったことが、最近の研究で明らかになりつつある。換言すれば、世界の他の島々の先史時代と奄美・沖縄諸島の先史時代を比較すると、後者から人類史的あるいは世界史的に大変貴重な情報を提供できる可能性があるのである。例えば、奄美・沖縄諸島の貝塚時代と呼ばれる時代には、狩猟採集民（この場合は「狩猟・採集・漁撈民」がより適切）がいたことが判明しつつある。奄美・沖縄諸島のコンテクストのみ、あるいは少し枠を広げて、奄美・沖縄諸島の研究者が主に研究対象としていた日本列島や東アジアを含めたコンテクストにおいては、貝塚時代に狩猟・採集・漁撈民がいたことは至極当然と解釈されていた。しかしながら、世界の他の島々に目を向けてみると、奄美・沖縄諸島のような島で狩猟採集民がいた島

は、世界的にほとんど存在しない（高宮 2018；Takamiya et al. 2015）。

　奄美・沖縄諸島の先史時代を世界の島々の先史時代と比較すると「狩猟・採集・漁撈民」のいた島に加えて、他にも世界的に大変珍しい文化現象があることも最近の研究で提示されつつある。本章ではこれらの現象のうち、2点について述べたい。まず、奄美・沖縄諸島では今から 1 万年以上前の遺跡が報告され、旧石器時代にホモ・サピエンスがいたことが理解されていたが、世界的にみて今日より 1 万年以上前にホモ・サピエンスのいた島はほとんど知られていない。次に「旧石器時代」と「貝塚時代」の連続性についてである。この期間には連続性があるのであろうか。あるいは一旦途切れるのであろうか。近年の研究は前者を支持するようであり、もしそうであれば、この点に関しても世界的に稀な文化現象の可能性がある。本章ではこれら 2 点について議論するが、「旧石器時代」あるいは「貝塚時代」といわれても、ピンとこない読者も少なくないと思われるので、次節でまず奄美・沖縄諸島の編年について簡単に紹介したい。

## 2．奄美・沖縄諸島の編年

　北海道を除く本土の先史時代は旧石器時代、縄文時代、弥生時代および古墳時代という時代区分から構成されている。奄美・沖縄諸島では、今日まで本土と異なるいくつかの編年案が提言されてきた（表 1）。表 1 にみられるように、ホモ・サピエンスが渡来して約 1 万年前までは本土と同様に旧石器時代とする。しかし、この時代に続く時代を「縄文時代」および「弥生〜平安並行期」とする編年案がある（表 1D 案）。同時に縄文時代相当期から弥生〜平安並行期を貝塚時代とする編年案もある（表 1A 〜 C 案）。これらの編年案のうち、本章では最新の編年案である A 案を利用する。すなわち、縄文時代相当期を「貝塚時代前期」とし、弥生時代から平安時代頃までを「貝塚時代後期」とする編年案である（新里 2014）。この編年案では、貝塚時代前期はさらに 1 期〜 5 期、貝塚時代後期は 1 期〜 2 期に細分されている。貝塚時代はグスク時代と呼ばれる時代へと引き継がれる。貝塚時代は狩猟・採集・漁撈民の時代であり、グスク時代になると農耕が生業の中心となる時代であった。また、本章で述べる年代は暦年代である（沖縄県立博物館・美術

表1　奄美・沖縄諸島の編年

| BP | 南島中部圏（奄美・沖縄諸島） | | | | 本土（北海道以外） |
|---|---|---|---|---|---|
| | A案 | B案 | C案 | D案 | |
| ca. 11/12〜15 AD | グスク時代 | | | | 室町 鎌倉 |
| 1,400 | 貝塚時代 後2期 | 貝塚時代 後III・IV期 | 貝塚時代後期 | 弥生〜 平安並行期 後半 | 平安 飛鳥 |
| 2,600 | 貝塚時代 後1期 | 貝塚時代 後I・II期 | | 弥生〜 平安並行期 前半 | 古墳 弥生 |
| 3,000 | 貝塚時代 前5期 | 貝塚時代 前V期 | 貝塚時代中期 | 縄文時代晩期 | 縄文時代晩期 |
| 4,000 | 貝塚時代 前4期 | 貝塚時代 前IV期 | 貝塚時代前期 | 縄文時代後期 | 縄文時代後期 |
| 5,000 | 貝塚時代 前3期 | 貝塚時代 前III期 | | 縄文時代中期 | 縄文時代中期 |
| 6,000 | 貝塚時代 前2期 | 貝塚時代 前II期 | 貝塚時代早期 | 縄文時代前期 | 縄文時代前期 |
| 7,000 | 貝塚時代 前1期 | 貝塚時代 前I期 | | 縄文時代早期 | 縄文時代早期 |
| | 土器文化の 始まり？ | ? | ? | ? | |
| 10,000 32,000 | 旧石器時代 | | | | 縄文時代草創期 旧石器時代 |

*本土編年とのおおよその比較であり、南島中部圏の時代区分とは必ずしも一致しない。

館 2018；藤田 2019；山崎 2015 参照）。

## 3．旧石器時代にヒト（ホモ・サピエンス）のいた島

　表1をご覧になって何か疑問に思う点はないであろうか。おそらく多くの方は何の疑問もなく、表1を眺めているのではないであろうか。実際、ごく最近まで奄美・沖縄諸島の研究者も何の異論もなく表1を受け入れていたように思う。しかし、世界的にみると今から約1万年以上前にホモ・サピエンスの存在した痕跡が認められる島はほんの一握りなのである。ご存知のようにホモ・サピエンスは、今から約20〜30万年前にアフリカに起源した。彼らは約7万年前にアフリカを出て、約4万年前にヨーロッパや東アジアに進

出している。5 万年ほど前にはオーストラリアにまで達している。さらに、約 1 万 5000 年前にはシベリアからベリンジアと呼ばれる陸橋を渡り、アラスカへと拡がった。さらに驚くべきことに、彼らは 5000 年ほど後には南米の最南端までへも拡散したのである（篠田 2017）。ホモ・サピエンスの旧大陸における広がりも驚異的であるが、たった約 5000 年で新大陸の最北端から最南端へと進出した事実には目をみはるものがある。この事実はホモ・サピエンスの多様な環境への適応能力の高さを明示するものである。そして、この地球規模の拡散を成し遂げたホモ・サピエンスは狩猟採集民であった。狩猟採集民は多様な環境への適応能力の大変高い人々であったのである。彼らは約 1 万年前までに、南極大陸を除く全ての大陸に拡散したことがこの点を如実に物語っている。しかしながら、これほど多様な環境への適応能力の高い狩猟採集民でも島の環境へ拡散することは、至難の技であった。世界的にみて、約 1 万年前以前にホモ・サピエンスがいた島はそれほど多くは知られていない。カリフォルニア沖に位置するチャネル諸島やニューギニアの北東部に浮かぶニューブリテンやニューアイルランドなど、おそらく 10 ～ 15 の島ほどである（小野 2017；高宮 2005）。それも約 4 万年前から 1 万年前というホモ・サピエンスの歴史からいうとごく最近の出来事であった。

　「今から約 1 万年前以前（旧石器時代）にホモ・サピエンスが生活を営んだ島はほとんどなく、それらは例外的である」。1980 年代留学先の大学で先史時代における島とホモ・サピエンスに関する授業でこの「常識」を聞いた時、ふと「いや、沖縄諸島には港川人の化石人骨が出土した港川フィッシャー遺跡や奄美諸島では奄美大島の喜子川遺跡など、旧石器時代の遺跡が知られているではないか」と疑問がわいたことが、私の研究がその頃まで対象であった北海道から奄美・沖縄諸島を含む琉球列島へと転じた瞬間であった。「奄美・沖縄諸島の常識は世界では非常識」かもしれない。当時、沖縄諸島では旧石器時代の遺跡として 8 遺跡報告されていた（表 2）。一方、奄美諸島でも旧石器時代と解釈された遺跡が 2 遺跡確認されていた。彼らは海を渡って奄美・沖縄諸島にたどり着いたのであろうか。1990 年代前半にかけては、台湾から細長い半島がのび、奄美・沖縄諸島はその一部であったという仮説が提唱（木村 1991）され、陸橋を徒歩で渡った可能性が示唆されていた。しかし近年の研究ではこの陸橋説は否定されている（菅 2014）。彼らは海を渡ったの

表2　琉球列島旧石器時代の遺跡

| 島名 | 遺跡名 | 年代 | 発見年 |
|---|---|---|---|
| 種子島 | 立切遺跡 | 3万5000年前 | 1997 |
| | 大津保畑遺跡 | 3万年前 | 2009 |
| | 横峯C遺跡 | 3万5000年前 | 1992 |
| 奄美大島 | 土浜ヤーヤ遺跡 | 2万5000年前 | 1987 |
| | 喜志川遺跡 | 2万5000年前 | 1987 |
| | 赤木名グスク遺跡 | 後期更新世 | 2002 |
| 徳之島 | 天城遺跡 | 3～2万年前 | 1993 |
| | ガラ竿遺跡 | 30000年前 | 2002 |
| 沖縄島 | 桃原洞穴遺跡 | 後期更新世 | 1966 |
| | 大山洞穴遺跡 | 後期更新世 | 1964 |
| | 山下町第一洞穴遺跡 | 3万6000年前 | 1962 |
| | 港川フィッシャー遺跡 | 2万2000年前 | 1968 |
| | サキタリ洞遺跡 | 3万年前～1万年前 | 2011 |
| 伊江島 | カダ原洞穴遺跡 | 後期更新世 | 1962 |
| | ゴヘズ洞穴遺跡 | 後期更新世 | 1976 |
| 久米島 | 下地原洞穴遺跡 | 1万8000年前 | 1983 |
| 宮古島 | ピンザアブ洞穴遺跡 | 3万年前 | 1979 |
| 石垣島 | 白保竿根田原洞穴遺跡 | 2万4000年前～ | 2009 |

である。

　ホモ・サピエンスは約3～4万年前に日本列島に渡来してきたといわれている（篠田 2017）。どこから人々が奄美・沖縄諸島に来たのか、に関しての答えは未だ判明していないが、日本への進出とほぼ同時期に彼らは舟を利用して奄美・沖縄諸島に渡ってきたのである（年代は後述、図1）。その頃には人々はすでに航海に長けていたのかもしれない。奄美・沖縄諸島で最も著名な旧石器時代の遺跡は上述した港川フィッシャー遺跡で、その理由は東アジアで最も保存状態の良い化石人骨が発見されたからである。港川人と呼ばれるこれらの化石人骨は特に日本人の起源を検証する際、避けては通れない化石人骨となっている。約2万2000年前の遺跡である。琉球列島最古の遺跡は沖縄県那覇市に所在する山下町第一洞穴遺跡より検出された子供の化石人骨で約3万6000年前といわれている。近年では、沖縄島の南に位置するサキタリ洞遺跡が研究者のみではなく、一般の方にも注目を浴びている。特に「世界最古」と言われる「釣り針」が検出されたことや、世界でも類をみない旧石器時代の「貝器」が出土したことなどは多くのメディアで報道されている。この遺跡の最古層は約3万7000年前とされている（沖縄県立博物館・

図 1　琉球列島における旧石器時代の遺跡

美術館 2018；藤田 2019；山崎 2015）。

　「旧石器時代にホモ・サピエンスがいた島」という観点からいうと、琉球列島の奄美・沖縄諸島以外の島々にも言及しないわけにはいかない。種子島では 3 万年前以前の遺跡として、横峯 C 遺跡、立切遺跡および大津保畑遺跡が知られている（Takamiya et al. 2019）。南種子町教育委員会の石堂博和（2014 年、私信）によると、このころ地球は若干暖かく、九州島と種子島の間には海峡が存在したという。また、先島諸島では 1980 年代に約 3 万年前のピンザアブ遺跡から化石人骨が発見・報告されている。さらに南の石垣島ではサキタリ洞遺跡と同様な大発見が 2000 年代になされた。白保竿根田原洞穴遺跡の発見と発掘調査である。この調査以前は石垣島における最古の遺跡は約 4000 年前であったが、白保竿根田原洞穴遺跡の発掘調査により、約 2 万 4000 年前にはヒトがいたことが明らかになった。以上をまとめると、

17

琉球列島以外の世界の島々では、約 10 〜 15 の島々からホモ・サピエンスがいたことが報告されている。一方、琉球列島では、種子島、奄美大島、徳之島、伊江島、久米島、沖縄島、宮古島および石垣島と 8 つの島々にホモ・サピエンスがいたことが判明している。この数は世界に匹敵するといってもいいのではないであろうか。

## 4．1 万年前以前にホモ・サピエンスが島嶼環境に
## 　　拡散できなかった要因

　狩猟採集民のホモ・サピエンスは多様な環境への適応能力の高い人々であったにもかかわらず、島は星の数ほどあるのに、なぜ約 1 万年前以前にはほんの数島にしか拡散することができなかったのであろうか。その要因として、以下の 6 点が提唱されている（高宮 2005）。まず、多くの読者の皆さんの頭に浮かぶ要因としてあげられる点は「海を渡る」ことができたであろうか、ということではないであろうか。考古学的データによると、ホモ・サピエンスは約 5 万年前には航海技術を有していた。オーストラリアや東ティモールあるいは日本でいうと神津島などから、1 万年前から 5 万年前にはヒトは航海能力があったことが示されている。しかしながら、「渡海」は今日でも 100％保証されるわけではない。おそらく、その頃の人々にとっては「渡海」は大きな危険を伴ったことであろう（1 つ目の要因）。

　無事に海を渡ることができたとしても、さらなる大きな困難が待ち受けていた。2 つ目の要因としては、島嶼という環境は、大陸（あるいは大きな島）と比較して、食料を含む自然資源が極端に乏しいことで特徴づけられる点である。例えば、本土ではニホンジカなどを含む 100 種類以上の哺乳類が知られているが、琉球列島で最大の沖縄島では 9 種類の哺乳類しか生息しておらず、次に大きな島である奄美大島でも 10 種類のみである。また食料となりうる野生の植物食も本土と比較すると奄美・沖縄諸島では少ない。さらに、新たに到達した島の環境において、もともと母集団の環境で食料として慣れ親しんだ動植物が欠ける場合もある。例えば、九州島から奄美・沖縄諸島へ植民したと仮定すると、九州島にいたニホンジカは奄美・沖縄諸島にはいない。また、もともとの母集団の環境には存在しないが、新たな島嶼環境にお

いて食料となりうる動植物資源が生息する可能性もありうる。ここでも九州島と奄美・沖縄諸島の例で話すと、後者におけるサンゴ礁域の資源であり、前者には存在しない。新たに島に植民した人々は試行錯誤の末に生存するための食料を獲得しなければならないのである。

　第 3 番目の要因として考えられるのは、小集団の問題である。先史時代における航海は縄文時代の遺跡から出土した丸木舟を参考にすると、おそらく小集団による航海であったであろう。小さな集団は自然災害に弱いといわれている。つまり、土砂災害、川の氾濫あるいは津波などの大きな自然災害が発生した場合、最悪の場合小集団は全滅するおそれがある。さらに、小集団は感染症にも弱いといわれている。感染症が流行った場合、小集団を維持することは難しいのである。例えば数千人規模の集団であれば、自然災害や感染症に直面しても数百人は生存するかもしれないが、10 〜 30 人程度の集団であれば、自然災害や感染症によって生存者のいない可能性もありうる。

　第 1 番目から第 3 番目の要因まで、すべてクリアできたと仮定しよう。そうすると、この集団は島嶼環境で生存することはできるのであろうか。つまり、渡海し、資源の乏しい環境からどうにか食料を得、自然災害や感染症を避けることができたとして、彼らはその後島嶼環境で生存できるのであろうか。これらの要因を解決したとしても小集団の人口を維持するためには、さらなる問題がある。旧石器時代や縄文時代の想像画で勇猛果敢な男たちが丸木舟を操って荒波の中、島へ渡る描写をしばしば目にすることがある。彼らが運良く第 1 番目〜第 3 番目の要因を解決したとしても、さらなる問題に直面する。勘の良い読者の方々は「男のみでは人口維持はできない」と推察されるのではないであろうか。つまり、人口維持をするためには女性が必要である。以前は、たまたま妊婦が島へ漂着して、その島でヒトの集団が繁栄したという仮説も提唱されていた。しかし、最近の研究ではこのような偶然によって人口を維持することは難しいといわれている。あるコンピューターシミュレーションで、3 組、5 組および 7 組の生殖可能な男女が島へ渡り、その後の人口維持を考察した。カップル数が多ければ多いほど長期間人口を維持することができたが、7 組でも数百年後にはその集団は途絶えてしまった。他のあるシミュレーションによると、15 組以上のカップルだと人口維持の確率は高くなるという。このような研究により、島への植民は偶然ではなく、

計画的でなければならないと考えられるようになった。第1番目〜第3番目の要因をクリアできたとしても、島で人口を維持することは容易ではない。ここで、人口維持の問題を第4番目の要因としよう。

　第1番目から第4番目までの要因を解決できたとしよう。島からの難題は、しかし、これでも終わらない。「人口を維持することができた」ということは島の環境に「適応できた」ということである。ヒトの集団が島嶼環境に適応するとその人口は図2のように増加する。図2のKとはキャリーイング・キャパシティー（carrying capacity、環境許容力）といわれ、ある環境で生存できる人数（個体数）とされている。どのような環境においてもKは存在し、そこで維持できる人の数（個体数）には上限がある。Kをある環境における食資源の量と解釈していただきたい。思い出していただきたいのは、島の環境において自然から得られる食資源は大変乏しいという点である。島の環境に一旦ヒトの集団が適応すると、図2のような人口増加（個体数増加）が起こる。このような人口増加はロジスティック的な人口増加といわれている。例えば、ある島のKが100kgとしよう。そこへ20人の男女が移住し、適応したとする。最初は20人には100kgの食料があるわけであるが、島の環境に適応するとその集団はロジスティック的に増加し、時間の経過とともに100kgを50人あるいは80人で分け合う必要が生じてくる。植民の初期段階と比較して、適応後の人一人分の「分け前」が徐々に減少することが理解されるであろう。それも食資源の貧弱な島嶼環境においてである。

　ヒトの集団が島の環境に適応すると、ロジスティック的に増加する人口と島嶼環境の食資源の問題にとどまらない。島の環境は大変デリケートであるといわれる。島嶼環境の脆弱性である。島嶼環境は何百万年あるいは何千万年という大変長い期間を経て生態系を構築してきた。そこへ新しい植物種あるいは動物種が適応するとその長い年月をかけて築いてきた生態系に大きなダメージ

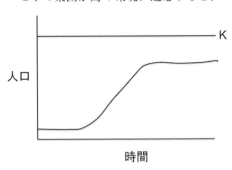

図2　ヒトの集団が島の環境に適応した際に予測できる人口増加のパターン（ロジスティック的な人口増加）

を与えるといわれている。小笠原諸島のグリーンアノールなどの外来種問題を思い出して欲しい。それゆえ環境省などは外来種問題に大変敏感なのである。「外来種」の中でも最も厄介なのがホモ・サピエンスである。彼らはホモ・サピエンスという1種類の動物のみで島へ渡ることもあるだろうが、イヌや家畜動物あるいは栽培植物などを持ち込むこともある。また、意図せぬ動植物としてネズミや雑草の種などがヒトによって島嶼環境へもたらされる場合もある。彼らが住居作りや燃料となる薪の調達のために森林資源を利用した結果、森林が消滅した島も少なくない。森林の消滅はそこに生息した動植物にも大きな影響を与える。このような事例により、島の先史学の研究者の中では、ヒトの集団が一旦島嶼環境に適応すると大変デリケートな島嶼環境の劣悪化あるいは破壊が起こりうるというのがほぼ常識になっている。このことは何を意味するかというと、ひょっとしたらもともと少ない食料がさらに少なくなるかもしれないのである（図3でのK1からK2）。上述の100kgの例でいうと、ヒトの集団が適応すると人口は20人、50人、80人とロジスティック的に増加する一方、食資源は100kg、80kg、50kgへと減少する可能性もあるのである。島嶼環境に適応したヒトの集団はこのパラドックスに直面する可能性もありうる。これが第5番目の要因である。

　読者の皆さんにはヒトの集団が島へたどり着き、その人口を維持することが容易ではないことをご理解いただいたのではないであろうか。第1番目〜第5番目の要因は理解していただいたかもしれないが、冒頭で触れた1万年前以前にヒトのいた島は多くはない、にあるように、なぜ1万年前以前には少ないのであろうか。第1番目〜第5番目の要因さえ克服できれば、いつでも島でヒトの集団は生存することができたと思われないであろうか。高校生の頃世界史を履修した読者の方には「1万年前」と聞いて何か思い当たることはないであろうか。約1万年前という時期は人類史において大きな変革の起こった

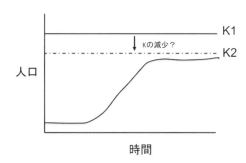

図3　ヒトの集団が島の環境に適応した際に起こりうるかもしれないKの減少

時期であった。それは「農耕のはじまり」である。この頃ヒトは初めてコムギ、オオムギあるいはイネなどを栽培し始めたのである。

　今から約 40 年前になるが、地中海の島々におけるヒトの集団の植民を考察した Cherry（1981）は、地中海の島々に人々が住み始めたのは 1 万年前以降であることを示した。地中海の周りの大陸側では、4 万年前にはホモ・サピエンスが出現する。さらにその前の時代のホモ・エレクタスやホモ・ネアンデルタレンシスも地中海の周りの大陸側を闊歩していた。しかしながら、1 万年前以前のホモ属が島で暮らしたという確実なデータは少ない。Cherry（1981）の結論を要約すると、地中海の島々では狩猟採集で生存するには面積が不十分で、農耕を伴って初めて島での生活が可能となったというものであった（6 番目の要因）。

　ここ半世紀ほど狩猟採集と農耕の比較がなされてきているが、この二つの生業を比較して農耕が優れているという点が挙げられるとすると、それは農耕によって単位面積から得られる食資源の量が格段に増加するという点である。10m × 10m の畑からは家族 4 人が数カ月以上食すことのできる食料を得ることが可能となりうるが、同じ面積から食料となる野生の動物や植物を十分に手に入れることは容易ではない。食料資源の貧弱な島嶼環境においても農耕を伴えば、ヒトの集団は島で生活できることを Cherry（1981）は提示したのである。事実、オセアニアやカリブ海を含むほぼすべての世界の島々は農耕民によって植民されている。すなわち、1 万年前以降なのである。これらのことを考慮すれば、ヒトの集団が 1 万年前以前になかなか島で生活することができなかったことが理解できるであろう。このような背景を考察すると奄美・沖縄諸島を含む琉球列島では少なくとも 8 つの島に旧石器時代にヒトの集団が生活を営んだ痕跡が得られていることは世界的に価値のある情報なのではないであろうか。

　近年、旧石器時代にホモ・サピエンスがいた島として琉球列島の島々は世界から注目を浴びている。「はじめに」で、貝塚時代には狩猟・採集・漁撈民が存在したことが明らかになりつつあり、この点は世界的にみると大変珍しい文化現象であると述べた（高宮 2018；Takamiya et al. 2015）。奄美・沖縄諸島では旧石器時代の人々の食性についてはまだまだ解明されていない。サキタリ洞遺跡からはモクズガニやウナギあるいは堅果類が報告されて

いるが、これはサキタリ洞人の食性の一部を示しているのみである。つまり秋に何を食べたかを示しているという（沖縄県立博物館・美術館 2018；藤田 2019；山崎 2015）。サキタリ洞遺跡における食性は「秋」しか理解されていないが、世界的な傾向からみて、おそらく奄美・沖縄諸島の旧石器時代人は自然環境から得られる動植物に依存していたと解釈できると思われる。貝塚時代に狩猟・採集・漁撈民が存在したこと自体でさえ、世界的に大変貴重なデータであるが、奄美・沖縄諸島においては貝塚時代以前の旧石器時代にも人々が島に住み、自然の食料資源で生存していたことが示されつつある。つまり、貝塚時代のみではなく、旧石器時代という長期にわたって狩猟採集民が生活を営んだのである。この点も島の先史学の常識を覆す点であると思われる。今後は、旧石器時代の春・夏・冬の食性を復元することが重要な研究テーマの一つであろう。

## 5．狩猟採集民のいた島について

　旧石器時代には狩猟採集民がいた。貝塚時代も自然資源に依存した人々がいた。奄美・沖縄諸島のような島々で、このような文化現象が確認されている島は今の所知られていないようである。ここで「奄美・沖縄諸島のような島々」とはどのような島々なのであろうか。例外的であるが「狩猟採集民がいた島」は世界の島々からいくつか報告されている。どのような島に狩猟採集民がいたのであろうか。簡単に述べると、狩猟採集民のいた島は以下の特徴がある。1) 面積が広い島、2) 大陸や大きな島に近接している島、3) アザラシなどの海獣がコンスタントに入手できる島、4) 狩猟採集民が母集団の環境から食料であった植物や動物を持ち込んだ島、そして 5) 1) ～ 4) の組み合わせが可能な島である。世界ではこのような島々に狩猟採集民がいた。そして、このような島であれば、狩猟採集民でも生存できると考えられていた。奄美・沖縄諸島の島々は、これらのどの特徴もあてはまらない。つまり、a) 面積は狭く、b) 大陸や大きな島から離れており、c) イルカやジュゴンは回遊するが、このような海獣に依存せず、d) 食料となりうる動植物の持ち込みも確認できず[注1]、e) よって、上記 1) ～ 4) の組み合わせも不可能な島々なのである。しかしながら、今日までに得られた考古学的および人類学的な

情報は、1）〜5）とは異なる全く新しい生業手段で奄美・沖縄諸島を舞台にして生存した狩猟採集民がいたことを提示しつつある。貝塚時代の情報は、狩猟採集に加えてサンゴ礁域の魚類・貝類という自然資源利用で、6番目の可能性を世界に発信している。さらに旧石器時代の食性の解明は7番目の可能性を提供するであろう。

　「旧石器時代」および「貝塚時代」に奄美・沖縄諸島のような島に狩猟採集民がいたことは世界的に大変珍しいケースであることを述べてきたが、旧石器時代の狩猟採集民は貝塚時代の直接の祖先なのであろうか。この点が明らかになれば、「奄美・沖縄諸島のような島」に旧石器時代から貝塚時代にかけての約3万年前から約1000年前という大変長期間狩猟採集（漁撈）民が存在したことになり、この点も世界的に大変稀な文化現象と考えられ、もう一つ世界に誇れることになるかもしれない。次節ではこの点を検証したい。

## 6．「旧石器時代」と「貝塚時代」の連続性の検証

### (1) 2011 年以前

　25年ほど前、沖縄諸島に焦点をあて旧石器時代と貝塚時代の連続性について検証したことがある。奄美・沖縄諸島のような島で今から1万年前以前にホモ・サピエンスがいた島は世界的に多くはなく、彼らの子孫がその後この小さな諸島の島々で生存し、今日の沖縄人に進化したのかどうかということが大変気になっていたからである。この連続性に関する検証を行う前から、約2万2000年前の港川人の時期から約7000年前までの間に属する遺跡は確認されていなかった。1万年以上も確実にヒトがいたことを示す調査成果がなかったのである。約7000年前には沖縄諸島（奄美諸島も含む）最古の土器として爪形文土器が知られていた。また、ヒトの集団が島の環境に適応すると人口はロジスティック的に増加することが唱えられていた（図2）。貝塚時代の人口のパターンを遺跡数をもとに復元したところ、ヒトの集団が沖縄諸島の島々に適応したことを示唆するロジスティック的な人口増加は前4期にみられた（高宮2005）。このようなデータをもとに、私は「沖縄諸島の島の環境にヒトの集団が初めて適応した時期は前3期の終わりから前4期にかけて」とし、その時期を『前4期』と仮称した。前1期や前2期にもヒト

は沖縄諸島にいたが、彼らは島の環境に適応できなかったと結んだ。さらに、前 1 期および前 2 期と『前 4 期』の大きな違いは、後者のサンゴ礁域より得られる魚類や貝類利用であった。サンゴ礁域より得られるこのような資源は沖縄諸島で最も効率の良いタンパク源で、この資源利用が沖縄諸島における人々の適応を可能としたと考えた。興味深いことに前 1 期および前 2 期の人々はサンゴ礁域の資源をほとんど利用していなかった。のちに明らかになるのであるが、今日沖縄諸島（および奄美諸島）をとりまくサンゴ礁の環境は前 3 期から前 4 期にかけて成立しており、前 1 期や前 2 期にはその形成段階であった（菅 2014）。

　では、旧石器時代の人々はどうなったのであろうか。このころ、沖縄諸島および奄美諸島は台湾からのびる細長い陸橋の一部（つまり、島ではなく半島の一部）という仮説（木村 1991）と沖縄諸島に焦点をあてた古地形の復元では沖縄諸島の島々は一つの大きな島を形成していたという仮説（高宮廣衞 1998）が提唱されていた。両仮説とも約 1 万年前に氷河期が終わり、今日の沖縄諸島の島々が形成されたと考察していた。このことは約 1 万 8000 年前から約 1 万年前という短期間で海水面が上昇し、今日の島々が出現したことを意味すると考えられた。もし、この考えが正しいとすると「台湾からの陸橋仮説」では 70％以上、「大きな島仮説」でも 50％以上の陸域が約 8000 年という短期間で消滅したことになる。50％～ 70％の陸域の消滅は、陸域における急激な食料の減少となったであろう。そして、旧石器時代の人々はこの急激な食料源の減少という環境変化に適応することができず、他所へ移住したか絶滅したのではないであろうか、という仮説を提唱した（高宮 2005・2011）。

　この『前 4 期』仮説を真正面から否定したのが伊藤慎二（2011）である。伊藤は琉球列島出土の土器の研究を専門としている。彼の詳細な土器研究によると、奄美・沖縄諸島貝塚時代の土器は細かく分類すると 28 段階に系統立てられるという。彼の研究で重要な点は、前 1 期（7000 年前の爪形文土器）から後 2 期（約 1000 年前のフェンサ下層式土器）に断絶はなく、連続性が認められるという点である。上述した『前 4 期』仮説が的を射ているとすると、前 3 期の終わりから前 4 期にかけての人々が初めて沖縄諸島の島嶼環境に適応したわけであるから、前 1 期や前 2 期の土器型式からの連続性は認め

られないはずである。例えば 1960 年代から今日までのトヨタ系の車種には
連続性があるが、この連続性の中で、1980 年代にフォード系の車種が入っ
てトヨタ系に取って代わったら、その変化は一目瞭然である。しかしながら、
伊藤（2011）によると土器型式の変遷にはこのような変化は全く認めらない
という。さらに、彼は住居の変遷などにも沖縄諸島内での連続性は認められ
るが、新たな要素が『前 4 期』に導入され、取って代わったという現象はな
いと結論づける。この結果、彼は『前 4 期』仮説を否定し、爪形文土器の時
代である前 1 期に人々が沖縄諸島に適応し、彼らの子孫が貝塚時代にいたと
いう前 1 期仮説を提唱した（伊藤 2011）。その後『前 4 期』仮説を強く支持
するデータはなく、「沖縄諸島に初めて適応した人々」は前 1 期仮説でほぼ
解決したかと思われた。つまり、旧石器時代人と貝塚時代のギャップ（2 万
2000 年前〜7000 年前）を埋めるデータはなく、前 1 期の人々が初めて沖縄
諸島の環境に適応したという考えである。奄美諸島においても旧石器時代と
貝塚時代にはギャップがあり、やはり前 1 期の爪形文土器が報告されており、
この時期にヒトの集団が初めて適応に成功した可能性を示唆していた。すな
わち、奄美・沖縄諸島に初めて適応した人々は、約 7000 年前の前 1 期の人々
であったであろうという仮説である。しかしながら、伊藤が前 1 期仮説を提
唱した 2011 年前後から今日まで、研究者が予期せぬ発掘成果が続々と発表
されている。

## (2) 旧石器時代のギャップ

　まず旧石器時代のギャップ（2 万 2000 年前〜1 万年前）を埋めつつある
のが、サキタリ洞遺跡における発掘調査である。2011 年より沖縄県立博物館・
美術館により本格的な発掘調査が実施されている。洞穴内外で 3 カ所が発掘
調査の対象となっているが、そのうち調査区 I における調査成果によって、
化石人骨以外ベールに包まれた沖縄諸島の旧石器時代が徐々に明らかになっ
てきた。真っ暗な洞窟に一条また一条と光が差し込むように。

　今日まで同区の I 〜 III 層が主な発掘調査の成果として報告されている（沖
縄県立博物館・美術館 2018；藤田 2019；山崎 2015）。その内容を要約すると、
発掘調査を始めて間もなく沖縄諸島で初めてとなる石器が発見された。本土
の旧石器時代の例えば細石刃のように一目で石器と判断できるような形状で

はなかったが、石材である石英はこの遺跡から 30km 以上北の本島北部や慶良間島が産地であり、サキタリ洞の人々が持ち込んだことが理解された。また、この「石器」の顕微鏡観察による分析や実験考古学により、「石器」は自然に形成されたものではなく、人による加工であることが認められたのである。合計 3 点の石器に加え、人骨やイノシシの骨が第 I 層から検出された。

　次に第 II 層では、第 I 層の成果からより多くの石器の発見が期待されたが、石器と思われる細粒砂岩礫が出土したのみであった。第 I 層と比較すると動物遺体が豊富に出土し、多量のカニのハサミ、カワニナ、カタツムリや貝類などが出土している。貝類に関して興味深い点は、今日サキタリ洞遺跡から海までは 1.5km 離れている（であるので、氷河期には海はもっと離れていた）が、わざわざこの距離を往復して貝を採集したようである。さらに、あまりにも貝のかけらが多いため、詳細に分析したところ、食料以外に道具として利用したことが判明した。日本列島最古の「貝器」らしい。また貝をビーズとして利用した装飾品も確認されている。数年前大きな話題となった世界最古の「釣り針」が出土したのもこの層からである。第 III 層における本格的な発掘調査は近い将来予定しているようであるが、貝器やカニなどが出土している。さらに第 VII 層では人骨などが、第 VIII 層ではシカなどの動物遺体が報告されている。

　ここで読者のみなさんの気になるところが各層の年代ではないであろうか。サキタリ洞遺跡では多くの炭素年代測定が実施されており、第 I 層（1 万 6000 年前〜1 万 3000 年前）、第 II 層（2 万 3000 年前〜2 万年前）、第 III 層（2 万 4000 年前〜1 万 9000 年前）、第 VII 層（3 万 5000 年前〜2 万 4000 年前）、第 VIII 層（3 万 7000 年前〜3 万 3000 年前）であるという。2 万 2000 年前から 1 万年前のギャップはサキタリ洞遺跡の発掘調査により埋まりつつある。

## (3) 爪形文土器以前のギャップ

　では、7000 年前〜1 万年前のギャップはどうであろうか。この間のギャップを埋める考古学的データは 2000 年前後から出始めていた。まずは、沖縄島港川フィッシャー遺跡における発見である。本章で何度も言及してきた遺跡であるが、この調査は化石人骨しか検出されていなかった同遺跡におい

て、人工遺物（旧石器）を掘り出し、考古学的に意義のある遺跡とすること
が目的であった。残念ながら旧石器を検出することはできなかったが、こ
の調査の結果、それまで知られていなかった1個体分の波状文土器が検出
された。その年代は、約9400～8700年前であった（具志頭村教育委員会
2002）。1998年のことである。2000年になると、喜界町に所在する総合グラ
ウンド遺跡で新しいタイプの土器が発見された。刺突条線文土器（澄田・堂
込・池畑 2003）で、土器付着炭化物から約7800年前の年代が得られた。し
かし、2000年前後は爪形文土器が奄美・沖縄諸島における最古の土器とし
て揺るぎない地位を占めていた。港川フィッシャー遺跡および総合グラウン
ド遺跡出土の新しい土器は参考資料程度に理解されていたように思われる。
　ところが、2010年から今日にかけて港川フィッシャー遺跡や総合グラウ
ンド遺跡出土の土器を支持する新発見が次々となされた（図4）。沖縄島南
城市に所在するティーラガマ（ガマはこの地域の方言で、洞穴の意）遺跡で

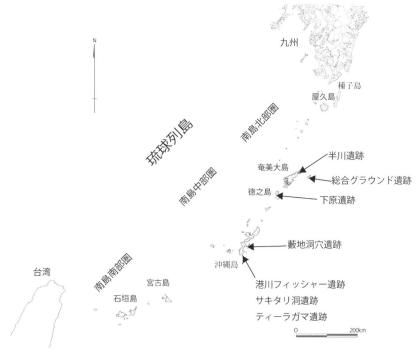

図4　爪形文土器より古いといわれる土器を出土した遺跡

採集された土器は港川フィッシャー遺跡出土の波状文土器に類した土器であるという。年代測定の試料であったシレナシジミガイやカワニナの年代は 1 万 1000 ～ 1 万 200 年前であった（山崎・横尾・大城 2010）。また、2008 年より発掘調査が行われているサキタリ洞遺跡からも古いタイプの土器が検出されている。調査区 II において IV 層から条痕文土器（前 2 期）が出土し、その下層に位置する V 層より押引文の施された土器が姿を現したのである。押引文もそれまでに知られていない土器で、層序からは前 2 期より古いことが示されており、その年代は約 9600 年前であった（沖縄県立博物館・美術館 2018）。さらに、2014 年にはうるま市に所在する藪地洞穴遺跡で発掘調査が始まった（横尾 2017）。この遺跡は 1960 年に発掘調査が実施され、爪形文土器が初めて検出された遺跡である。5 つのテストピットで発掘調査が行われたが、その中で興味深い成果となったのが、テストピット 1、テストピット 2 およびテストピット 3 である。テストピット 1 からは爪形文土器が検出され、1960 年の調査成果を再確認することとなった。テストピット 2 では、高密度で爪形文土器が出土し、その下層からは全く爪形文土器は認められず、厚手の土器が検出された。この厚手の土器より得られた付着炭化物の年代は約 8500 年前であった。さらにテストピット 3 においては、多量の厚手無文土器や波状文土器が検出された。波条文の出土下層の年代は約 8900 年～ 8700 年前、その下層の土器を含む層の年代は約 1 万 500 年前～ 1 万 200 年前であった。

　常識を覆すような古い土器の発見はその後も続く（具志堅 2017）。まず、2016 年より本格的な発掘調査が実施されている徳之島天城町に所在する下原遺跡である。ここでは 2 つのトレンチが発掘調査の対象となったが、そのうちの 1 トレンチが重要で、ここでは I ～ VI 層の 6 枚の包含層が確認された。掘り始めてすぐに II 層より爪形文土器が多く出土した。さらに III 層からは新しいタイプと考えられる波状沈線文土器が検出された。つまり、爪形文土器より古いと考えられる土器を回収することに成功したのである。この遺跡ではその後も発掘調査は継続されている。

　2004 年には奄美考古学の泰斗である中山清美によって奄美大島龍郷町に所在する半川遺跡が発掘調査された。特に最下層の第 V 層からは「条痕文土器」が検出され、前 2 期の遺跡と解釈された。この層からは多量の堅果類（シ

イ属）が回収され、奄美諸島最古の堅果類と中山（2009）によって推測された。その最古の堅果類の年代測定を行ったところ、約 1 万 1200 ～ 1 万 1300 年前という結果を得た（高宮 2019）。「条痕文土器」は約 5000 ～ 6000 年前の土器と想定されていたので、倍以上の古さとなったわけである。大変残念なことにこの年代測定の結果を得た時には中山は不帰の客となっており、さらに「条痕文土器」は 2010 年の奄美集中豪雨により行方不明といわれていた。この時点（2017 年）で「条痕文土器」と堅果類の年代測定の乖離を解決する唯一の方法は発掘調査しかなく、2018 年度に半川遺跡の発掘調査が行われた（高宮ほか　印刷予定）。「条痕文土器」を検出することはできなかったが、最下層から爪形文土器と思われた土器が多量の堅果類とともに出土した。そして、その堅果類を年代測定したところ、「条痕文土器」と「堅果類の年代」の乖離を解決するのではなく、悩ましい結果となった。つまり、7000 年ほど前と考えられている「爪形文土器」の年代が 1 万 1300 年前から 1 万 1400 年前というのである。今までの奄美・沖縄諸島の爪形文土器の常識からは考えられない年代である。発掘調査班で検討した結果、1) 爪形文土器の層に 1 万 1300 ～ 1 万 1400 年前の堅果類が混入した可能性、2) 奄美・沖縄諸島において炭素年代測定が古く出る可能性、および 3) 爪形文土器（少なくとも半川遺跡の）は実際に 1 万年前より古い可能性、という解釈が提唱されたが、どれも決定打がなかった。2019 年の 1 月～ 2 月のことであった（高宮ほか　印刷予定）。

　翌月 15 日に目を疑う新聞記事が掲載された（奄美新聞 2019）。上述の下原遺跡の第 IV 層から隆帯文土器が検出された、という報道である。隆帯文土器は本土で縄文草創期の土器であり、それだけでもセンセーショナルな発見であるが、その年代にはさらに驚かされた。すなわち、約 1 万 3000 年前から 1 万 4000 年前というのである。つまり、縄文時代のかなり古い時期の土器が徳之島までもたらされていたのである。発掘を担当した徳之島天城町教育委員会の具志堅亮によれば、隆帯文土器は上述した爪形文土器（II 層）より下層の厚手無文土器や波状沈線文土器（III 層）のさらなる下の層（IV 層）からの検出である。層位的にも科学的な年代測定においても琉球列島最古の土器といえるであろう。これらの解釈が正鵠を射ていれば、半川遺跡出土の爪形文土器の年代も理化学的な年代と整合性があるのではないかと考え

られた。本土では爪形文土器は隆帯文土器に続く土器型式だからである。半川遺跡出土の爪形文土器は新しいタイプの土器の可能性も頭の片隅に置いて今後の研究が必要であろう。さらには、2004 年に検出された「条痕文土器」の再検証も実施せねばならない。

　このように、ごく最近まで奄美・沖縄諸島最古の土器は約 7000 年前の爪形文土器といわれていたが、1 万 4000 年前から 7000 年前の間のギャップを埋める土器が次々と発見・報告されている。奄美・沖縄諸島のこの古い時期の土器文化および年代に関しては慎重な意見もある（伊藤 2017）。今後の検証によるところが大きいが、最近の古い土器の発見報告とサキタリ洞遺跡の旧石器時代の情報と合わせると、旧石器時代と爪形文土器出現期の時間的なギャップが埋まりつつあるような印象を受ける。言い換えると、旧石器時代と貝塚時代の文化的な連続性が示唆され始めているのである。もし、旧石器時代から貝塚時代にかけて継続してヒトが存在したことを示すことができれば、つまり最初に奄美・沖縄諸島にヒトが適応したのが前 1 期ではなく旧石器時代で、その後貝塚時代の終わりまでヒトの集団が連綿と生活を営んでいたとすると、奄美・沖縄諸島の島の特徴を考慮すると、この点も世界的に大変珍しい島となるのではないであろうか。それも、約 3 万年前から約 1000 年前という長期間、狩猟採集（漁撈）という生業によってである。おそらく奄美・沖縄諸島のような島でこれほど長く自然資源に依存していた人々はほとんど知られていないと思われる。

## 7．まとめ

　近年まで、奄美・沖縄諸島の先史時代の研究成果は世界の他の島々の先史時代と比較して検証されることはなかった。島の先史学として、奄美・沖縄諸島と他の島々を比較すると世界的に大変希少な情報を提供する可能性があることが判明しつつある。本章では、そのうち 2 点について考察した。まず、旧石器時代の遺跡の存在である。2019 年の時点で、奄美大島、徳之島、伊江島、久米島および沖縄島から旧石器時代の遺跡が報告されている。旧石器時代のヒトと島という視点では、奄美・沖縄諸島以外の琉球列島の島々についても触れる必要がある。琉球列島では、琉球列島北端の種子島およびほぼ南端の

宮古島と石垣島からも旧石器時代の遺跡が知られているのである。琉球列島では今日8つの島々に旧石器時代人がいた痕跡が残されている。琉球列島以外の島々では、1万年前以前にヒトのいた島は多くはない。琉球列島のこれだけの島々にヒトがいた事実は世界の島々と比肩する。また、ホモ・サピエンスは多様な環境への適応能力の高い狩猟採集民であったが、彼らでさえ島嶼環境を克服することは容易ではなかった。本章では、なぜホモ・サピエンスは1万年前以前に島嶼環境へ植民することが大きなチャレンジであったかについても紹介した。世界的にみると島嶼環境は旧石器時代の人々にとって、大きな挑戦の空間であった。彼らがどのようにして琉球列島の島々に適応したのかは今後の重要な研究テーマであり、その答えは世界史および人類史に貢献するであろう。

　2番目に考察した点は旧石器時代と貝塚時代の非連続性か連続性かについてである。このテーマに関しては、ごく最近まで、連続性を支持する情報はほとんどなく、旧石器時代人と貝塚時代人の非連続性が示唆された。非連続性を強く支持するデータが港川人の年代である約2万2000年前から奄美・沖縄諸島最古と考えられていた爪形文土器の年代である約7000年前の間の遺跡が全く知られていなかったことである。それゆえ、沖縄諸島（おそらく奄美諸島も）に初めてヒトの集団が適応したのは『前4期』あるいは前1期という仮説が提唱された。2011年に提唱された前1期仮説は、『前4期』仮説を否定し、約7000年前にヒトの集団は初めて奄美・沖縄諸島に適応したという仮説で、それ以前の人々ではないことが暗示された。しかしながら、ここ20年ほどの発掘調査の成果により、この空白の時期にヒトの集団が存在したデータが得られつつある。その一つがサキタリ洞遺跡における旧石器時代の発掘調査である。一方奄美・沖縄諸島の遺跡からは、7000年前から1万4000年前の年代が与えられた新しいタイプの土器が発見されている。これらのデータを合わせると、まだ点的ではあるが、奄美・沖縄諸島に約3万年前から約1000年前まで連続的にヒトの集団が存在した可能性が出てきた。もしそうであれば、奄美・沖縄諸島のような島で、これほど長期間狩猟採集（漁撈）民が生存した島も世界的にはほとんど知られていない。奄美・沖縄諸島の先史時代は世界的に大変珍しい情報を世界史・人類史に提供できる可能性が高まっていると思われる。

## 注

（1）DNA 分析などから先史時代のイノシシ遺体の中には他地域からの持ち込みも示唆されており、今後の成果に注目する必要がある（例　高橋 2012）。

## 謝辞

図1・3の原図は金武町教育委員会安座間充さんによる。編者の渡辺芳郎教授には本編作成にあたり、お手数をおかけした。両者に心より感謝申し上げたい。また、本編の元となる研究は文部科学省特別経費プロジェクト「薩南諸島の生物多様性とその保全に関する教育研究拠点整備」および科学研究費助成事業（基盤研究（Ｃ）課題番号 18K01068）「貝塚時代土器文化の起源と動植物遺体からみた食性・環境の基礎的研究」の一部を利用した。

## 引用文献

奄美新聞（2019）「奄美最古「隆帯文土器」出土」3 月 15 日.

伊藤慎二（2014）「先史琉球社会の段階的展開とその要因―貝塚時代前Ⅰ期仮説―」高宮広土・伊藤慎二編『考古学リーダー 19　先史・原史時代の琉球列島―ヒトと景観―』43-60. 六一書房. 東京.

伊藤慎二（2017）「（特別寄稿）貝塚時代前 1 期最古段階の土器編年研究の論点と課題」沖縄考古学会編『2017 年度　沖縄考古学会研究発表会―沖縄の土器文化の起源を探る―』73-77. 沖縄考古学会. 宜野湾市.

沖縄県立博物館・美術館（2018）『沖縄県南城市　サキタリ洞遺跡　発掘調査報告書』I. 沖縄県立博物館・美術館. 那覇市：278.

小野林太郎（2017）『海の人類史　東南アジア・オセアニア海域の考古学』雄山閣. 東京：224.

菅浩伸（2014）「琉球列島のサンゴ礁形成過程」高宮広土・新里貴之編『琉球列島先史・原史時代における環境と文化の変遷に関する実証的研究　研究論文集【第 2集】琉球列島先史・原史時代の環境と文化の変遷』19-28. 六一書房. 東京.

木村政昭（1991）「音波探査記録からみた琉球弧の第四紀陸橋」中川久夫教授退官記念事業会編『中川久夫教授退官記念地質学論集』109-117. 中川久夫教授退官記念事業会編. 仙台市.

具志頭村教育委員会（2002）『港川フィッシャー遺跡―重要遺跡確認調査報告―具

　　志頭村文化財調査報告書第5集』具志頭村教育委員会.具志頭村：141.

國分直一（1966）「南島の先史土器」『考古学研究』3：31-45.

具志堅亮（2017）「下原洞穴遺跡発掘調査概要」沖縄考古学会編.2017年度『沖縄
　　考古学会研究発表会—沖縄の土器文化の起源を探る—』63-72.沖縄考古学会.
　　宜野湾市.

篠田謙一（2017）『ホモ・サピエンスの誕生と拡散』洋泉社.東京：189.

新里貴之（2014）「琉球列島の先史時代名称と時期区分」新里貴之・高宮広土編『琉
　　球列島先史・原史時代における環境と文化の変遷に関する実証的研究　研究
　　論文集【第1集】琉球列島の土器・石器・貝製品・骨製品文化』viii-xii.六一
　　書房.東京.

澄田直敏・堂込秀人・池畑耕一（2003）「喜界町総合グラウンド遺跡（弓道場）出
　　土の土器」『鹿児島考古』37：25－32.

高橋遼平（2012）『Ancient DNA を用いた先史時代琉球列島へのイノシシ・家畜
　　ブタ導入に関する動物考古学的研究　総合研究大学大学院博士論文』117.

高宮廣衛（1999）「琉球諸島の旧石器時代」『読谷村立歴史民族資料館紀要』23：1
　　－29.

高宮広土（2005）『島の先史学　パラダイスではなかった沖縄諸島の先史時代』ボ
　　ーダーインク.那覇市：227.

高宮広土（2018）「先史時代の人々は何を食べたか—植物食編　最前線—」高宮広
　　土編『奄美・沖縄諸島先史学の最前線』136-163.南方新社.鹿児島市.

高宮広土（2019）「半川遺跡（第2次調査）出土の植物遺体」奄美考古学会編『中
　　山清美と奄美学—中山清美氏追悼論集—』485-492.奄美考古学会.奄美市.

高宮広土・新里貴之・黒住耐二・樋泉岳二（印刷予定）『半川遺跡第3次発掘調査
　　報告書（仮題）』.

中山清美（2009）『掘り出された奄美諸島』財団法人奄美文化財団.奄美市：157.

藤田祐樹（2019）『南の島のよくカニ食う旧石器人』岩波書店.東京：136.

山崎真治（2015）『島に生きた旧石器人　沖縄の洞穴遺跡と人骨化石』新泉社.　東京：
　　93.

山崎真治・横尾昌樹・大城秀子（2010）「南城市親慶原ウフニクガマ採集の遺物に
　　ついて」『南島考古』29：113-128

横尾昌樹（2017）「藪地洞穴遺跡発掘調査速報」沖縄考古学会編『2017年度　沖縄
　　考古学会研究発表会—沖縄の土器文化の起源を探る—』53-62.沖縄考古学会.
　　宜野湾市.

CHERRY, John T. (1981) Pattern and Process in the Earliest Colonization of the

Mediterranean Islands. Proceedings of the Prehistoric Society. 47: 41-68

TAKAMIYA, Hiroto, HUDSON, Mark, YONENOBU, Hitoshi, KUROZUMI, Taiji, and TOIZUMI, Takeji (2016) An extraordinary case in human history: prehistoric hunter-gatherer adaptation to the islands of the Central Ryukyus (Amami and Okinawa archipelagos), Japan. The Holocene. 26(3): 408-422 DOI: 10.1177/0959683615609752

TAKAMIYA, Hiroto, KATAGIRI, Chiaki, YAMASAKI, Shinji, and FUJITA, Masaki (2019) Human Colonization of the Central Ryukyus (Amami and Okinawa Archipelagos), Japan. The Journal of Island and Coastal Archaeology. 14(3): 375-393 DOI: 10.1080/15564894.2018.1501443

# 第2章

## 須恵器流通からみた南島と古墳社会の関係

橋本達也

### 1．古墳社会境界域の交流―問題の所在―

　本章は、古代日本の九州本土とそれより南に連なる南島世界との交流についてモノ資料からみて行こうとするものである（図1）。およそ西暦3世紀中葉から7世紀初頭までの間、九州南部から東北地方南部に至る広汎な地域は、首長層の死にともなって前方後円墳などの古墳を築造することに象徴される社会的共通圏が形成される。この時代を古墳時代という。この時代には近畿中央部に巨大古墳の存在によって表される政治的中枢が形成されるが、その近畿中央政権（ヤマト政権）との政治関係で結ばれた人々は、倭国の、倭人としての民族意識を形成した時代でもあった。それは同時に各地域社会を結び付ける人・モノ・情報の活発な広域交流によって生み出されたものでもある。

　この古墳を築造する社会と南島社会との間にも交流関係の存在したことは、南島でしか産出しない大型巻貝を原材料とした貝製品、なかでも貝釧（貝製腕輪）や馬具が古墳から出土することによって知ることができる（図2）。とくに古墳社会には、奄美～沖縄産出と考えられる大型巻貝のゴホウラ・イモガイ、種子島産の可能性が高いオオツタノハといった貝を原料とする貝釧、イモガイを用いた馬具の雲珠・辻金具が広汎に流通しており、朝鮮半島や東日本の古墳でも出土している。

　ところが一方で、南島域では古墳社会と共通の文物がほとんど出土していない。あるいは、貝製品の流通以外に相互に影響を受けた形跡もまったくといっていいほど見られない。

　古墳時代並行期の南島を代表する遺跡は種子島広田遺跡であるが、この遺跡ではおおよそ古墳社会に共通する要素を認めることができず[注1]、そのた

め長らく古墳時代並行
期の遺跡として認識さ
れてこなかったほどで
ある。

　南島産の貝を運んだ
人々は古墳社会との接
触によって、南島に何
を伝えたのであろうか。
例えば穀物などの食料
や繊維製品など残存し
にくいものが貝と交換
された可能性は十分に
考えられる。ただ、東
北地方北部・北海道や、
朝鮮半島など、古墳社
会の外部世界でも共通
する文物が流通するこ
とからすると、交流が
あればモノ資料がない
ということは考えにく
い。この問題を考える
上で、現状でわずかで
はあるが手掛かりとな
る考古資料は須恵器で
ある。

図1　本章の主要対象地域

　須恵器は古墳時代中期中葉、5世紀前葉に朝鮮半島から日本列島へ伝わっ
た登り窯で焼成する土器である。その生産地は北部九州・瀬戸内の各所でも
確認されているが、古墳時代を通じての最大の生産地は大阪府堺市南部を中
心に広がる陶邑窯跡群である。そして、その生産技術と製品の拡散・普及は
古墳時代の広域交流を跡づけるものである。

　本章では南島域で確認されている須恵器についてまずは情報を確認し、そ

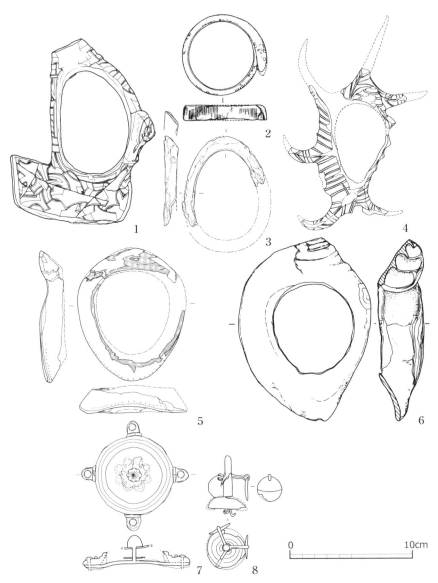

1. 大阪府紫金山古墳ゴホウラ製貝釧　2. 福井県龍ヶ岡古墳イモガイ製貝釧　3. 宮崎県牧之原遺跡石棺墓オオツタノハ製貝釧　4, 静岡県松林山古墳スイジガイ製貝釧　5. 兵庫県新宮東山 2 号墳 1 号棺ゴホウラ広田下層型貝釧　6. 熊本県伝左山古墳ゴホウラ繁根木型貝釧　7. 韓国慶州鶏林路 14 号墳イモガイ装辻金具　8. 韓国慶州皇南大塚南墳イモガイ装尻繋飾金具

図 2　古墳出土の南島産貝製品

の上で南島側の資料から古墳と南島社会の関係性について評価を試みるとともに、東北地方の状況などとも比較しながら境界域に顕在化する日本古代国家の形成過程を読み解いて行きたいと思う。

　なお付言ながら、南島史でもっとも重要な種子島広田遺跡は1957～59年の調査以後、弥生文化の南方伝播ルートにかかわる遺跡として広く知られてきた。しかし、すでに拙稿で論じたところであるが（橋本 2018）、本遺跡の下層墓群は古墳時代前期初頭以降に形成され、前期後葉～中期中葉、すなわち西暦4世紀中葉～5世紀中葉をピークとする遺跡であることははじめに確認しておきたい。近年でも、通説的には本遺跡の形成期を弥生時代後期後半ないし弥生時代終末期に遡らせる見解が主流を占めているが、妥当ではなく筆者は広田遺跡の上限は弥生時代終末期を含まないと考えている[注2]。

　以下に須恵器の資料確認から進めよう。

## 2．南島出土の古墳時代須恵器

### (1) 喜界島の須恵器

#### 1) 城久遺跡群の須恵器

　喜界島城久遺跡群の発掘調査において出土したもので、すでに報告書が刊行されており、そこで古代以前、すなわち古墳時代の須恵器であることが指摘されていたものである。古墳時代須恵器として理解できるものは前畑遺跡と小ハネ遺跡出土の2片であるが、ほかにも可能性のある甕・壺胴部片などが山田中西遺跡・大ウフ遺跡などで出土している。

　中世の南島交流の拠点である城久遺跡群では、古墳時代にも集落・交流拠点形成が行われていたものと考えられるであろう。

#### 2) 前畑遺跡の須恵器（図3-1）

　中世の掘立柱建物の柱穴から出土したものであるが、建物遺構に伴うものではない。報告書では台付き器種の脚部として図化されているが、直口壺の口縁部片である（図4-1）。横方向の突帯間に精緻な波状文を施すもので、内面には薄く自然釉がかかり、内外面ともに焼成も良好である。大阪府陶邑編年のTK216型式を中心としてTK23型式、おおむね5世紀前葉から中葉に位置づけられるものであろう。

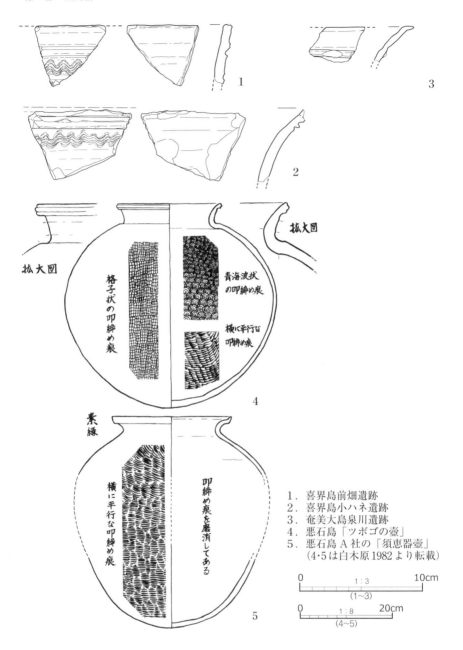

1．喜界島前畑遺跡
2．喜界島小ハネ遺跡
3．奄美大島泉川遺跡
4．悪石島「ツボゴの壺」
5．悪石島 A 社の「須恵器壺」
　（4・5 は白木原 1982 より転載）

図 3　南島域の須恵器

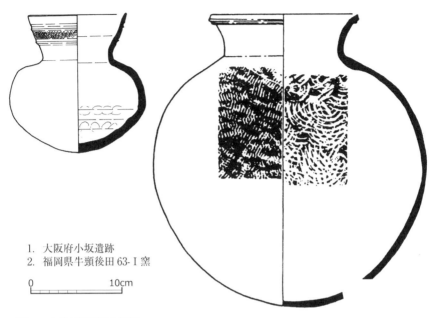

1. 大阪府小坂遺跡
2. 福岡県牛頸後田 63-Ⅰ窯

0　　　　　　　10cm

図4　南島域須恵器の類例

### 3) 小ハネ遺跡（図3-2）

　中型甕の口縁部が出土している。すぐに類例の見当たる資料ではないが、口縁下にシャープに飛び出る突帯が２本あり、その下には幅が狭くラフな波状文を施す。なおかつ、灰白色で焼きがあまいといった特徴からすれば型式的に定型化していない５世紀前葉を中心とする初期須恵器の範疇にあるとみて良いだろう。むしろ、消去法的に初期須恵器以外にはこのような形はみられず、その意味では須恵器型式のTK216型式を中心として、下ってもTK208型式の範囲とするのが妥当で、前畑遺跡の須恵器とほぼ同時期の５世紀前葉〜中葉頃に位置づけられる。その産地は陶邑やその他のよく知られた窯の製品ではなく、未発見の地方窯が候補になるだろう。

### (2) 奄美大島の須恵器

### 1) 泉川遺跡（図3-3）

　甕の口縁部の可能性のある小片が、奄美空港建設に伴う砂丘上の遺跡で遺

構に伴わずに出土している。かなり摩滅しており、また小片であるため確定は難しいが、口縁部の高さからすれば須恵器型式の TK208 ～ MT15 型式の幅の中にあり、なかでも TK208 ～ 23 型式にあたる可能性が高いと推定する。大きくみれば5世紀後葉を中心とする時期となる。

### (3) 悪石島の須恵器

#### 1) 悪石島の須恵器概要

　白木原和美によって紹介された須恵器が2点ある（白木原 1982）。いずれも出土品ではなく、神社に伝存するものである。

#### 2) 「ツボゴの壺」（図 3-4）

　須恵器中型甕で焼成は還元化しておらず、赤焼き状態であるが硬質である。福岡県牛頸窯跡群の牛頸後田 63 - I 号窯出土の甕に近いものとみなされる（図 4-2）。同窯の編年Ⅳa期であり（舟山 2008）、共伴資料からは陶邑の TK43 型式並行に位置づけられ、6世紀末頃の年代が与えられるものである。

#### 3) 「A 社の須恵器壺」(注3)（図 3-5）

　中型甕である。実物の口縁部を確認できていないので型式的な評価は保留しておきたいが、内面の当て具痕のすり消しからすると、初期須恵器5世紀中葉以前の可能性もある。

### (4) 種子島の須恵器

#### 1) 広田遺跡　A Ⅳ地区の上層と中層の境界部から須恵器大型破片2点が出土したと記録されているが、実物資料が現存せず、写真や図面等の情報もない（広田遺跡学術調査研究会 2003）。広田上層と中層の編年的位置づけを決定づける根拠となり得る重要資料であるので惜しまれるが、この層位に対応する埋葬遺構の筆者の年代観では古墳時代後期前葉～中葉、6世紀前半を想定する（橋本 2018）ので、その時期ないしそれをさかのぼる時期であろう。

## 3. 古墳時代並行期の南島と広域交流

### (1) 南島須恵器の位置づけ

### 1) 南島出土須恵器の経由地

　わずかではあるが、南島域でも古墳時代須恵器の流通が確認できた。器種としては甕・壺・甑とみなされ、甕については内容物の容器としての搬入もあり得るであろうが、他は新来の硬質焼き物としての価値によって運ばれたとみなされよう。確実な発掘資料で、なおかつある程度の年代が絞れる前畑遺跡およびは小ハネ遺跡の須恵器は陶邑編年の TK216 型式を軸とする５世紀前葉から中葉にかけての時期を考えるのが妥当である。そして、これら須恵器の搬出には九州南部を経由していることは疑いない。その背景について確認しておきたい。

### 2) 大隅地域

　この時期は大隅の肝属平野周辺域において大崎町横瀬古墳、同町神領 10 号墳の築造時期に並行する。

　発掘調査によって古墳に伴う祭祀空間の確認された神領 10 号墳は、35 個体におよぶ５世紀前葉の初期須恵器が出土しており、全国的に見ても大阪府野中古墳に次ぐ量の初期須恵器出土古墳である。また、同時期の須恵器は鹿屋市岡崎 18 号墳、同市上小原 4 号墳、肝付町塚崎 41 号墳（旧 31 号墳）、立小野堀地下式横穴墓群など各遺跡で出土しており、肝属平野周辺域には相当量の初期須恵器がもたらされていたことが判明している。

　他の金属製品でみても、朝鮮半島系製品の素環頭大刀・胡籙（矢入れ具）・鉄鋌（鉄のべ板）・鋳造鉄斧などや近畿中央政権の配付品である甲冑や鉄鏃（やじり）などが認められる。それとともに、同時期には南島産貝製品のイモガイ製貝釧が、鹿屋市岡崎 18 号墳 2 号地下式横穴墓、大崎町神領 1 号地下式横穴墓・同 5 号地下式横穴墓、オオツタノハ製貝釧が大崎町飯隈 20 号地下式横穴墓で出土しており、肝属平野周辺域で活発な広域交流が行われていた時期であることが明らかとなっている。

　なお、大隅地域では古墳時代中期・5 世紀代の集落の調査事例が少なく、古墳以外での様相が判然としないが、断片的ながらも肝付町東田遺跡や志布

志市稲荷迫遺跡などの集落遺跡では須恵器の出土を確認することができる。

## 3) 薩摩地域

　南さつま市上水流遺跡、同市白糸原遺跡、同市吹上小中原遺跡、指宿市橋牟礼川遺跡、同市尾長谷迫遺跡といった集落遺跡や指宿市南摺ヶ浜遺跡の墓域祭祀空間において TK216 〜 208 型式の須恵器が出土しており、集落遺跡でも一定程度の初期の須恵器が出土している。

　ただし、古墳を築かない地域であることもあって、5 世紀代の金属製品は少なく、貝製品は確認されていないなど、広域交流に関する情報は限られている。階層分化も不明確な社会で広域交流も頻繁であるとは認めがたい。

## 4) 九州南部東岸を介した交流

　以上、確認したように九州南部をめぐる 5 世紀代の広域交流のあり方は東岸側と西岸側では大きく異なっている。そして、近畿中央を中心とする古墳社会のほか、朝鮮半島諸国にも連なり、南島と古墳社会の交渉も頻繁に行われていたのは九州南部東岸、肝属平野を中心とすることが明らかである。とくに、TK216 型式段階 = 5 世紀前葉には肝属平野周辺域にこの時期の九州最大の前方後円墳、横瀬古墳が築造されることとも相まって、活発な広域交流の行われた形跡が濃厚である。

　初期須恵器に関しては、肝属平野周辺域で流通していたものの一部が、この地域を拠点とした活発な交易関係のなかで南島にも運ばれたとみるのが妥当であろう。

## (2) 境界地域の古墳社会文物

## 1) 東北地方の須恵器

　適度な硬度と割れやすさ、特徴的な器種や色調をもち、運搬もしやすい須恵器は、古墳社会とその外縁および外部社会との交流関係を測る素材として極めて有効な資料である。

　この点から比較として北の古墳築造境界地域とその外縁部である続縄文社会との関係を確認したい。古墳時代の東北地方では、仙台平野から岩手県南部の間に古墳社会と続縄文社会の広汎な文物交錯地として境界領域が形成される（藤沢 2001）。

　この地域の古墳では角塚古墳が最北端の前方後円墳として 1 基のみ岩手県

南部の奥州市に出現するが、首長墓系譜の形成される本来の古墳築造地域の北限は仙台平野・大崎平野である。この地域より北側の地域では続縄文文化遺跡が拡がるが、東北地方北部～北海道の続縄文文化遺跡においても古墳社会側からもたらされた須恵器のほか、鉄製品などが少なからず出土している（日高 2001）。なかには馬具や装飾付大刀といった刀剣類など、古墳社会での首長層所持品もある（図 5）。

　一方の続縄文社会では、石器の消費形態から皮革生産が盛んに行われており、それを用いた

図 5　東北北部・北海道への古墳時代文物の展開
　　　（日高 2001 一部改変）

古墳社会との交易を行っていたと考えられている（藤沢 2001：47-48；高瀬 2014：206-208）。

　須恵器や鉄製品は東北北部から北海道西部までの続縄文文化の土壙墓や末期古墳に拡がっており、古墳－続縄文社会は排他的ではなく、相互に影響を受け合う関係にあったと考えられている。

### 2) 朝鮮半島の須恵器

　須恵器自体はそもそも朝鮮半島陶質土器の技術が古墳時代中期前葉・5 世紀初頭頃、渡来陶工によって日本列島にもたらされたことで生産が開始するものであるが、ほどなく 5 世紀後半には日本列島から朝鮮半島にも搬出されている（酒井 2008；高田・中久保 2018）。

　朝鮮半島では南部沿岸地域を中心に日本列島との強い関係をもつ倭系古墳や遺物が出現し、武器・武具などの鉄製品とともに須恵器の出土もみられる。政治的領域を超えた広域で人々の活動の痕跡を見出すことが可能である。

### 3) 須恵器からみた外縁社会との広域交流

　あらためて確認すると、ゴホウラやイモガイ製貝製品の古墳墓への副葬という事象によって明らかなように、九州南部東岸を介した古墳社会の頻繁な広域交流は南島社会とも結びついていた。一方で南島に運ばれた古墳社会の文物は、現状ではわずかな須恵器しか確認できていない。

　須恵器や鉄製品は東北地域や朝鮮半島諸国でも古墳社会から搬出される交易品として非常に浸透力の高い器物である。にもかかわらず、南島社会で古墳社会側からの影響がごくわずかにしか確認できないことには、調査が十分に行われていないだけの問題ではなく、その不在という事象自体に意味があると考えなければならないだろう。南島社会は古墳社会の文物を受け入れていないのである。

## 4．日本古代の民族形成と南島社会

　古墳時代前期後葉・4世紀中葉頃、種子島広田遺跡を営んだ人々の活動は活性化しはじめている。このことは肝属平野や宮崎平野で多数の前方後円墳の築造が行われ、この地の人々の活動が活性化することと連動するもので、この動態のなかで両地域の交流関係が結ばれることによって南島産貝釧も流通したものと考えられる。

　一方、南島からの貝製品は南島で利用されていた多くの貝種のなかから、とくにゴホウラ・イモガイ・オオツタノハが厳選されて古墳社会に流通している。それは広田遺跡における多彩な貝製品の利用からみると、ごく一部の貝種だけが選択された状況が明らかである。すなわち、古墳社会の側が貝種・製品を厳選しているのであり、南島の貝文化そのものが古墳社会に影響を与えているのではない。

　また、南島では古墳社会側の文物を受容した形跡が、本章ですでに述べたわずかな須恵器程度しかなく、残りにくいものを運んでいたことを考慮しても、基本的に古墳文化的背景をもった産物を受容した形跡がない。鉄製品に

も接したはずであるが、その受容によって生業の変化や儀礼としての副葬品導入などもみられず影響関係は確認できない。首長層の身分や階層表象にかかわる希少財はまったく流通しない。広田下層に埋葬された人々をはじめとする南島人も前方後円墳を知っていたにもかかわらずである。

　この両者に継続的で、組織的な交易を読み取ることはできず、断続的で規模の小さい交易関係であったとみなされる。すなわち、古墳時代のとくに前期後葉には、肝属平野と種子島によってはさまれた大隅海峡を境として、交易関係は維持するが相互の生活・文化に影響を与えない、交わりを生じない社会が生み出されていたのである。

　一般にモノ（物質）である考古資料から、人の意識や行動様式を復原することは難しい。しかし、大隅海峡をはさむ両地域のあり方には、そこに自らの集団と他者の集団とを区分する認識が働いていたことを読み取ることができるであろう。すなわち、古墳時代の大隅海峡をはさむ両地域には倭人と南島人の「民族」の意識が芽生えていたことを物語っているのである。

　古墳時代は、東北地方でも朝鮮半島でも各種考古資料の分布に明確な境界を読み取ることはできず、境界は広い幅の領域であり、互いの文物を社会の中に採り入れている。朝鮮半島を行き来する倭系古墳の築造者や文物の所有者に複属的な性格を読み取る見解もたいへん示唆に富む（高田 2017：91-98：196-197）。彼らは倭あるいは朝鮮半島諸勢力のどこか一方にのみ属していたわけではないのである。

　境界が海峡という線で区分され、混交を生じない九州南部の古墳社会と南島社会は、他の古墳時代境界のあり方とは大きく異なり、この地域では他地域よりも早く倭人－南島人の帰属意識が形成されていた。そして、それが後の古代「日本」の境界形成にもかかわっているものとみなされよう。

　これまで、南島社会と九州本土との交流については、弥生時代や奈良時代以降の研究についてはある程度の蓄積があったが、古墳時代については貝の流通以外の検討はほとんどなされたことがなかった。そこには他の時代と比べれば断続的で相互関係の脆弱なあり方が反映されているものと思われる。古代において「日本」という領域は最初から存在したのではなく、古墳時代を通じて形成されるものである。そして、九州南部から南島はその形成過程の一端を読み取る上できわめて重要な地域なのである。

## 謝辞

　喜界島前畑遺跡出土資料の観察・実測には喜界町埋蔵文化財センターの、泉川遺跡出土資料の観察・実測には鹿児島県立埋蔵文化財センターのご協力を得た。記して謝意を表します。

## 注

　(1) ただし、広田遺跡下層墓群には数多くの副葬品を有する墓が存在することは、南島社会の中で類をみないもので古墳社会の影響を間接的に受けている可能性が考えられる。

　(2) このことは、これまでの九州南部の成川式土器の型式学的位置づけおよび年代観に問題があったこととも深く関係している。

　(3) 悪石島の資料は管理の難しさから、これまでの研究でも多くの場合、所在地を伏せられている。ここでも先例にならった方法を採る。

## 引用文献

鹿児島県教育委員会 (1986)「泉川遺跡」『鹿児島県埋蔵文化財発掘調査報告書』39.

喜界町教育委員会 (2011)「城久遺跡群　前畑遺跡　小ハネ遺跡」『喜界町埋蔵文化財発掘調査報告書』11.

酒井清治 (2008)「韓国出土の須恵器」『生産の考古学Ⅱ. 倉田芳郎先生追悼論文集』: 149-167. 同成社. 東京.

白木原和美 (1982)「ツボゴの壺―吐噶喇における祭祀形態の始原とその変遷―」『文学部論叢』9：83-104. 熊本大学文学会 ((1999)「南西諸島の先史時代」『白木原和美南島関係論文選』龍田考古会：141-158　再録)

高瀬克範 (2014)「北上川流域における続縄文系石器の使用痕分析」『古墳と続縄文文化』：195-210. 高志書院. 東京.

高田貫太・中久保辰夫 (2018)「古墳から観た須恵器の変容　朝鮮半島」『季刊考古学』142：65-70. 雄山閣. 東京.

高田貫太 (2017)『海の向こうから見た倭国』講談社現代新書：289. 講談社. 東京.

橋本達也 (2018)「古墳と南島社会―古墳時代における南の境界域の実相・広域交流・民族形成―」『国立歴史民俗博物館研究報告』211：411-446.

日高　慎 (2001)「東北北部・北海道地域における古墳時代文化の受容に関する一

　試考」『海と考古学』4：1-22.

広田遺跡学術調査研究会編（2003）『種子島広田遺跡』鹿児島県立歴史資料センタ
　ー黎明館.

藤沢　敦（2001）「倭の周縁における境界と相互関係」『考古学研究』48-3：41-55.

舟山良一（2008）「須恵器の編年. 牛頸窯跡群—総括報告書Ⅰ—」『大野城市文化財
　調査報告書』77. 大野城市教育委員会.

# 第3章

## 曾槃著述考略　本草の部

高津　孝

　曾槃（そうはん、1758-1834）は、江戸後期の本草学者、博物学者である。帰化明人の子孫で、名は槃、昌啓、永年、字は子孜、号は占春である。父は、庄内（鶴岡）藩医、江戸に生まれ、庄内藩に仕える。本草学者・田村藍水に学び、寛政4（1792）年薩摩藩主島津重豪に仕え、重豪の命で農業百科全書『成形図説』30巻（1804年刊）を編纂した。本草学、蝦夷資料、和歌著作など少なくとも60数点の著作がある。博識な考証学者で、考証、注釈に優れるが、臨床研究、実地調査の面は少ない。

　曾槃は薩摩藩を代表する博物学者、本草学者であり、著述は極めて多い。しかし、活字化されたものも少なく、かつ、著述集等も編纂されておらず、また、著作も各地の公私図書館に分散されており、全体像を把握することには困難が伴う。本章は、現存する曾槃著作について簡単な解題を作成し、今後の研究の一助とするものである。

　国文学研究資料館の日本古典籍総合目録データベースで曾槃を検索すると91点の図書がヒットする。その中で図書名のみで所蔵の不明なものを除くと、65点になる。日本古典籍総合目録データベースの分類において本草著作26点を表にしたのが、「表1　曾槃本草著作表（著述年代順）」である。

## 1．『張方薬注』

　杏雨書屋所蔵。「杏5841」。写本1冊。表紙墨書「曾槃著／張方薬注」。内表紙墨書「張方薬注」。巻末墨書「文政元年／檪齋寫／東京帝室博物館藏本ニ依リ之ヲ寫ス／昭和九年寫」。「文政元年」は1818年。檪齋は、江戸後期の本草学者阿部檪斎（1805-70）。本書は、最初に、曾槃「張方薬注叙」があり、文末に「寛政庚戌之冬十二月望前一日　曾槃識」と記す。「寛政庚戌」

表１　曾槃本草著作表（著述年代順）

| 書名 | 著作年 | 西暦 | 解題使用テキスト |
|---|---|---|---|
| 張方藥注 | 寛政2年自序 | 1790 | 東洋文庫岩崎文庫本 |
| 麟鳳叢譚 | 寛政3年 | 1791 | 未調査 |
| 鳳梨寫眞 | 寛政6年賛 | 1794 | 国立国会図書館所蔵本 |
| 農經講義 | 寛政6年解題 | 1794 | 国立国会図書館所蔵本 |
| 周定王救荒本草和名選 | 寛政8年識 | 1796 | 東京大学総合図書館所蔵本 |
| 草臆枕譚 | 寛政11年題言 | 1799 | 国立国会図書館所蔵本 |
| 春の七くさ | 寛政7年自跋、寛政12年刊 | 1800 | 鹿児島大学附属図書館所蔵本 |
| 本草綱目纂疏 | 寛政10年凡例、享和2年序 | 1802 | 国立国会図書館所蔵本 |
| 蘭叢 | 文化3年自序 | 1806 | 国立国会図書館所蔵本 |
| 動植和訓叢 | 文化7年自序 | 1810 | 研医会図書館所蔵本 |
| 國史外品動植攷 | 文政4年例言 | 1821 | 国立公文書館内閣文庫所蔵本 |
| 國史草木昆蟲攷 | 文政4年例言 | 1821 | 国立国会図書館所蔵本 |
| 中山草木 | 文政4年識 | 1821 | 国立国会図書館所蔵本 |
| 文選名物解 | 文政4年識 | 1821 | 東洋文庫岩崎文庫本 |
| 西洋草木韻箋 | 文政6年題言 | 1823 | 鹿児島大学附属図書館所蔵本 |
| 草窓銷夏録 | 寛政10年以降 | 1798- | 杏雨書屋所蔵本 |
| 藥圃擷餘 | 文化8年以降 | 1811- | 国立国会図書館所蔵本 |
| 隨觀筆乘 | 文化11年以降 | 1814- | 国立国会図書館所蔵本 |
| 皇和藥品出産志 | | | 国立国会図書館所蔵本 |
| 榛堂雑識 | | | 国立国会図書館所蔵本 |
| 神農本草經會識 | | | 国立公文書館内閣文庫所蔵本 |
| 曾氏審定藥草寫生圖 | | | 国立国会図書館所蔵本 |
| 曾先生雑識 | | | 国立国会図書館所蔵本 |
| 曾艸臆本草病名識 | | | 東洋文庫岩崎文庫本 |
| 人參識 | | | 鹿児島大学附属図書館所蔵本 |
| 本草彙考 | | | 国立国会図書館所蔵本 |

は寛政２年（1790）。次に「張方藥注目次」があり、本文となる。「張方藥注目次」には、「水土金石類　都二十三種、……草類　都九十六種、……製造類　都十種、……木類　都二十六種、……鱗介蟲獸人類　都二十九種……總計百八十四種」と記す。引用書等を摘録すると、張仲景、『霊樞經』、東壁（李時珍）、陶弘景、陳藏器、『天工開物』、『本草經』、『説文』、『別録』、張揖『廣雅』、楊慎『玉名詁』、文震亨「石膏論」、『太平御覧』、『晨經』、劉翰、『農經』、『潛夫論』、『高麗圖經』、『満州太祖紀』、田村登、蘇子容、『爾雅』。

　本書は、後漢・張仲景の著書とされる『傷寒論』『金匱要略』中に見える薬品184種について考証を加えたものである。

## 2. 『麟鳳叢譚』

無窮会神習文庫所蔵。未調査。

## 3. 『鳳梨寫眞』

国立国会図書館所蔵。一軸。彩色。江戸後期。請求記号：寄別 11-54。賛に、「甲寅之秋、予在薩摩。時招琉學生、質中山島嶼之産、事及鳳梨。側在府學生山本某氏、能知其形状、口述焉。而翌晨懐一幅紙寄贈于予、云是吾聚珍屏中之物也。自漫剥裂而示子。昨所云鳳梨也。雖非全真之図、略足見其殖生之風姿耳。予酒以木李之報受之。同年冬東歸之後、弗攺其舊以收于真寫籠中、備考證之一爾。／乙卯槐夏占春曾槃記。／鳳梨見臺灣續志。中山之俗謂之阿旦。近来、或誤為盧會之種。竟設稱木盧會。不亦疎乎。占春又記。司馬峻。（英字サイン）」

箱書きに、「鳳梨寫眞アナヽス　琉人手図借謄寫曾道山」「花繞書屋蔵」「伊藤篤太郎珍蔵」「伊藤篤太郎曰、此アダンノ圖ハ阿部櫟斎著草木育種後編ニ縮写出版セリ、即原図也」。箱の張り紙に「鳳梨寫眞図　錦窠伊藤圭介□□之一／薩藩占春曾槃／司馬江漢画」。

賛に依れば、寛政 6 年（1794）、曾槃が薩摩に滞在中、琉球の学生を招いて、琉球国の産物や鳳梨について質問していたとき、ちょうど側に控えていた薩摩府学の学生である山本某が、鳳梨の形状を詳しく教えてくれ、翌日には彼の収集した鳳梨の絵を贈与してくれたという。此図は、伊藤篤太郎の考証によれば、阿部櫟斎（1805-70）の編纂した『草木育種（そだてぐさ）後編』下巻（天保 8 年、1837）五丁裏に収録された「鳳梨」図版の原図に当たる。曾槃の後、この鳳梨寫眞は、司馬江漢（1747-1818）の手を経て、伊藤圭介（1803-1901、号は錦窠、花繞書屋）の所蔵となった。

## 4. 『農經講義』

国立国会図書館所蔵。特 1-921。写本 2 冊 3 巻。「農經」とは『神農本草經』

をさす。『神農本草經』は全ての薬物を上品、中品、下品の３つに分ける三品分類を取るが、本書は第１冊上巻が上品、第２冊中巻が中品、下巻が下品の解説となっている。巻頭に、曾槃著「神農本草解題」があり、神農、本草、神農本草書目、本草字義、神農本草についての解説が述べられ、末尾に「寛政甲寅秋八月　曾槃識」と記す。「寛政甲寅」は寛政６(1794)年である。次に、附録として「本草名物物産各異也」と題する文章があり、文末に「文化丙寅春二月　曾槃」と記す。「文化丙寅」は、文化３（1806）年である。次に「薬物所出地名」と題する文章がある。次に「本草解題紀略」と題する文章があり、文末に「文化八年陽復之月　曾槃識」と記す。「文化八年」は 1811 年である。次に「和名引書目」があり、14 種の引用図書の略称が示される。『古事記』『舊事記』『日本書紀』『深江資仁本草和名』『延喜式』『万葉和歌集』『新撰字鏡』『源順和名抄』『古今和歌集』『清原枕草子』『藻塩草』『丹波康頼医心』『丹波長平和名編選』『大同類聚方』。次に本文は、巻頭に「農經講義上巻／薩摩侍醫曾槃士攷輯」と記し、本書が曾槃の編集物であることを示す。


## ５.『周定王救荒本草和名選』

　東京大学附属図書館田中芳男文庫所蔵。貴重書 A00：5921。写本１冊本文 30 丁。

　巻頭の遊び紙に「本草纂疏巻目」として、曾槃『本草綱目纂疏』（寛政 10 (1798) 年凡例、享和２ (1802) 年序）に引用された巻次、項目を記す。その後に墨書「書中和名等之假名往々有脱落者、悉如原而不敢改補云、嘉永辛亥七月森約之養真識」。嘉永辛亥は、嘉永４ (1851) 年。また、巻末に墨書「辛亥七月十三日書于柳原／傍居之南廳下了／森約之（花押）／日々句讀校定已了」。

　『救荒本草』は、中国・明代の本草書で、飢饉の時に食べることのできる植物について記述した書物である。太祖の第五王子、周定王朱橚(1360-1425)の著作で、２巻、永楽４（1406）年刊。収録された植物は 414 種で、可食部位と調理法を記述した解説、図版を付す。明・徐光啓『農政全書』に全てが収録され、日本では、『農政全書』収録本が和刻本として享保元（1716）年に皇都書肆柳枝軒、華文軒、含翠亭より刊行された。

　巻頭に曾槃による『救荒本草』二巻のテキストについての詳細な解説があり、文末に「今、頼於和刻徐本、順釈皇國之称呼焉。寛政内辰之夏五月望、曾槃識」とある。寛政内辰は、寛政 8（1796）年。

## 6.『草薀枕譚』

　国立国会図書館所蔵。写本 1 冊 2 巻。特 1-41。和文著作。改装表紙題簽墨書「草薀枕譚」。原表紙題簽墨書「草薀枕譚」。内表紙墨書「艸薀枕譚　曾槃著　全」。巻下巻頭に「艸薀枕譚巻之下／東都　安田静筆」。書写者は安田静。
　巻頭「艸薀枕譚題言」に「寛政己未春月曾槃」という。「寛政己未」は寛政 11（1799）年。次に「艸薀枕譚」と題し「上巻分目」「下巻分目」が続き、次が本文となる。以下、本文によって補正した分目を示す。
　「上巻分目」は、「医薬の始」「草木培養」「草木采取の候」「薬品の假偽」「修製」「水性」「火性」「人参を試る法　藏法附」「熊膽を試る法　烘乾法附」「麝香を擇法」
　「下巻分目」は、「かしは　即柏なり　或栢に作もの非なり」「櫻花の賞翫」「櫻花朝鮮諸越になき説」「木の花」「かつら」「青葉の笛竹」「蓮絲布」「木類壽あり　下野の國如法山千歳松附」「ひの木椿」「はねす　即郁李なり」「煙草」「茶いにしへまた茶に作皆同し」「むろの木」「萩（ハギ）　芽子（ハギ）」「花かつみ」「幸種（サキクサ）」「しのふくさ」「ふかみくさ　即廿日草なり」「やまと錦」「百千鳥」「喚子鳥」「稲負鳥」「やく貝」「燕脂製造法」「藍葉を醸法」。

## 7.『春の七くさ』

　鹿児島大学附属図書館所蔵。刊本 1 冊。「春の七くさ」についての図入り解説書。本書は、巻末に付された曾槃の門人安田静の跋文によると、寛政 10（1798）年戊午の夏に、曾槃の著作を曝書していた折に、安田静が「七種菜考」の原稿を見つけ、自分用に書写し、秋になって曾槃に訂正を依頼し、自分の蔵書としていた。その後、寛政 12（1800）年庚申の秋九月に、書肆より刊行した。本文は、七草の異同を考証した「原始」に始まり、その後、なずな、はこべら、せり、すずな、御形（ゴギョウ）、すずしろ、佛の坐（ホトケノザ）の図を掲げ、次に「釈菜」として、それぞれについての考証が付

されている。絵図は、ゴギョウのみが谷山洞龍の絵で、他は成寛の絵となる。井上良吉編『薩藩画人伝備考』（大正４（1915）年）に寄れば、谷山洞龍（？－1811）は、名は美清、狩野洞春（美信、1747-97）に絵を学び、初め探楽と号した。のち画業で大進法橋に叙せられ、曾槃の参画した百科全書『成形図説』の絵図は彼が描いたという。成寛については未詳。掲載図「なずな」に続く曾槃の解説は「薺［なずな］『新撰字鏡』およひ源順『和名抄』に、和名、なつなと見えたり。此菜和漢ともに、古今ことなる事なし。此草に似て、又なつなといふ名をおひたる草もあれと、皆こと物なれハ、ここにつらねす」とある。

## 8．『本草綱目纂疏』

　国立国会図書館所蔵。特 1-21。19 冊 12 巻（巻８下は欠本）。巻１－３は刊本３冊。巻 4-12 は写本 16 冊。第１冊（巻１）原表紙刷題簽「本草綱目纂疏巻一」。巻頭に「本草綱目纂疏序」、文末「享和壬戌臘月　丹波元簡廉夫撰」。「享和壬戌」は、享和２（1802）年。次に「本草綱目纂疏凡例」7 条、文末「寛政十年戊午歳夏五月薩摩侍醫東都曾槃」。「寛政十年」は、1798 年。次に「清濁字音假字用例」「本草綱目纂疏總目」が続き、「本草綱目纂疏巻一分目」、本文と続く。『本草綱目』52 巻は、巻１・２が「序例」、巻３・４が「主治」で、巻５以降が具体的な薬剤の説明であるが、『本草綱目纂疏』は『本草綱目』の巻５以降を対象とする。『本草綱目纂疏』巻１は、『本草綱目』巻５水部、巻６火部、巻７土部を収録する。『本草綱目纂疏』巻２は、『本草綱目』巻８金石部、巻９石部、巻 10 石部、巻 11 石部を収録する。『本草綱目纂疏』巻３は、『本草綱目』巻 12 草部、巻 13 草部を収録する。巻３のみ、版心の一部に「占春堂栞本」と刻されている（分目２丁、巻３本文１・５・８・11・15 丁）。刊本として出版されたのは、巻３までである。

　「特 1-21」は、刊本、写本の相配本で、残り 16 冊（巻 4-12）は写本である。この写本部分は、版心に「春山舍藏」と記す青色刷罫紙に書写されたもので、第４冊巻４上のみ、目次を欠くが、第５冊以下、各巻巻頭に目次を有し、「榛堂本艸會識巻之幾／東都曾槃士攷稿／安田静輯」と記す。これは、享和 2（1802）年丹波元簡「本草綱目纂疏序」に、『本草綱目纂疏』十二巻というのと対応

している。『本草綱目』との対応は以下の通りである。括弧内が『本草綱目』。巻4上（巻14）、巻4下（15-16草部）、巻5上（巻17-18草部）、巻5下（19-21草部）、巻6（巻22-25穀部）、巻7（巻26-28菜部）、巻8上（巻29-30果部）、巻8下（巻31-33果部、欠本）巻9上（巻34-35木部）、巻9中（巻36木部）、巻9下（巻37木部、巻38服器部）、巻10（巻39-42蟲部）、巻11上（巻43-44鱗部）、巻11下（巻45-46介部）、巻12上（巻47-49禽部）、巻12中（巻50獸部）、巻12下（巻51獸部、巻52人部）。

　同じく国立国会図書館所蔵『本草綱目纂疏』（140-206）は、すべて写本、15冊13巻であり、1巻多い。かつ、各巻頭は「本草綱目纂疏巻幾／東都曾槃士攷　輯」とする。『本草綱目』との対応は以下の通りである。巻1（巻5水部、巻6火部、巻7土部）。巻2（巻8金石部、巻9石部、巻10石部、巻11石部）。巻3（巻12草部、巻13草部）。巻4（巻14-16草部）、巻5（巻17-21草部）、巻6（巻22-25穀部）、巻7（巻26-28菜部）、巻8（巻29-33果部）、巻9上（巻34-36木部）、巻9下（巻37木部、巻38服器部）、巻10（巻39-42蟲部）、巻11上（巻43-44鱗部）、巻11下（巻45-46介部）、ここまでは、12巻本と同一。以下、『本草綱目』の分巻の方法が異なる。巻12（巻47-49禽部）、巻13（巻50-51獸部、巻52人部）。

## 9．『蘭叢』

　国立国会図書館所蔵。特1-1532。写本1冊2巻。改装表紙題簽墨書「蘭蕟」、原表紙墨書「蘭蕟／本多香雪手筆／九霄□□珍蔵」。巻頭の曾槃自序「蘭蕟因」の文末に「庚辰夏六月曾槃」。「庚辰」は、文化3（1806）年。次に、「蘭蕟分目」は、上巻、下巻、附録の3部分からなる。「上巻／蘭言　幽蘭椅蘭香蘭　秋蘭春蘭石蘭崇蘭／木蘭　蘭艸蕙薫　山蘭澤蘭馬蘭　芃蘭」。「下巻／金漳蘭譜二十二品　建蘭　鷗蘭／広東新語蘭　蕙蘭　玉鈗蘭玉軡蘭魚鈗蘭／品蘭並頭蘭　四季蘭　拝節蘭報歳蘭／紫蘭貴妃蘭　素蘭素心蘭　風蘭　壽蘭／仙人指甲蘭名護蘭鬱邑蘭／真珠蘭珠蘭賽蘭樹蘭伊蘭／月蘭　木蘭林蘭玉蘭　古今品對」。「附録／書目　互説　雑纂　名色　縁語　冒稱」。

　「蘭蕟因／百卉之生也、従其所喜、或有秀於山谷、或有茂於水澤、山水之風氣自異、則其植生雖同称謂、其種其情状、亦自不同、是其常已、槃嘗閲古

經之蘭言、有生於幽谷者、有生於水隈者、而曰春蘭、春則花、曰秋蘭、秋則
花、曰石蘭、當是縁石而生者、曰崇蘭、當嘗是縁崇而生者、因意古所謂蘭者、
蓋芳草之統名、必非一種矣、頃間無事、偶欲對覽其異同、抄古今之蘭品、以
備志料之一、且為銷夏之資耳、庚辰夏六月曾槃」。本書は、「蘭」とはいかな
る植物であるのかを、古今の図書に見える用例を博捜して考証したもの。結
論は、蘭は良い香りのする草を総合的に指すもので、単一の植物を指すもの
ではないとなる。

## 10.　『動植和訓叢』

　研医会図書館所蔵。写本3冊（不全。現存巻1・2・4）。和文著作。第1
冊表紙題簽墨書「和訓叢　安部　巻一」、第2冊表紙題簽墨書「和訓叢　加
部　巻二」、第3冊表紙題簽墨書「和訓叢　太部　巻四」。最初に曾槃「動植
和訓叢序」があり、文末に「文化七年庚午のとし秋九月のはしめの日　曾占
春しるす」とある。続けて「つけていふ」として追加部分があり、「占春又
しるす」で結ぶ。文化7年は1810年。巻一巻頭には「動植和訓叢巻一／曾
占春輯」と記し、五十音順に、動物、植物の和名が掲げられ、解説が付され
ている。第1冊は、安部、伊部、う部、え部、於部を収める。第2冊は、巻
頭に「動植和訓叢巻二／曾占春輯」と記し、加部、き部、く部、け部、こ部
を収める。第3冊は、巻頭に「動植和訓叢巻四／曾占春輯」と記し、た部、
ち部、つ部、て部、と部を収める。

## 11.　『國史外品動植攷』

　12.　『國史草木昆蟲攷』参照。

## 12.　『國史草木昆蟲攷』附『國史外品動植攷』

　国立国会図書館所蔵。ペン字写本3冊。明治45(1912)年7月、田中長三郎、
千代子、久子、栄子、秀子の筆写。原本は、大阪府立中之島図書館所蔵10冊本。
田中氏が白井光三郎よりの依頼で書写したもの。このペン字写本が、そのま

ま、日本古典全集『國史草木昆蟲攷』上・下（昭和 12（1937）年、日本古典全集刊行会）の底本となっている。

　全体は、まず、江戸の歌人で、国学者、本草学者、伊予吉田藩医である本間遊清（1776-1850）の擬古文の序がある。次に巻次分目があり、各巻の内容が示される。『國史草木昆蟲攷』は五十音順に草木昆虫の名前が配列されているため、巻一あ行、巻二か行、巻三さ行、巻四た行、巻五な行、巻六は行、巻七ま行、巻八や行、巻九ら行、巻十わ行となる。巻十一は「史外動植」で『國史外品動植攷』が収められている。国立公文書館内閣文庫には単行の『國史外品動植攷』一冊が所蔵されているが、非常に美しい写本である。巻十二は図識であるが、本ペン字写本には欠けている。鹿児島大学附属図書館玉里文庫（玉里島津家の図書資料）所蔵の『國史草木昆蟲攷』も巻十二を欠く。

　次に曾槃による「例言」十条があり、「文政四（1821）年辛巳春三月」の年次が記されている。第一条では、奈良時代より通名、方言の別が出現したが、明確にできないものもあり、ここでは取り上げないという。第二条では、同物で異名の多いもの、「まめ」などの総称、「くさ」「き」などの一般名詞、同名異物、同類異名を対象とするという。第三条では、漢呼（漢名）に和名を当てる場合、実物に合わせて和名を当てたものもあるが、実物がない場合、効用によって和名を当てたものもあり、全てが実物に一致するわけではない。こうした漢名と和名の齟齬は、『和名抄釈例』（現存しない）に収録したという。また、漢名にも時代差があることを指摘し、本書は明・李時珍『本草綱目』を基準としたこと、すでに三十余巻の出版が終了した『成形図説』一百巻の図説に載せるべき予定の原稿を集めたものであること、したがって、動物、植物の区分をしていないこと、漢名、和名のみで考証のないものも含まれること、などが記されている。巻十一「史外動植」（『國史外品動植攷』）は正式名称ではない方言、俗称を収録している。

　次に、「引書略目」があり、14 種の主要な引用書目の略称が説明される。本書の根拠となる主要図書であるので、ここで全ての名称を示しておこう。『古事記』『日本書紀』『万葉集』『続日本紀』『日本後記』『続日本後記』『延喜式』『本草和名（新抄和名本草)』『新撰字鏡』『和名類聚抄』『古今六帖』『医心方』『枕草子』『日本勅号記（本草類編選)』。

　次に「漢呼疏証目録」があり、五十音順の和名に漢呼（漢名）が付されて

いる。漢名から和訓を探す便のためである。

## 13.　『中山草木』附『中山土産』

　国立国会図書館所蔵『質問草木略』（写本 3 冊、特 1 － 1540）第二冊。巻頭に「附録中山草木　曾槃記」と記す。全体は、「草本之属」10 種、「木本之属」34 種、「中山動植釈名」56 種に分かれる。「中山動植釈名」の巻頭解説の最後に「辛巳のとし夏六月　曾槃」と記す。「辛巳のとし」は文政 4（1821）年である。「草本之属」には、「報歳蘭、壽蘭、蕹菜、狼毒、金薯、蕢、朱蕉、蔓竹、孟宗竹、紫糖」の 10 種。「木本之属」は、「荔支、蒲桃、黄枇、京桔、蘇木、梯枯、榕、烏橢木、鳳梨、楹藤子、濕藤、山丹、庭梅、古乃天柏、比、保々加志波、久須乃幾、久須、漢種烏菜、唐波是、唐虞美、曾與義、也末宇都幾、久佐宜、姫以知慈久、亜弩宇駄、濱波之加良支、大師紅、由豆留波、土佐美豆支、加牟仁久、波奈由加太、久知奈志、大明花」34 種、「中山動植釈名」は、「松露、辣葱、薗、砂仁草、観音蘭、烏木毒、一葉、聚八仙、野牡丹、野蘭、襌菊、雷山花、山蘇花、吉姑羅、天竺子、庭梅、福木、呀喇菩、櫨、黒木、黄木、赤木、福満木、古巴梯斯、右納、地分木、月橘、梯沽、悉達慈姑、萩、喫力、阿咀呢、古哈魯、麻石、伊石求子、烏鳳、容蕊、不求讀、莫讀史、毛魚、佳蘇魚、呀低媽菩、一石眉巴魚、阿鰻姑魚、他麻魚、勿詩眉巴魚、阿甲拏魚、一拉不知魚、海馬、海蛇、菩喇喀、緑螺、寄生螺、文貝、喀達哈、太加止利」56 種の解説がある。

　『中山土産』は巻頭に「附録中山土産　曾槃記」と記し、文末に「庚辰の夏五月十五日曾槃」と記す。「庚辰」は、文政 3（1820）年。「沙糖、焼酒、苧布・紬布・綿布、蕉褐、蒲扇、漆器諸件・螺旬諸器、蕢席、鬱金・薑黄、蘇鉄・蘭類・草木諸花品・竹種、檜・柏・樟・楠・榕・櫧及諸良材、海参・毛魚、錦貝・車渠、沈香」12 条の土産について説明を施す。

## 14.　『文選名物解』

　東洋文庫所蔵。写本 2 冊 2 巻。「三 Ja ろ 43」。第 1 冊原表紙題簽墨書「文選名物解巻上」、第 2 冊原表紙題簽墨書「文選名物注疏巻下」。第 1 冊は、巻

頭に、亀田長梓「文選名物解序」があり、文末に「文政三年冬杪　友生亀田
長梓謹識」と記す。「文政三年」は 1820 年である。次に、曾槃「文選名物
解附釋因」が続き、文末に「辛巳夏曾槃」と記す。「辛巳」は文政 4（1821）
年である。次に「文選名物解　分部」があり、「巻一　禾草　果木　竹種／
巻二　毛翎　畜獸　蟲豸　龍蛇　龜鼈　魚蝦　蛤蠃」と記され、次に各部の
分目が示され、本文となる。巻 1 の禾草分目 113 条、竹種分目 9 条、果木分
目 84 条。巻 2 の毛翎 82 条、畜獸 51 条、豸蟲 19 条、龍蛇 9 条、龜鼈 12 条、
魚蝦 47 条、蛤蠃 14 条、通計 274 条。

　また、巻 1 巻頭の本文前に、田村守文の識語には、次のように言う。「余
嘗讀文選、鈔録六臣諸注、而請判於占春曾先生。先生乃或疏或補其不足。附
之於某々歟下、分部挑纂、訂為二巻、以備机右耳。／辛巳秋八月東献山陰散
人田村守文記」。

　本書は、曾槃の門人の田村守文が、梁・蕭統編『文選』中の名物に対する
唐・李善の注釈が簡略に過ぎることを問題視し、『文選』から名物に関する
注釈部分を抽出して『文選名物解』を著した。その後、曾槃にその補訂を求
め、曾槃はそれに注釈補訂を施したものを作成した。それを整理したのが本
書である。曾槃の著書としては、『文選名物解附釋』とするのが良いであろう。

## 15.　『西洋草木韻箋』

　鹿児島大学附属図書館玉里文庫所蔵。写本、2 冊 2 巻。朱文長方印「春藪文庫」
が巻頭に押されているので、島津斉彬の所蔵本である。第 1 冊表紙左上題簽
に墨書「西洋草木韻箋／起頭音／西洋語／上巻」、第 2 冊表紙左上題簽に墨書「西
洋草木韻箋／起頭音／和漢名／下巻」。上巻巻頭に「西洋草木韻箋題言　五則」
があり、文末に「文政六年癸未歳八月十五日／物産志總閱侍醫曾槃謹記上」
とある。「文政六年」は 1823 年。次に、「頭音假名文字用格」があり、五十
音の順序が漢字仮名文字で示される。次に本文であるが、五十音の各部ごと
に、上段に先に「羅甸語」（ラテン語）のカタカナ植物名、次に「荷蘭語」（オ
ランダ語）のカタカナ植物名が示され、下段にそれに対応する植物の漢名が
示される。下段に和名を記す場合はカタカナが用いられる。下巻は、五十音
の各部ごとに、「漢呼」（漢名）を漢字で示し、次に「甸」（ラテン語）、「和」

（オランダ語）が示される。

「西洋草木韻箋題言　五則」は以下の通りである。

「此編は、寛政年の比より、成形圖説の、志料に纂する所なり。西洋の書は、おほく、トロッペル、ドヽニス、アールド、ゲハッセン、アムウニタテス、等に載る所の、圖状を、和漢の庶品に對考し、其圖説の的當なるを、標識して、崎陽の、和蘭譯者、石橋助左右衛門、楢林重兵衛、名村多吉に、便りし、其名稱の正譯を問ひ、津山侯の醫員、宇田川玄随、中津侯の醫員、前野君敬をして、檢校せしめ、西洋名、和漢名、各頭韻に排纂し、分て二巻となし、一書に訂して、坐右の遺忘に備へて、志料の一助となすのみ。

此書は、諸書の正譯を問ふ毎に、隨録せしなれは、同物異名の品ありて、漢呼の重複するもあり、また羅甸、和蘭同名のものもあり、即皆譯者のしるせしままに、記載す。

頭音假名文字ヲオ二音ことなれと、譯者大氏オ字を用ゆ、またエヱもおほくは、ヱ字を用ゆれは、今これに從ふ。

漢呼の、いまた詳ならさるは、清人の俗稱を取るもあり。また和俗の稱、及諸國の方言をとるもあり、不審なるは、固より質問せす。

西洋草木略は、諸書に載たる、主治附方を、義譯せし書なれは、索得の便に、其書名を、比々その下に略記す。

文政六年癸未歳八月十五日　物産志總閲侍醫曾槃謹記上」。

「西洋草木略」は、宇田川玄随訳『遠西草木略』を指す。Nylandt, Petrus : De Nederlandtse Herbarius of Kruydt-Boeck、1670（ニーランド『ネーデルラント薬用草木誌』）の抄訳・宇田川玄随訳『泥蘭度草木略』を、他書を交えて増補したもの。ドドニスは、Dodonaeus, R.: Cruydt-Boeck（レンベルト・ドドネウス（1517-85）『草木誌』）、1554 年初版（ラテン語）、蘭訳第二版（1618 年）の抄訳が野呂元丈『阿蘭陀本草和解』、全訳が石井当光、吉田正恭『遠西独度涅烏斯草木譜』（1823 年ごろ）。後者は江戸の大火でほとんどが失われた。

## 16. 『草窓銷夏録』

杏雨書屋所蔵。写本 1 冊 5 巻 58 丁。「乾 1515」。表紙墨書「曾槃原稿／草

窻消夏録　完」。巻頭に「草窻銷夏録分目」があり、次に本文が続く。本文
巻頭は「草窻銷夏録／曾槃著」と記す。「草窻銷夏録分目」は 5 つに分かれ、「草
類」24 条、「木類」21 条、「動類」18 条、「造醸類」2 条、「雑著」26 条である。
　事項に関する中国古書からの抜粋をまとめた書物である。

## 17.『藥圃撝餘』

　国立国会図書館所蔵。写本 2 冊。『藥圃撝餘』（特 1-1740）、『藥圃撝餘』（特
1-1993）の 2 冊であるが、前者の内容が「水土金石類」「草類」、後者の内容が「木
類」「禽獣蟲魚類」であるので、本草書の伝統的内部構造からみて前者が第
1 冊、後者が第 2 冊となる。例えば、明・李時珍『本草綱目』では、「水、火、土、
金、石、草、穀、菜、果、木、服器、虫、鱗、介、禽、獣、人」の順である。『藥
圃撝餘』（特 1-1740）は、表紙題簽に墨書「藥圃撝餘　水土金石類　完」と
し、最初に「藥圃撝餘（分目）／水土金石類」が置かれ、その後、本文となる。
さらに、20 丁表に「藥圃撝餘分目／草類」が置かれ、その後、本文となる。『藥
圃撝餘』（特 1-1993）は、表紙題簽に墨書「藥圃撝餘分目　木類　完」とし、
最初に「藥圃撝餘分目／木類」が置かれ、その後、本文となる。さらに、40
丁表に「藥圃撝餘分目／禽獣蟲魚類」が置かれ、その後、本文となる。国立
公文書館内閣文庫所蔵の『榛堂藥圃撝餘』2 冊は、第一冊が「草類」で、第
二冊が「木類　水土金石類」である。

　文中「辛未之春」と記すので、文化 8（1811）年以降の作。

　水土金石類の分目は、「上池水、錢、神水、海中淡泉、露藥、周通元宝、
壽山石（即蠟石）、海石有三、霄雪、球餅、比輪錢、神砂、礦、楽石、紫金、
紺珠、玉名、珠璣石、吸毒石、海中温泉、硫黄醋、塩井、淡鹹、吸墨石、砭
石、勾玉、丹藥、餅藥、瑶珠、古剌水、鍐銀、舍利子、古剌水」。

　草類の分目は、「天竺花、香祖、建蘭、金剛纂、烏昧草、牧靡、風蘭、響
豆、神黄豆、菫、酴醾、蕺、羊桃、樹孔生嘉種、鳳梨、内芝、癩蝦蟇草、鐥蕈、
薤葉蕈、地腎、鶏㙡、雪蓮、西番蓮、翠屏蓮、孩兒蓮、兩頭尖、冬蟲夏草、
報歳蘭、壽蘭、朱蕉、煙草、蕡、蕭、繁、蒿艾、火種、地光錢草、玉笋香、
桫欏、緬鈴、金薯、黒米、西洋人参（即広東人参）、葛藟、莞、溪蓀、蕌、節参、
玉毬花（七月菊）、雪裏蕻、辨紫花歘冬、金銀薄荷湯（雑志中入ヘシ）、石打穿」。

木類の分目は、「万年枝、木蘭、珠柏、柟、丹楓、一鬣松、杬有二種、鐵樹不一、玉蘭、玉樹、木媒、檉、甘棠、香海棠、海紅、羊棗、來檎、女青　男青、打麻兒香、槻（未考）、植楠、桂枝、櫟　梣、櫟　槲　橡、佛手柿、貝多攷、蒲桃、抱香　抱木、雪毬　玉團　笑靨花　噴雪花、脾巴肉、京桔、梯枯、榕、隰藤、蒲葵、樟脳、椴樹、紅桂、唐棣　棠棣　棣棠、拝節櫻　邊塚櫻、山丹、沙孤米、櫨橘、黄皮、鐵力木、子米行、杜松、瓊花、瓊花　玉蕊　山礬　梔子、太平瑞聖花、沙羅　椛、楷、猶、蘭蕙」。

禽獸蟲魚類の分目は、「草蟲　阜螽、堅魚、松魚、青竹標、巧婦鳥、天蠶、氷蛆　雪蛆、蜚、青魚、雌雄石、海粉（附燕窩）、淡水比目、蒲蘆、識於、識今辣、蜇螽、蟄螽、土螽、蝗螨、鱮魚、雁　陽鳥、鴻雁、山繭、過臘有二、雄鶏卵、綫蟲、没子、鮏魚、海蛇（薩摩方言永良部鰻南島永良部海中産）、鴇鶴、寒蟬、蜆、羅漢鳥　念佛鳥、新魚、螃螺、白鳥、強蛘 、蜻蛚、緑金蟬、雷獸　雷神、鰒決明　鮑、真珠、鴨　野鴨、草馬　草驢　女猫、白占　黄占、筆、天狗、無對鳥、舡魚、虹、戴勝、鸒斯、金鐘兒、竊蟲、松鵟鳥一名鳶八歌、蛇兆記　曾占春（文化庚午秋撰）、釈蛇兆、恙、虫虺蝮蚖、沙子蔦（辛未之春予時客天艸郡大島子郷）三浦壽平」。

## 18.『隨觀筆乘』

国立国会図書館所蔵。写本２冊。特 1-2991。第１冊表紙題簽墨書「隨觀筆乘一」、第２冊「隨觀筆乘二」。第１冊内表紙題簽墨書「隨觀筆乘」、第２冊同。本文は、版心に「占春堂栞本」と記す青色刷り罫紙に墨書。中国古書の抜粋、漢詩文などが雑然と記述された雑記帳、備忘録。第１冊 10 丁表に「右甲戌元旦作」とあるので、文化 11（1814）年以降の作。同じく表紙題簽に「隨觀筆乘　完」と題する特 1-2184（写本１冊）も内容は異なるが雑記帳である。

## 19.『皇和藥品出產志』

国立国会図書館所蔵。写本１冊。本文 16 丁。特 1-440。巻末墨書「右皇和藥品出產志壱冊／明治卅七年七月十三日／白井光太郎自親写存」。巻頭に「皇和藥品出產志／東都　曾槃士攷纂」。

　本書は、日本において地域別にどのような薬品が産出されるかを記述したもので、各地の地名の後、薬品名が列挙されている。取り上げられた国名は、山城、大和、河内、和泉、摂津、伊賀、伊勢、尾張、三河、遠江、駿河、甲斐、伊豆、相模、武蔵、安房、上総、下総、常陸、近江、美濃、飛騨、信濃、上野、下野、陸奥、蝦夷、出羽、若狭、越前、加賀、能登、越中、越後、佐渡、播磨、美作、備前、備中、備后、安藝、周防、長門、伯耆、出雲、石見、隠岐、紀伊、淡路、阿波、讃岐、伊豫、土佐、筑前、筑後、豊前、豊後、肥前、肥後、日向、大隅、薩摩、壱岐、対馬である。日向では「緑青、磁石延岡、石硫黄霧嶋、柴胡、高良薑及子、桂皮、樟脳、椶、水昌、白石英延岡、五倍子、楊梅皮」、大隅では「龍眼佐多、樟脳」が並んでいる。

## 20. 『榛堂雑識』

　国立国会図書館所蔵。写本1冊、本文72丁。特1-29。白井光太郎旧蔵。巻頭にペン書きで「一本草窓銷夏録ト題スルアリ内容大抵此書ト同シク一二ノ出入アルノミ此書ノ草本ト見ユ　白礫水記」と記す。しかし、杏雨書屋所蔵『草窓銷夏録』五巻で確認すると、『草窓銷夏録』は中国古書よりの抜き書きを集録したもので、この内容とは一致しない。

　分目（目録）には番号が付され、「神農不定醫藥　一」「本艸之始　二」に始まる102条の項目が並ぶ。

　巻頭には、「榛堂雑識／薩摩侍醫東都曾槃士攷稿／東都鶴下　隣纂輯／仙臺越　通永校閲」とある。同じく白井光太郎旧蔵の国立国会図書館所蔵『榛堂雑識』（特1-602）には、巻頭に分目および「東都鶴下　隣纂輯／仙臺越　通永校閲」を欠く。したがって、「特1-29」本が完成版であろう。以下、「分目」の内容を記述する。

　「神農不定醫藥　一」「本艸之始　二」「神農本艸經書目　三」「題本艸以神農　四」「本艸字義　五」「本經所出地名　六」「陶弘景傳　七」「桐君　八」「日華子大明　九」「李時珍傳　八（ママ）」「草木古通用　十一」「禽獣蟲古通用　十二」「命名　十三」「物性　十四」「物理　十五」「物化于石　十六」「天徳月徳　十七」「草成樹　十八」「柴薪之火自異　十九」「羹臛　廿」「一炷香　二十一」「一伏時　二十二」「灼艾一壮　二十三」「相畏相反　二十四」「五内

二十五」「三建　二十六」「腎堂　二十七」「咬咀　二十八」「方物　二十九」「紫色　三十」「鶴頂不一　三十一」「蒙汗　二十（ママ）」「藥升制作　三十二」「不毛窮髮　三十四」「犀　三十五」「甲柝　三十六」「勇　三十七」「蓓薑　三十八」「丹田　三十九」「賽字義　四十」「瓊字義　四十一」「蛋字考四十二」「大常　四十三」「鶻突羹　四十四」「湯餅　八刀　四十五　即撥刀」「螺鈿　四十六」「氣味　四十七」「玉蟬羹　四十八」「雌雄牝牡　四十九」「胡字義　五十」「香藥　五十一」「草藥　五十二」「綷髯之訛　五十三」「七星之名　五十四」「介之推　寒食　五十五」「五勝相感　五十六」「焗　五十七」「丘文莊論本草　五十八」「本艸傳誕　五十九」「絳色　六十」「採藥詩　六十一」「入山　六十二」「歷代升量制作　六十三」「秤星　六十四」「花腊　六十五」「知藥　六十六」「驗水　六十七」「獨揺有八　六十八」（本文には「藥欄」がここに挿入される）「變鹹為淡法　六十九」「釋魚　七十」「収魚名稱　七十一」「蠃蚌蛤字考　七十二」「綿藥　七十三」「茜字考　七十四」「麻紙　七十五」「中國各省北極高度　七十六」「灌木　七十七」「名醫別録　七十八」「朝鮮盜參　七十九」「菌屬字考　八十」「身有玉　八十一」「彈丸大　八十二」「入山得泉法　八十三」「龍眼烘乾法　八十四」「火田白田　八十五」「禹餘糧有七八十六」「採參　八十七」「伐蛟説　八十八」「蒿艾　八十九」「臘　九十」「金井玉闌　九十一」「捕蝗事宜　九十二」「落英　九十三」「物性異同　九十四」「鶉有三音分作三鳥　六十五」「相禽　九十六」「匏瓠　九十七」「消息　九十八」「救荒本草　九十九」「三穀四種五穀六穀七穀八穀九穀百穀　一百」「綱目百一」「入伏集解　百二」。

## 21. 『神農本草經會識』

　国立公文書館内閣文庫所蔵。写本２冊。袋とじ和本を洋装２冊に合綴。漢字片仮名混じり和文。

　第１冊は、２丁表に「神農本草經中品石部／東都　曾槃土攷　著」とある。薬品名（漢名）を掲げ、次に「称呼」として和名が片仮名で示され、「釈品」として薬品解説があり、「海内産地」「海外産地」が示され、彩色図譜が示される。13丁表より「中品草部」で巻末まで続くが、途中、94丁表「鹿茸」より102丁裏「白蠟蠶」までは動物部、103丁表「孔公孽」より109丁裏「冬

灰」は金石部。第2冊は、2丁表裏「柳華」「郁李」図があり、本文は草部「柳華」の後半残欠部分に始まり、9丁裏「淮木」まで。10丁表から「菜蓏及動物部」で、「大豆黄巻」に始まり、24丁表「貝子」まで。25丁表裏「雲母」「丹砂」図、26丁表に「農經藥品解／薩州醫員江都曾槃士考著」とあり、「丹砂」「雲母」に始まり、41丁表「五色石脂」まで。43丁表に「上品草部」とあり、「菖蒲」に始まり、109丁裏「王木留行」まで、最後に「上品草部終」と記す。110丁表「牡桂」より、118丁表「女貞」まで。119丁表裏は「酸棗」「蔓荊子」図。120丁表に「果実蓏菜部」とあり、「莬核」に始まり、132丁裏「苦菜」まで。133丁表裏は「天名精」「決明子」図。134丁表に「豊（ママ）經藥品解動物部」とあり、「龍骨」から、144丁裏「桑螵蛸」まで。巻末に墨書「農經藥品解　上品終」。

## 22. 『曾氏審定藥草寫生圖』

　国立国会図書館所蔵。写本一冊。本文66丁。特1-909。表紙左上題簽に墨書「曽氏審定藥草寫生圖　完」。132葉の彩色植物図。巻末に墨書「明治四十二年五月　白礫水蔵／此圖百三十一葉舊著者ノ姓氏ヲ記セズト雖モ／各図上ニ記入セル植物名ノ文字並ニ註解ノ／事實等ニ由リテ考フル薩藩侍醫曾／槃士攷ノ審定記名セシモノニ疑ナシ依テ／表装師ニ命シ裡打ヲナシ保存スト云フ」。各葉、彩色植物図に対して朱書きで植物名、産地を記す。

　巻頭から、「黄蓮、南部産／黄蓮、和州産／同、伯州ヒルセン産／黄蓮、日光産、俗三葉、黄蓮、甲州金峰山産、俗名五加葉／同、同／越州米山産、黄蓮、川芎葉／同、同／地中生、初生／二年生／馬蘭」などである。

　15丁表「狗脊　琉球産」（朱書）「按本藩谷山郷慈昭山中甚多／舊為狗脊未穩」（墨書）。朱書と墨書は筆跡が異なる。墨書の書き手は薩摩藩の人間。谷山郷は現在の鹿児島市谷山。

　曾槃の著作と判断すべき根拠はない。

## 23. 『曾先生雑識』下巻

　国立国会図書館所蔵。写本1冊、下巻のみ。特1-915。巻頭の遊び紙表に

墨書「曾先生雑識　巻二終」とある。『榛堂雑識』の 57-68、「薬欄」、69、「釋名」（70 に同じ）、71-87、88 は題目を欠く、100、102 の各条に順序、内容ともに一致。したがって、『曾先生雑識』下巻は、『榛堂雑識』の後半に相当する。

## 24. 『曾艸聰本草病名識』

　東洋文庫所蔵。写本 2 冊 2 巻。「三 Ja ろ 21」。第 1 冊原表紙題簽墨書「曾艸聰本草病名識　乾」、第 2 冊原表紙題簽墨書「曾艸聰本草病名識　坤」。第 1 冊は、巻頭に「曾艸聰本草病名識 / 東都　曾槃士攷　輯 / 米澤　藤益時行較」と記す。第 1 冊は、通知部で、第 2 冊は、上部、下部、外科部、婦人部、小児部に分かれる。通知部分目は「風、酒風、骨風、……噫、三蟲、噦」。上部分目は「瘠醒首疾、頭痛、厥頭痛、鼻潤……目 + 雚」。下部分目は「飛絲纏陰、蹉跌、消腎溢精、陰陽易病」。外科部分目は「癰、石癰、……香辨瘡、足跰」。婦人部分目は「妊娠慘戚、漏胎、……乳癰（神農経槐実注出）」。小児部分目は「痘、小児晬嗽、……瘲瘈瘲風」。
　本書は、本草書に見られる病名の解説である。

## 25. 『人参識』

　鹿児島大学附属図書館所蔵。写本 2 冊。和名オタネニンジン（朝鮮人参、高麗人参、薬用人参）についての解説書、上下二巻。名称についての考証を中心とする。上巻では、「人参」名称の考証に始まり、異国産人参の名称「遼東人参、上党人参、朝鮮人参、西洋参、竹節参、孩児参、珠参、清河人参、粉参、泰山人参、土人参、生玉参、福参、團参、参蘆、参葉」について述べ、鑑定、収蔵、古今産地を記述する。下巻は、和産人参の名称「竹節人参、単股人参、蝲斗人参、種参、製造之法、参葉」について述べ、古今産地を記述する。オタネニンジンの根の部分を「人参」と称し、漢方では紀元前より重要な薬剤として珍重された。沿海州、中国東北部、朝鮮半島に野生種が分布する。日本では極めて高価な輸入薬剤であったが、1730 年代にその栽培に成功し、江戸幕府が各藩に種子を分与したので、御種人参の名称が生まれた。

## 26. 『本草彙考』

　国立国会図書館所蔵。写本 2 冊 2 巻。特 1-920。第 1 冊表紙題簽墨書「本草彙考　上」、第 2 冊「本草彙考　下」。第 1 冊原表紙題簽墨書「本艸彙考　上巻」、第二冊「本艸彙考　下巻」。本文は、薄赤色刷り原稿用紙（半葉 10 行 20 字）に墨書。全体は、上巻、下巻、附録の 3 部分よりなる。上巻、下巻の巻頭に「曾槃　士考輯／越通永季錫校」とあるので、曾槃の著作を越通永なる人物が校正を加えたもの。上巻、下巻、附録の本文の前にそれぞれ分目を記す。上巻 57 丁、下巻 48 丁、附録 30 丁、総計 135 丁である。

　上巻「1 梅雨、1 甘露、1 雹、2 神水、2 上池水、3 節氣水、3 温泉、4 陰陽湯、4 虀水、4 柴薪火、4 太陽土、5 彈丸、5 伏龍肝、5 紫金、6 礦、6 錢、7 玉名、8 琅玕　珊瑚、8 玻瓈、9 水精、9 琉璃、10 菩薩石、10 蠟石、11 滑石、11 鐵豌豆無名異、11 石炭、13 磁石、14 空青、15 甘草、15 人參別記、15 黄精　葳蕤、16 椴樹、17 三七、17 秦芁、17 茈胡、18 獨活　羌活、18 細辛　杜蘅、19 蘼蕪　江離、20 蛇牀、20 芍藥、21 牡丹、21 杜若、22 縮砂蜜、22 豆蔲、23 肉豆蔲、23 薄荷、23 積雪艸、24 連錢艸癇取艸、24 藿香、24 蘇、25 水蘇、25 蕎、26 艾、26 繁白蒿下、27 蒿類、28 番紅花、28 燕脂、30 茵麻、30 大青　小青、31 蠡實、31 天名精、31 蘆、32 麥門冬、33 萱艸、33 葵、36 瞿麥、36 葶藶、37 連翹、37 藍、38 蘭茹、38 附子、39 射罔、39 射干、40 芫花、40 莽艸、41 鉤吻、41 牆蘪附牆蘪露、43 王瓜、43 黄環、43 防己、44 羊桃、44 千歳藥、45 溪蓀菖蒲注、45 水萍、46 蘋、46 蕈、46 水藻、46 石帆、47 五穀、47 九穀八穀百穀、48 薏苡、48 阿芙蓉、48 豆、49 神麴、50 醋、50 屠蘇酒、50 逡巡酒、50 醴、51 白酒、52 藍尾酒、52 五辛菜、53 菘、54 菫、55 懷香、55 苜蓿、55 苦菜、56 甘藷　57 犀、57 菌」（アラビア数字は丁数）

　下巻「1 梅、2 棠梨、2 海紅、2 香海棠、3 菴羅果、3 林檎、4 柿、4 君遷、5 橘、6 櫟櫬橡、7 荔枝、7 龍眼、9 餘甘、9 茶、10 瓜、10 西瓜、11 沙糖、11 石蓮子、12 桂、13 木蘭、13 沈香、14 鷄舌香、15 龍腦、16 厚朴、16 梓　楸、17 桐、18 繫迷、19 楊　柳　柳花　柳絮、19 柯樹、20 烏臼木、20 枳、20 女貞　冬青、21 蠟梅、21 靈壽木、22 茯苓　茯神、22 竹茹、22 褌襠、23 鍾馗紙、23 扇、24 蠮螉、24 蠮螉窠、25 蠶、26 山繭、27 天蠶、27 草蟲　阜螽、28 蟋蟀、29

蟾蜍、29 蟾酥、30 鱮魚、30 青魚、30 鱖、31 鱠殘魚、31 比目、31 収魚名稱、32 敗龜板、32 蠃　蚌　蛤、33 螺鈿、33 真珠、35 鰒　決明　鮑、36 文蛤、36 石蚨、37 郎君子、37 鶴、37 鶴肉、38 雁、38 鶩　鳧、39 燕、39 杜鵑、39 鳲、40 豕膚、40 馬、42 底野迦、43 獅子、43 熊膽、44 熊膽烘乾法、45 麝香、47 獺肝、47 木乃伊」。

　附録「甘露蜜、驗水、蚯蚓泥、黃銀、比輪錢、神砂、火珠、瑪瑙、浮石、人薲鑒識、同上収藏、菁茅、木香、牧靡艸即升麻、坏子燕脂、鶴蝨、雞樅、辛夷、乳香、唐棣　棠棣　棣棠、南燭、木綿、竹實、蟬、蜇、龍涎、龍骨、蜃、鱖、鷓鴣」。

# 第4章

## 奄美大和村津名久焼の基礎的研究

渡辺芳郎

## はじめに

　津名久焼とは、明治の初め、京都五条坂の陶工で、鹿児島田之浦窯で製陶に従事していた三代金華（花）山・青木宗兵衛が、現在の奄美大島大和村津名久で開いた窯とその製品を指す。これまでいくつかの論考が発表されているが（中山 2010；橋口・松本 2009；宮城 1982；宗岡 2002 など）、本章ではこれら先行研究を参考にしつつ、近年新たに確認された資料を加えて、津名久焼に関わる文献史料、考古学資料（銘文資料を含む）、伝来資料、その他の資料について整理し、相互に比較することで現段階において描ける津名久焼の具体的様相について検討したい。

## 1．青木宗兵衛について

　まず津名久焼の開窯者である青木宗兵衛について、後述する「繭糸織物陶漆器共進会　陶器功労者履歴」の記述を元に整理しておきたい。
　青木宗兵衛は三代金華山を名乗り、初代の孫にあたる。元は京都五条坂の陶器師で、禁裏御用も務めるとともに、幕末以後、海外輸出品の製作も手けるようになった。明治2（1869）年6月に鹿児島に移住したのち、藩の許可を得て田之浦で開窯、数十人の職工を指導したという。明治4年の廃藩置県後も引き続き製陶に従事した。明治8年に奄美に渡り、翌9年に鹿児島に戻った（詳細後述）。明治14年に龍門司窯の川原源助と意気投合し、翌15年以後は龍門司窯で製陶し、同窯の発展に尽くした。生没年は不詳である。
　なお青木宗兵衛と鹿児島の縁は初代金華山にさかのぼる。初代金華山については、三代金華山の祖父として「陶器功労者履歴」で取り上げられている。

寛政5（1793）年、陶法修行に出た龍門司窯の川原十左衛門（芳工）と竪野窯の星山仲兵衛は京都で五条坂の初代金華山・青木宗兵衛に陶法を伝授されている。初代金華山は山城の生まれで葛野郡愛宕神社の神官であったが、明和元（1764）年から京都五条坂で製陶をはじめ、その製品は禁中にも納入されたという。また川原芳工らとの関係から、寛政7年、約半年間鹿児島に逗留し、竪野窯・苗代川窯・龍門司窯を訪れ、陶法指導をしているという（渡辺2000）。青木宗兵衛は、この祖父の縁があって鹿児島に移った[注1]。

## 2．津名久焼に関する資史料

### (1) 文献史料（文末「津名久焼関係史料」参照）

　津名久焼に関する、ほぼ同時代と言える史料には、明治18（1885）年に東京で開かれた繭糸織物陶漆器共進会の際に提出された「陶器功労者履歴」と、農商務省農務局工務局編『府県陶器沿革陶工伝統誌』（明治19年）がある。前者は『薩陶製蒐録』（東京大学史料編纂所版）に収録されており、青木宗兵衛に関する3種類の文書がある。つまり明治18年2月10日付で「菱刈始良桑原嚠哢郡長」より「鹿児島県令渡邊千秋」宛に提出された書類（史料1）、明治18年3月17日に「鹿児島県」より「農商務卿伯爵松方正義」宛に提出された書類（史料2）、政府からの質問に対して回答した明治18年5月18日付の「菱刈外三郡役所」より「県庁農商務課」宛に提出された書類（史料3）である。『府県陶器沿革陶工伝統誌』の記述は、上記書類の内容を編集したものである（史料4）。これらの記述は、史料3を除くと重なる部分が多く、今、書類の内容を「渡島動機」「事前調査」「渡島・操業」「離島」の4項目に整理すると表1になる。この表より、基本的な情報は同じながら史料1→2→4という順に記述が省略されていく過程が見て取れる。概要は以下のようにまとめられる。

　渡島動機：藩政時代の奄美大島では、陶器は鹿児島からの商人により持ち込まれ、高額で売られていた（大島に陶器窯はなかった）。青木宗兵衛はそれを解消するため、大島での陶器生産を目指す。

　事前調査：明治8年2月に事前調査として人を派遣する。5月の報告により、窯の設置場所などが決まったことが伝えられる（史料4に明治8年2月渡島

表 1　津名久焼に関する文献史料の比較

| | 渡島動機 | 事前調査 | 渡島・操業 | 離島 |
|---|---|---|---|---|
| 史料 1 | 是より先き大島郡諸島人民の使用する陶器は、鹿児島商人の持参して販売するを以て、其價非常に貴しと聞き、人に語て曰く、我一度志を決して生國を離れ千辛万苦して遠く薩摩に來る、僥倖にして藩主の懸命を蒙り、聊素志を達するを得たり、此厚恩を報せん為め彼大島に業を開き、以て島民を救んと。 | 即ち明治八年二月人を該島に遣し其實地を見せしむ。全年五月其人歸りて告るに、適地なるを以て豫め其地所をも定め置しを以てす。 | 於爰宗兵衞は田ノ浦を辞し、米五十俵を携へ職工（森尾直太郎、高橋金助、渡辺徳次郎）、荒師子二人（林甚助、椎原三次郎）を引列し、全年八月大島に渡り、大和濱村に窯を築き、陶器を製造して、之を廉價に販売す。土人大に歓ふ。土人も亦其業を習ひ、工人と成る者六名あり（萩友、清貞、美與静、實円、植豊、植和志）。 | 翌九年九月、森尾、高橋、渡邊等を留め、後事を託して、宗兵衞は単身鹿児島に歸れり。最も大島に於て陶器の製造を開きしは宗兵衞を以て始めとす。 |
| 史料 2 | 曽て大島諸島人民の使用する陶器は鹿児島商人の持参して販売するを以て、其價非常に高値なりと聞き、人に語て曰、我一度志を決して薩摩に來る、僥倖にして藩主の懇命を蒙り、聊素志を達する亇を得たり。是より彼の大島に陶業を開き、以て島民を利せんと。 | 明治八年二月人を大島に遣して、實地を検せしむ。同年五月其人歸り告て曰、適当の地なりと認め、豫て其場所を定め置けりと。 | 爰に於て田之浦を辞し、米五十俵を携へ、職工三人（森尾直太郎、高橋金助、渡邊徳次郎）荒師子二人（林甚助、椎原三次郎）を伴ひ、同年八月大島に渡り大和濱村に窯を築き、陶器を製造して、之を廉價に販売す。土人大に歓ふ。土人其業を習ひ、工人となるもの六名（萩友、清貞、美與静、實円、植豊、植和志）あり。 | 翌年九月森尾高橋等を留め、後事を託して宗兵衞は鹿児島に歸る。 |
| 史料 4 | | | 明治八年二月米五十俵を携へ陶工三人属工二人を率ひて大島に到り窯を大和浜に築き製陶す。従来諸島需用の陶器は價値甚た貴し。宗兵衞の製器は價廉なるを以て島民大に喜ふ。 | 淹留一年工人を留めて去り |

とあるのは、この事前調査と混同している）。

　渡島・操業：明治 8 年 8 月、職工（陶工）3 名、荒師子（属工）2 名を連れ、渡島、大和浜に窯を築く。操業には地元の工人 6 名も参加する。

　離島：明治 9 年 9 月、青木宗兵衞は、鹿児島から連れてきた工人たちに後事を託し、鹿児島に帰る。

　以上のように大まかな経過はほぼ一致している。ただし細部については若干の異同がある。これらの異同については、考古学資料なども含め、改めて検討したい。

## (2) 考古学資料

### 1) 窯跡（図1）

　窯跡は奄美大島大和村津名久集落に所在する。県道79号線沿いに「津名久焼窯跡」の掲示板が立ち、その背後（南側）は、現在、二棟の建物が建つ平地となっている。うち東側に建つ建物の背後（東側）は急峻な崖面になっている。明治の終わり頃、本土資本の会社（竹ノ内商店）が同地にあった窯を壊し、約30年間、製材所を経営したという（宗岡2002：158）。それゆえ現地形は、津名久焼閉窯後、かなりの改変を受けた可能性がある。

　津名久焼の窯構造については今のところ情報がないが、開窯者である青木宗兵衛が京都五条坂と鹿児島田之浦窯で製陶に従事したことから、両地の当時の窯構造、つまり連房式登窯であった可能性が考えられる。しかし現在の急斜面は連房式登窯に適した地形とは言えない。先述のように本来の地形はかなり削平されていると推測される。

図1　津名久焼窯跡の所在地と現況

## 2) 製品（図2）

　窯跡における採集資料で確実に同窯の製品と特定できるものはきわめて少ない[注2]。うち筆者が実見したのは、宗岡克英氏が採集した甕の底部片である。胎土は黒灰色で白色の微粒子を含む粗い土である。外面に黒色釉をかけ、内面は無釉で、横方向の筋状の板ナデ痕が残る。底部は無釉で、わずかに歪みが見られるが、市場に流通する程度のゆがみであり、確実に窯場における廃棄品かどうか判断が難しい。ただし黒釉の発色は、後述する伝来資料の桶形鉢のそれに近い。

## 3) 窯道具・トンバイ[注3]

　棚板積みに用いられる棚板の一部が窯跡で採集されている（図3）。残長・幅 16.9 × 15.0cm、厚 4.5cm をはかる。片面（上面）に製品を置いた半円形の痕跡が残る。鹿児島における棚板積みの導入の時期については不明であるが、青木宗兵衛がいた京都五条坂では、明治5（1872）年の『陶磁器説図』において棚板積みが描かれており（京都陶磁器協会 1962；木立 2005：139）、彼が同技法を習得していた可能性はある。

　また直方体のレンガ状のものが採集されており、窯体の構築部材（トンバイ）と推測される（図4）。法量は 25.5 × 14.4cm、高 13.9 cm をはかる。ただし窯壁にしばしば見られる熔解痕は観察できず、トンバイだとすると火のあ

図3　棚板片

図2　甕底部

図4　トンバイ

まり当たらない部分に用いられたか、操業期間が短かったことを示唆する。

**4) 板状陶製品**

　本窯跡では、表面が赤褐色を呈し、胎土内部は青灰色を呈する素焼きの板状陶製品が複数、採集されており、一部には銘文が刻まれている。以下、銘文を有するものを中心に報告する。

①板状陶製品 1（図 5）

　3 つの破片よりなるが、接合時の法量は、42.2 × 28.6cm、厚 2.7 〜 3.8cm をはかる。刻字された表面は丁寧になでて平坦面を作るが、裏面の調整は粗い。表面の左右・下端は面取りしている。上・下端は焼成前に切断され、丁寧になで整えられている。裏側の左右端の接合痕は斜め方向に削られており、本来は直角に粘土板が接合されていたと推測される。また表面の銘文上端は中途半端に切れており、焼成前に記銘したのち、上端を切り離したと推測される。表面には計 11 行で人名、年号などが刻字されている。

②板状陶製品 2（図 6）

　板状陶製品 1 と同様に刻銘のある表面は丁寧になでられ、裏面の調整は粗雑である。残存法量は 13.8 × 14.2cm、厚 2.4cm をはかる。下端部には木の根が付着している。縦書きで「□豊／萩友／三代静」の刻銘がある。

③板状陶製品 3（図 7）

　法量は 28.8 × 14.6cm、厚 2.8cm をはかる。下端部はナデ整えられているが、上端部はやや粗く、接合痕跡にも見える。長軸側裏面の片端部は斜めに削り取られ、板状陶製品 1 と同様に本来は直角に粘土板が接合されていたと推測される。「時實□／大山紀（?）庸（?）定」と刻銘された表面は丁寧になでられ、裏面の調整は粗雑である。

④板状陶製品 4（図 8）

　無銘であるが同種の板状陶製品が複数採集されている。そのうちの一点は、法量は 19.5 × 20.6cm、厚 2.9cm をはかる。表面は丁寧にナデ調整されており、刻印らしきものがあるが、詳細は不明である。表面の端部は面取りしている。裏面はハケ状工具による調整痕が縦・横方向に残る。裏面端部は接合痕が残る。他の板状陶製品の接合痕が片側（3）か両側（1）に残るのに対し、本例は直交する二辺に L 字状の接合痕を残す。また断面がほぼ平坦である点も異なる。

中京細工人

鹿児島

林　高橋　渡邊德次郎　青木宗兵衛

森尾直太郎　高橋金助

同姓直次郎　渡邊德次郎

有村三次郎

明治八歳亥七月大鳰江

焼物造口口し而下鳰仕

候也　廣業造之

図5　板状陶製品1

図6　板状陶製品2

図7　板状陶製品3

　このほか板状陶製品の破片が複数確認されている（図9）。内外面の調整痕、胎土の質や発色などから同一個体と推定される。

## (3) 伝来品資料

　銘文から津名久焼と判明する資料が3点伝来している[注4]。そのうち壺と桶形鉢については宮城1982、宗岡2002、橋口・松本2009、中山2010で報告されている。筆者は2019年8月に実見する機会を得た。既報と筆者の観

図 8　板状陶製品 4

図 9　板状陶製品

図 10　明治 11 年銘壺

察結果に基づき以下報告する<sup>(注5)</sup>。また新たに紀年銘資料が確認できたので報告する。

**1) 明治 11 (1878) 年銘壺 (図 10)**（宮城 1982；宗岡 2002；橋口・松本 2009；中山 2010）（個人蔵）

　口径 10.7cm、器高 28.6cm、底径 13.3cm、最大径 24.7cm をはかる壺で、口部に木製の蓋が残る。赤褐色の胎土で肩部から胴部にかけて暗緑色の釉薬を 3

カ所流し掛けしている。肩部にヘラ書きで以下の銘文がある。

　明治十一歳／寅二月十九日／造之／大島大和濱方／於津名久村ニ／鹿児島縣／上向江町之／森尾旧直太郎／新嘉八／上茶三斤／中茶二斤／下茶壱斤半

**2) 明治11年銘桶形鉢（図11）**（宗岡 2002；中山 2010）（個人蔵）

　口径20.8cm、器高14.7cm、底径18.7cm、胴部径19.5cmをはかる桶形鉢で、胴部には12枚の板で作った木桶を見立てた縦線が入る。また胴部中央に一条、底部付近に三条の竹枠を模した突帯が巡っている。赤褐色土に白色微粒子を含む胎土で、内外面に黒褐釉が掛けられ、外面半分には黄土色の釉も掛けられている。底部は無釉で、3カ所の土目の痕跡がある。またヘラ書きによる銘が刻まれる。

　大山紀□□の持も□（のカ）／明治十一歳寅／二月二十二日／造之／鹿児島縣上向江町の／森尾直太郎／トぃふ人焼之也

**3) 明治9（1876）年銘鷹形置物（図12）**（奄美市立奄美博物館保管）

　近世において与人（最高位の島役人）なども務めた大和浜方国直（現大和村）の旧家・盛岡家（旧姓・盛）（山田 1966；改訂名瀬市誌編纂委員会編 1996：396-418）に伝わった陶磁器の一つで、波濤の中の岩（樹枝？）の上にとまる鷹を形作った置物である。総高29.5cm、下面20.1×13.3cmをはかり、白色胎土に透明釉をかけているが、下面は無釉である。鷹の尾の先端が欠損している。下面には以下の刻字がある。刻字が浅く読み取れない部分もあるが、明治9（1876）年の閏5月に、大和浜津名久において製作されたことがうかがいしれる。

　明治九年丙子閏五月改竈臺（壹カ）／大嶌大和□（濱カ）津名久□陶□下／□□廣業（衆カ）誂之

**(4) その他**

　津名久窯跡のすぐ隣（東側）に墓地があり、その中に「冨三代静墓」と正面に刻まれた墓石がある（図13）。右面には「明治三十四年八月十日」、左面には「享寿 八十三歳」とある。板状陶製品2に見られる「三代静」、史料1・2に出てくる「美與静」と同一人物と推測される。

図 11　明治 11 年銘桶形鉢（実測図は宗岡 2002 より）

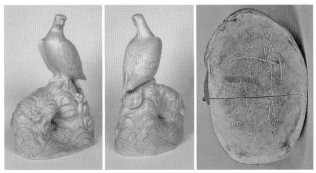

図 12　明治 9 年銘鷹形置物（奄美市立奄美博物館保管）
※底部は銘文が見やすいよう画像処理した。

図 13　冨三代静墓

## 3．考察

### (1) 板状陶製品について

　板状陶製品の裏面に見られる接合痕は、紀年銘資料や他の陶製品において
も確認できる。板状粘土を斜めに切り取り、表面に筋状の凹凸を作り、接合
しやすくしている。また接合痕内側には粘土を貼り付けて補強している痕跡
も見られる。つまり板状陶製品同士を直角に接合していたことが考えられる。
以上より、これら板状陶製品は、内部が空洞の箱状構造物が復元できる。板
状陶製品 4 は、接合痕の状況が他と異なることから、その箱状構造物の天板
である可能性が考えられる。なお板状陶製品 1 の銘文上端は切り取られてい
る可能性があり、箱状構造物を二段重ねたことも考えられるが、確定はでき
ない。ただしその上端に接合痕が見られないことから、天板と推測される板
状陶製品 4 と直接接合するものではない。

　鹿児島では窯に付随して「山神」など祀った石塔が建てられることがある
が、一部に陶製もある。たとえば日置市美山の沈壽官窯に残る弘化 3（1846）
年銘と文久元（1861）年銘の陶製祠などである（渡辺 2008）。津名久焼の板
状陶製品から復元される箱状構造物は、その形状と、器表面に年号、窯場関
係者の氏名などが刻まれていることから、上記の石塔や陶製祠と同様、窯場
に建立された祠もしくは開窯の記念碑の可能性が考えられる。

### (2) 板状陶製品の銘文と文献史料との比較

　まず年代であるが、板状陶製品 1 には「明治八歳亥七月」に大島に渡った
とあるが、これは明治 8 年 8 月に渡ったとする史料の記述と 1 カ月ずれてい
る。このことは史料が太陽暦を、遺物が太陰太陽暦（旧暦）を採用したこと
による齟齬の可能性が考えられる。津名久焼で太陰太陽暦を使用していたこ
とは、伝来資料3)において「閏五月」とあることからも類推される。

　ついで史料と板状陶製品に記された人名について整理すると表 2 になる
[注6]。史料 1・2 の人名は一致するものの、板状陶製品 1 ～ 3 の人名とは異
同がある。史料では、渡島した職工として「森尾直太郎、高橋金助、渡邊
徳次郎」の 3 名を挙げるが、板状陶製品 1 には、それに加えて「同姓（＝

表2　文献史料と板状陶製品に見られる人名

| 資料 | 人名 |
|---|---|
| 史料1 | 職工（森尾直太郎、高橋金助、渡辺徳次郎）<br>荒師子二人（林甚助、椎原三次郎）<br>在地工人六人（萩友、清貞、美奥静、實円、植豊、植和志）<br>※森尾、高橋、渡邊等を島に留める |
| 史料2 | 職工三人（森尾直太郎、高橋金助、渡邊徳次郎）<br>荒師子二人（林甚助、椎原三次郎）<br>在地工人六人（萩友、清貞、美奥静、實円、植豊、植和志）<br>※森尾高橋等を島に留める |
| 史料4 | 陶工三人<br>属工二人<br>※工人を留める<br>※在地工人の記載なし |
| 板状陶製品1 | 青木宗兵衛<br>渡邊徳次郎<br>高橋　金助<br>林　　甚助<br>森尾直太郎<br>同姓直次郎（直太郎と兄弟か？　史料記載なし）<br>有村三次郎（史料では「椎原」） |
| 板状陶製品2 | □　豊（史料の「植豊」か）<br>萩　友（史料の「萩友」）<br>三代静（史料の「美奥静」か） |
| 板状陶製品3 | 時實□（史料の「實円」か）<br>大山紀(?)庸(?)定（大山姓は津名久集落にあり） |

森尾）直次郎」が見える。同姓であること、「直太郎」「直次郎」の名の類似性から兄弟である可能性が考えられる。

　また「渡邊徳次郎」の名前は、明治5（1872）年に明治天皇が田之浦窯に行幸した頃、同窯で働いていた陶工の一人として、青木宗兵衛とともに『磯乃名所旧蹟』の中で挙げられている（井上1931：7-8）。同書には同窯の陶工として「催馬楽の人高崎某」とあるが（同上）、これが「高橋金助」にあたるかどうかは不明である。一方、史料1・2では「荒師子」として「林甚助、椎原三次郎」があり、板状陶製品1には前者の林甚助は見られるが、後者の椎原の名はなく、代わりに「有村三次郎」とある。両者は同一人物と想像されるが、なぜ姓が異なるのかは不明である。以上より、青木宗兵衛に同行し

た職工たちは、すべてかどうか不明だが、田之浦窯の職人であった可能性が高い。

　次いで在地の工人6名は、史料1・2では「萩友、清貞、美與静、實円、植豊、植和志」とされる。板状陶製品2の「萩友」は一致し、「□豊」は「植豊」と考えられる。「美與静」は「三代静」であろう。先述したように、隣接する墓地には「冨三代静」の墓石があり、明治34（1901）年8月10日に83歳で没したとある。同一人物だとすると、明治8年の開窯の際には57歳だったことになる。板状陶製品3に見られる「時實□」「大山紀（?）庸（?）定」の名は史料には見られない。ただし「時實□」は史料の「實円」かもしれない。また大山姓は現在も津名久集落におり、伝来資料2)にも見られる。

　最後に、青木宗兵衛の離島に際して、史料1では「森尾、高橋、渡邊等」を大島に残したとあるが、史料2では「森尾高橋等」とある。両者の違いが書類作成上の単なる省略なのかどうかについては、今後の検討としたい。なお「森尾直太郎」が島に残ったことは伝来資料1)・2)からもわかる。

　以上のように、ほぼ同時代である文献史料の記述と、板状陶製品に見られるそれは、若干の異同はあるとはいえ一致する部分が多い。また窯道具である棚板や、窯体の構築部材と思われるトンバイが採集されていることは、窯体そのものは残っていなくても、同地に窯があったことを示唆する。さらに板状陶製品が窯にともなう祠もしくは記念碑的な構造物と推測されることから、これらが採集された地点に青木宗兵衛が開いた津名久焼の窯があったことは、伝承が伝えているように、ほぼ間違いないと言えよう。

### (3) 伝来資料とその銘文について

　伝来資料3点のうち、1)・2)の2点は暗褐色の胎土に黒色あるいは暗緑色の釉薬をかけるが、1)が実用的な器形であるのに対し、2)の桶形鉢は板材や竹枠を表現しており装飾性が高い。後者と同形のものが薩摩焼苗代川製品にあり、酒寿司桶と呼ばれ祝いの席に用いられたという（山口1979：50-52）。一方、伝来資料3)は白色胎土に透明釉をかけ、欠損した尾の部分に見える胎土は白薩摩のそれに近い。また細工も輸出用金襴手薩摩の白素地を思わせる緻密なものである。1)・2)とは大きく異なり、津名久焼製品の多様性を示唆している。

　津名久焼では、ハグチビラと呼ばれる場所で採れたハグチミチャ（ミチャとは土の意味）が粘土として使用されたと伝えられている。人間の歯のようなクリーム色をした土だという（宗岡 2002：158）。伝来資料 3) はそのハグチミチャを用いたか、あるいは鹿児島から持ってきた白土を使用したか、両者が考えられる。また明治 9 年閏 5 月は青木宗兵衛がまだ奄美に滞在している時期であり（同年 9 月帰鹿（史料 2)）、輸出製品の製作にも関わった彼の手による可能性も想定できる [注7]。

　伝来資料 1)・2) に見られる「森尾直太郎」は、史料 1・2 に出てくる「森尾直太郎」と同一人物であり（宗岡 2002）、同時に板状陶製品 1 のそれとも同一であろう。彼は、青木宗兵衛が帰鹿したのち、奄美に残った陶工の一人である（史料 1)。また伝来資料 1) の銘より、彼が「森尾嘉八」に改名していることがわかる。森尾直太郎の住所として記される「鹿児島縣上向江町」は、現在の鹿児島市浜町、柳町、春日町あたりを指し、田之浦窯とも比較的近い（宗岡 2002:157）。また 2 つの伝来資料は、ともに明治 11（1878）年 2 月の製作であることから、少なくともこのときまでは窯が操業していたことがわかる。ただし正確な閉窯年代は不明であり [注8]、鹿児島と在地の工人たちが閉窯後どうなったのかも明らかでない。ただ墓石から「三代静」は大島で没したのであろう。

　伝来資料 2) の「大山紀□□」と板状陶製品 3 の「大山紀 (?) 庸 (?) 定」は同一人物か確定はできないが、大山姓は今も津名久集落にあり、在地の人名であろう。また伝来資料 1) の銘文「上茶三斤／中茶弐斤／下茶壱斤半」の意味するところは不明だが、この壺が茶壺として製作されたことを示唆している。

## おわりに

　最後に本章での検討結果と今後の課題をまとめる。

　現在、津名久焼窯跡として推定されている地点に同窯跡があったことは、採集資料などから考えてほぼ間違いない。とくに青木宗兵衛らの名前を刻む板状陶製品は、その銘文から窯跡の存在を示す貴重な資料である。また今回確認できた白色胎土の鷹形置物は、津名久焼製品の多様性を伝えるものと言

える。

　今後の課題として、窯構造を含む、より詳細な生産技術の解明が求められる。またその製品についても、本章で取り上げた伝来資料のほかに津名久焼と伝えられる壺などが複数、奄美大島各地に伝来している。これらが伝承どおり、津名久焼なのかどうかの判定が今後の大きな課題と言える。白色胎土製品の存在も今後視野に入れて考える必要があろう。


## 謝辞

　調査ならびに成稿にあたっては、多くの方々にご協力、ご教示を賜りました。文末にご芳名を記して、感謝の意を表します。

　和泉豊一氏（大和村教育委員会）、中山昭二氏（元大和村文化財保護審議委員）、南美佐雄氏・栄豊彰氏・大山綱治氏（大和村）、福島義光氏（奄美郷土研究会）、鼎丈太郎氏・鼎さつき氏（瀬戸内町教育委員会）、宗岡克英氏（鹿児島県立埋蔵文化財センター）、喜友名正弥氏・高梨修氏（奄美市奄美博物館）、盛岡前武仁氏（奄美市）、丹羽謙治氏（鹿児島大学法文学部）、中西瑠花氏（鹿児島大学大学院人文社会科学研究科）


## 注

　(1) なお川原芳工らの京都での修業先を「錦光山宗兵衛」とするものが、『薩摩焼の研究』（田澤・小山 1941）をはじめ多くあるが、金華山青木宗兵衞の間違いである（渡辺 2000）。

　(2) このほか個人蔵の焼成不良の皿が 1 点あるが、未見である（鼎さつき氏ご教示）。

　(3) 窯道具・トンバイ・板状陶製品は、いずれも大和村教育委員会が保管している。

　(4) このほか津名久焼として伝来している製品がいくつかあるが（中山 2010；宮城 1982；宗岡 2002 など）、現段階で確定できないため、本章では取り上げない。

　(5) 法量の数値は筆者が 2019 年 8 月に計測したもので、宗岡 2002 の報告とは若干異なる。ただし大差はない。

　(6) 板状陶製品 1 の銘文末尾「廣業造之」は、「業を廣くし之を造る」とも読めるが、「廣業」を人名と解することもできる。また伝来資料 3) の末尾も「廣業」と読めないことはない。人名としての「廣業」は、現段階で他の史資料で確認できていない。今後の課題としたい。

　(7) 宗岡 2002 では、青木宗兵衛が田之浦窯にいたにもかかわらず、白薩摩では

なく、伝来資料 1)・2) のような製品を作っていることに疑問を呈しているが（158）、3) の存在はその疑問を解くものと言えよう。

　（8）前田幾千代は明治 15（1882）年頃に閉窯とするが（前田 1941：106）、その根拠・出典は明示していない。


## 引用文献

井上良吉（1931）『磯乃名所旧蹟』井上佐恵.鹿児島.

改訂名瀬市誌編纂委員会編（1996）『改訂名瀬市誌　第 1 巻　歴史編』名瀬市役所.名瀬（現奄美市）.

木立雅朗（2005）「京都の陶器窯」『窯構造・窯道具からみた窯業―関西窯場の技術的系譜を探る―』関西陶磁史研究会研究集会資料集：137-153.関西陶磁史研究会.京都.

京都陶磁器協会（1962）『京焼百年の歩み附録　京都陶磁器説並図』同協会.京都.

田澤金吾・小山冨士夫（1941）『薩摩焼の研究』（国書刊行会復刻 1987.東京）.

中山昭二（2010）「第六章 津名久焼」『大和村誌』415-422.大和村.

農務局工務局編（1886）『府県陶器沿革陶工伝統誌』（龍渓書舎復刻 1994『明治後期産業発達史資料』187 巻.東京）

橋口亘・松本信光（2009）「奄美へ渡った薩摩焼と津名久焼」『海が繋いだ薩摩―琉球』11.南さつま市坊津歴史資料センター輝津館.南さつま.

前田幾千代（1941）「薩摩焼異聞（終）」『茶わん』131:97-107.

宮城篤正（1982）「津名久焼」『日本やきもの集成 12 九州Ⅱ・沖縄』133-134.平凡社.東京.

宗岡克英（2002）「奄美大島大和村の津名久焼についての考察―記年銘資料の紹介を中心に―」『からから記念号』155-159.鹿児島陶磁器研究会.鹿児島.

山口丹海（1979）『生活の中の薩摩焼』私家版.鹿児島.

山田尚二（1966）「大島、島役人前仁志の家計について―盛岡家文書を中心として―」『鹿児島史学』14:21-37

渡辺芳郎（2000）「「金華山」と「錦光山」―寛政 5 年川原芳工・星山仲兵衛の陶法修業先をめぐる疑問―」『からから』7 号 :5-8.鹿児島陶磁器研究会.鹿児島.

渡辺芳郎（2008）「薩摩焼窯神石塔小考」『九州と東アジアの考古学―九州大学考古学研究室 50 周年記念論文集―』下巻 :697-712.九州大学考古学研究室 50 周年記念論文集刊行会.福岡.

## 津名久焼関係史料

　※いずれの史料もカタカナをひらがなに変え、必要に応じて改行・句読点を追加している。

### ＜史料１＞

　明治 18（1885）年 2 月 10 日「菱刈始良桑原嚙哝郡長」より「鹿児島縣令渡邊千秋」宛（『繭糸織物陶漆器共進会』陶器功労者履歴（明治 18 年）『薩陶製蒐録』（東京大学史料編纂所版）より）

　陶器功労者之儀に付上申

　大隅國始良郡小山田村六十六番戸士族　　川原源助祖先韓人　故芳仲

　同國同郡同村六十番戸士族　　川原十左衛門祖父 故川原十左衛門　種甫　号芳工

　同國同郡同村四十五番戸士族　　小野清右衛門祖先　故小野元立院

　同國同郡同村四十六番戸平民　青木宗兵衞祖父　故青木宗兵衞

　同國同郡同村六十六番戸士族　　川原源助

　同國同郡同村四十六番戸平民　青木宗兵衞

　（中略）

　鹿児島縣下大隅國始良郡小山田村四十六番戸平民三代金花山　青木宗兵衞

　右宗兵衞は山城國初代金花山青木宗兵衞の孫にして、幼年の時より業を父二代金花山青木宗兵衞に学び、京都五條坂に居住して、陶器を製造し、三代金花山と称して代々禁裏御用の陶器師たり。外國通商の道開け洋人我日本の陶器を愛賞するに至りし以來、専ら意を輸出品に注き、薩摩製の環入焼は洋人最も愛する處なるを以、願くは之を精製して、輸出を盛に為んと志を決して、明治二年六月薩摩に下る。幾干もなく藩命に依て建野（＝竪野－引用者注）製陶場に出頭する了を得て、歡喜に堪えす大に勉勵す。未た數月を経さるに田之浦の地に新に陶器場を開き、宗兵衞に邸宅を與へて移り居らしむ。宗兵衞籍を鹿児島に移し、日に出場して大に勉強し、數十人の職工を引受て之に教授し、年々多數の陶器を製出するに至る。廢藩置縣に際し田之浦の陶器も某の所有に歸すと雖も、職工の教授人たる了故の如し。而て工人の技術日を遂ふて熟練し、製品頗る上等に登れり。是即ち宗兵衞平日の教授懇切なるか故也。

　一　是より先き大島郡諸島人民の使用する陶器は、鹿児島商人の持参して販売するを以て、其價非常に貴しと聞き、人に語て曰く、我一度志を決して生國を離れ千辛万苦して遠く薩摩に來る、僥倖にして藩主の懸命を蒙り、聊素志を達するを得たり、此厚恩を報せん為め彼大島に業を開き、以て島民を救んと。即ち明治八年二月人を該島に遣し其實地を見せしむ。全年五月其人歸て告るに、適地なる

を以て豫め其地所をも定め置しを以てす。於爰宗兵衞は田ノ浦を辞し、米五十俵を携へ職工（森尾直太郎、高橋金助、渡辺德次郎）、荒師子二人（林甚助、椎原三次郎）を引列し、全年八月大島に渡り、大和濱村に窯を築き、陶器を製造して、之を廉價に販売す。土人大に歡ふ。土人も亦其業を習ひ、工人と成る者六名あり（萩友、淸貞、美與靜、實円、植豊、植和志）。翌九年九月、森尾、高橋、渡邊等を留め、後事を託して、宗兵衞は單身鹿兒島に歸れり。最も大島に於て　陶器の製造を開きしは宗兵衞を以て始めとす。

　一　明治十四年の冬、宗兵衞偶私用ありて大隅國加治木に赴き、席を以て龍門司の陶器場に至り、甚た衰微の景況を視て、長歎息して、川原源助に語て曰く、熟々思考するに當地は我祖父の縁あるを以て我も亦爰に留り助力せんと。川原大に歡び頼りに來り留まらん丁を乞ふ。因て翌十五年二月爰に來り留る。全年夏、川原全業者を會して、製品改良の丁を談す。宗兵衞曰く、我爰に來り留るも、素より他念なし、偏に改良の為のみと。以て衆議區々にして決せす。其後川原奮然單力以て販路を神戸大坂等に開かんとするに際し、宗兵衞數多の輸出品を製して大に川原か志を助け、遂に其意を達せしむる丁を得たり。始め宗兵衞爰に來て業を開くや、麁製を改良し衰頽を挽回せんと欲するにあり。然れとも同業者中、宗兵衞の製に倣ふもの少し。宗兵衞は其性素より溫和にして曽て人に逆ふの質に非す。只窃に之を歎息するのみ。然るに宗兵衞の製品は自ら世人の愛賞を得て、競ふて之を需て、每に殘餘ある丁なし。於爰全業者大に感し、遂に宗兵衞風を慕ひ、幼稚の細工と雖も、皆宗兵衞の風を學に至れり。故に自然に改良し今日至りては、大に前日に異なり加之能く全業者の人氣を纏め、目今に至ては、衆人一致して能く職業に勉勵するに至れり。偏に其功偉なりと云ふべし。

＜史料２＞

明治18年3月17日「鹿児島県」より「農商務卿伯爵松方正義」宛（出典同上）

陶器功労者

鹿児島縣下大隅國姶良郡小山田村六十六番戸川原源助祖先　故芳仲

同薩摩國日置郡苗代川村二百七番戸　朴平意祖先　故朴平意

同大隅國姶良郡小山田村六十番戸　川原十左衛門祖先　故芳工　川原十左衛門

同　同　同四十番戸　小野淸右衛門祖先　故小野元立院

同薩摩國日置郡苗代川村百五十三番戸　朴利行　亡夫　故朴正官

同　同　同　十三番戸　沈壽官

同大隅國姶良郡小山田村六十六番戸　川原源助

同　同　同四十六番戸　靑木宗兵衛

（中略）

履歴

　鹿児島縣下大隅國始良郡小山田村四十六番戸　三代金華山靑木宗兵衞

　右宗兵衞は、山城國初代金華山靑木宗兵衞の孫にして、幼年の時より陶業を父二代金華山靑木宗兵衞に学ひ、京都五條坂に居住して陶器を製造し、三代金華山と称し、初代金華山より代々禁裏御用の陶器師たり。然るに外國通商の道開け、洋人我日本の陶器を愛賞するに至りし、以來專ら意を輸出品に注き、薩摩製の環入焼は洋人最も愛賞するを以て、願くは之を精製して輸出を盛に為さんと志を決して、薩摩に下る幾もなく藩命に因て建野の陶器場に出頭するㄱを得て、歡喜に堪へす大に勉勵す。未た数月を経さるに田之浦の地に新に陶器場を開き、宗兵衞に邸宅を與へて移り居らしむ。宗兵衞籍を鹿児島に移し、日々出場して大に勉勵し、數十人の職工を引受、年々多数の陶器を製出す。廢藩置縣に際し、該場も某の所有に歸す。而て職工の教授人たるㄱ故の如し。工人の技術日を遂て熟練し、製品頗る上等に登れり。

　曾て大島諸島人民の使用する陶器は鹿児島商人の持参して販売するを以て、其價非常に高値なりと聞き、人に語て曰、我一度志を決して薩摩に來る、僥倖にして藩主の懇命を蒙り、聊素志を達するㄱを得たり。是より彼の大島に陶業を開き、以て島民を利せんと。明治八年二月人を大島に遣して、實地を検せしむ。同年五月其人歸り告て曰、適当の地なりと認め、豫て其場所を定め置けりと。爰に於て田之浦を辞し、米五十俵を携へ、職工三人（森尾直太郎、高橋金助、渡邊徳次郎）荒師子二人（林甚助、椎原三次郎）を伴ひ、同年八月大島に渡り大和濱村に窯を築き、陶器を製造して、之を廉價に販売す。土人大に歡ふ。土人其業を習い、工人となるもの六名（萩友、清貞、美與静、實円、植豊、植和志）あり。

　翌年九月森尾高橋等を留め、後事を託して宗兵衞は鹿児島に歸る。

　明治十四年冬所用ありて、大隅國加治木に赴むき、龍門司の陶器場を過り、甚た衰微の景況を視て、長嘆息し、川原源助に語て曰く、何故に如此衰微せしや。源助告るに實を以てす。宗兵衞曰く、顧うに當地は我先祖（故川原十左衛門芳工は初代金華山靑木宗兵衞の弟子なり。因て來り諸所を経歴して陶器を改良を謀りしㄱあり）の縁あるを以て我亦爰に留まり、助力せんと。川原大に喜ひ、頻りに來り留まらんㄱを乞ふ。因て翌十五年二月來り留まる。同年夏、川原同業者を會し、製品改良等のㄱを談す。宗兵衞曰く、我爰に來り留る、素より他の意にあらす、唯改良の為めにのみと。衆議區々にして決せす。川原奮然單力以て販路を神戸大坂等に開かんとするに際し、大に川原か志を助け、遂に其意を達せしむるㄱを得たり。始め宗兵衞爰に來り留て業を開くは、粗製を改良し衰頽を挽回せんと欲するにあり。然れも同業者中宗兵衞の製を喜ふもの少なし。宗兵衞は素より性温和

にして、曽て人に逆ふの質にあらす。只窃に嘆息するのみ。然るに宗兵衛の製品は自ら世人の愛賞を得て、競て之を購求して、毎々残餘あるコなし。是に於て同業者自然に感する所あり。遂に宗兵衛の製に倣ひ、幼稚の細工と雖皆宗兵衛の風を學に至り、漸次の改良の點に赴き、今日に至ては、大に前日の異なるものあり。加之宗兵衛能く同業者を和し、目今に至ては、衆人能く一致して職業に勉勵するに至れり。其功偉なりと謂うへし。

## ＜史料３＞

明治 18 年 5 月 18 日「菱刈外三郡役所」より「県庁農商務課」宛（出典同上）
※ 5 月 14 日付の履歴書不明点に関する問い合わせに対する回答

「明治十八年五月十八日付菱刈外三郡役所からの回答」

（中略）

一　靑木宗兵衛は何年月西京より移住せしや

（中略）

一　靑木宗兵衛は何年月西京より移住せしや

靑木宗兵衛は明治二年六月薩摩に下り、仝年十一月鹿児島の籍に入れりと云ふ

## ＜史料４＞

農商務省農務局工務局編『府県陶器沿革陶工伝統誌』明治 19（1886）年
（『明治後期産業発達史資料』第 187 巻：176-177. 龍渓書舎.1994 年）

靑木宗兵衛は西京五條坂の陶家にして三代金花山と称し代々禁中の調度を調整せり。明治二年宗兵衛薩□器を製せんコを思ひ其六月鹿児島に到る。藩廳庁之を傭使して竪野及ひ田ノ浦陶場に従事せしめ廢藩後尚ほ田ノ浦に在るコ六年。明治八年二月米五十俵を携へ陶工三人属工二人を率ひて大島に到り窯を大和浜に築き製陶す。従来諸島需用の陶器は價値甚た貴し。宗兵衛の製器は價廉なるを以て島民大に喜ふ。淹留一年工人を留めて去り龍門司陶の改良に志し川原源助に謀りて十五年二月遂に小山田村に轉籍すと云。

# 第 2 部
## 文化編

# 第 5 章

## 奄美大島大和村と龍郷町における
## 女性たちの活動と地域の資源

桑原季雄

## 1．はじめに

　本章は奄美大島の大和村名音集落の「のんティダの会」と龍郷町秋名集落の「まーじんま会」という 2 つの会における女性たちの活動を「地域の資源」という視点から考察することにある。後述するように、2011 年に集落の女性たちを中心に開設された「のんティダの会」は毎週土曜日、午後 2 時にオープンする集落の人々の憩いの場所で、「笑談所」あるいは「喫茶店」と呼ばれて親しまれ、ワンコインで楽しい会話と美味しいお茶が楽しめることもあって、沢山の人が集まってくる。一方、龍郷町秋名集落の「まーじんま会」は食に注目し、地域の伝統的な暮らしを伝える活動として 2010 年に 7 人の女性によって始められた。秋名・幾里集落で採れる様々な自然の産物を食材にして加工品を造り、イベントなどで提供するなど、自然にある食材を生かした活動をしてきた。

　これら 2 つの事例はいずれも集落の女性たちが中心になって発案し実践している活動で、ともに地域の資源を地域のために活かす活動を行っている点で共通する。本章では、これらの活動がそれぞれの地域社会にとってどのような意味を持つのか考察する。その前提として、大和村名音集落と龍郷町秋名集落が戦後に辿った歴史的、社会的背景を詳細に見ていくことから始めよう。

## 2．大和村名音の女性たちの活動

### (1) 大和村の概要

　鹿児島県大島郡大和村 [注1] は、奄美大島のほぼ中央部に位置し、東を奄

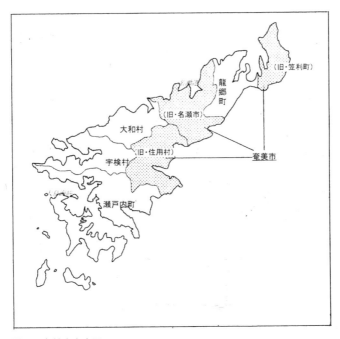

図1　奄美大島全図

美市名瀬、南と西を奄美市住用と宇検村に接し、北は東シナ海に面している。宇検村との境に奄美大島最高峰の湯湾岳（694 m）がそびえる。総面積 9035 ha（90.35 ㎢）のうち、耕地面積はわずか 106 ha であるのに対して、林野面積は 7915 ha、全面積の 87.6％を占めている。行政区は、海岸線に沿って、東から西へ順に、国直、湯湾釜、津名久、思勝、大和浜、大棚、大金久、戸円、名音、志戸勘、今里の 11 の集落（字）が連なる（『大和村誌』2010:651）（図1）。

　大和村の中心は大和浜集落で、役場や消防、環境省の施設などがあり、大和村で2番目に大きな集落で、136 世帯 249 人が暮らす。一番大きな集落は大和浜集落の西に隣接する大棚集落で人口 252 人、世帯数 149 である。調査地の名音集落は 109 世帯 188 人が暮らす、11 集落の中で3番目に大きな集落である[注2]。

　大和村の人々は大和村全域を2つの地域に分けている。思勝湾の波静かな「浦内」（ウラウチ）と東シナ海の荒波が打ち寄せる「荒場」（アラバ）である。

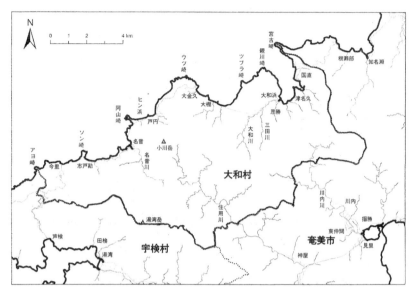

図2　大和村全図（出典：大和村誌編纂委員会編 2010『大和村誌』大和村：4）

浦内と区分されるのは思勝湾沿いの国直、湯湾釜、津名久、思勝、大和浜の5集落である。他の6集落、大棚、大金久、戸円、名音、志戸勘、今里が荒場と区分される。浦内は村域の東側に位置し、5つの集落が互いに近接している。対して、荒場は村域の西側に位置し、海まで延びる丘陵によって6つの集落がそれぞれ大きく隔てられている（『大和村誌』2010：658-659）（図2）。

　戦前戦後を通して、大和村から奄美大島の中心地である名瀬に行くには船か、陸路を歩いて行くしかなかった。戦後、大和村と名瀬間に定員が14～15人ほどの定期船が就航した。その後、1961年に名瀬・大和浜間のバスが開通し、定期船は姿を消していった。バス路線がさらに大和村の西の端の今里まで延びて、全長46.8kmのバス運行が始まったのは1970（昭和45）年のことであった（『大和村誌』2010：449、659）。

　大和村では人口の流出が極めて顕著である。1920（大正9）年には6302人だった人口が2005年には1934人と、三分の一に減少した。少し詳しく見ると、1940（昭和15）年の急減と1947（昭和22）年の急増を除けば、1920年から1950（昭和25）年までの30年間は6000人強とほぼ横ばい状態であった。人口の急激な減少は1955（昭和30）年から1975（昭和50）年までの

20 年間で、この間に 5528 人から 2733 人へとほぼ半減した。結局、1950 年の 6374 人から 2005 年の 1932 人へと減少し、その減少率はおよそ 70％であった（『大和村誌』2010：659）。最も減少率の少ない大和浜集落が 30％であるのに対し、今里集落は 85％、志戸勘集落は 90％と大幅に減少している。浦内と荒場で分けると、浦内は 51％、荒場は 75％の減になっている。明らかに荒場の諸集落の方が減少率は大きい（『大和村誌』2010：661）。

　大和村では終戦直後までは戦前と同様、米と甘藷の栽培を中心とする自給的農業を行っていたが、平行して林業も盛んに行われた。特に、沖縄や本土向けの枕木、パルプの需要は高く、稼ぎも良かった。しかし、農業と林業を組み合わせた生業が継続したのは昭和 30 年代頃までで、それ以降、農業は下火になり、林業も次第に廃れた。昭和 40 年代から 50 年代は、戦後における大島紬生産が最も活況を呈した時期だった。大和村からの人口流出はその時期である。そのころは、業者の世話で名瀬や鹿児島に引っ越し、そこで従事する者も多かった。大和村には中学校までしかないので、子供たちが高校に進学することも含めて、家族ごと移住する者も多かった。名瀬に引っ越した家族の典型的な職業パターンは、女性の機織りと男性の土建業であった（『大和村誌』2010：662-663）。

　同じ大和村でも荒場の場合は道路整備の遅れとカツオ漁の衰退が人口流出にさらに拍車をかけた。明治から続いてきた今里、名音、戸円のカツオ漁も昭和 40 年代の半ば頃には終焉を迎え、こうした状況の中で、多くの者が現金収入を得るため都市部へ移住した（『大和村誌』2010：663）。

　昭和から平成にかけて、人口減少は依然として続き、1993（平成 5）年の国勢調査では 2013 人にまで減少し、過疎の勢いは止まるところを知らなかった。村は定住人口の増加による村の活性化を図るため、1994（平成 6）年度に「大和村定住促進条例」を、2005（平成 17）年度には「大和村地域活性化定住促進条例」を制定した。しかし、住民基本台帳人口は 1994 年 3 月の 2098 人から 2008（平成 20）年 3 月の 1859 人と、依然として人口減少は続いた（『大和村誌』2010：497）。

　2019 年 9 月 30 日現在の最新の人口統計によれば、世帯数 873、人口は 1474 人（男性 720 人、女性 754 人）で、高齢化率 40.2％である（大和村役場）。1950 年の 6374 人から比べると 4900 人も減少し、減少率は 77％である。

## (2) 大和村の産業

　大和村は、1950（昭和 25）年の朝鮮戦争特需で本土への枕木搬出によって活況を呈し、多くの若者たちが林業に従事した。今里、名音、戸円におけるカツオ漁業や、浦内地区の林業などが盛んだったこの時代、終戦後の大和村が一番活気のあった時期であった（『大和村誌』2010：445）。一方、農業は国の減反政策を受けて、稲作は、1960（昭和 35）年頃から次第に休耕田が増え、本格的な生産調整が始まった 1970（昭和 45）年には村の稲作面積はピーク時の 1960 年と比較して 48％と 5 割以下にまで減少した。1979（昭和 54）年度以降、各地区の水田を埋め立てて畑地とする土地改良事業が進められ、こうして大和村の水田稲作は 1988（昭和 63）年には完全に終了し、村の稲作風景も消えてしまった（『大和村誌』2010：556-557）。

　戦後、大和村が力を入れた農業として、紅茶生産と養蚕、畜産、製糖事業があった。いずれの試みもことごとく失敗に終わったが、タンカンとスモモの栽培だけは定着した。スモモの生産量は順調に増加し、1980（昭和 55）年度には湯湾釜地先に大型選果場が稼働し、本格出荷体制が確立した（『大和村誌』2010：479、537）。また、同年度から急傾斜地のスモモ園へモノレールの設置が始まり、畑への通いが容易になり、スモモの増産体制ができ、さらに、1980（昭和 55）年には奄美大島におけるミカンコミバエの根絶が宣言され、本土出荷が全面的に開放された。このように生産から選果、出荷規制の解除など、生産拡大の条件が整備されたことで、生産量は飛躍的に増加し、特にスモモの生産量は日本一を誇る（『大和村誌』2010：547-548）。

## (3) 大和村の伝統文化

### 1) ノロ文化

　1985 年当時、大和村の 11 の集落の内、ノロが現存して祭りを司っているのは、大棚と今里だけである。かつてインバンノロが置かれたのは名音であった。インバン（印判）はノロクメ（能呂久米）の辞令のことであり、インバンノロとは首里王府が任命したノロのことである（桜井 1985:19）。本来、ノロは首里王府が公儀の祭祀を司るために村々においた女性神職である。ノロクメというのノロの頭の尊称で、大島には 2 人いたという。1609

年に薩摩藩の統治下に入って首里王府が任命するノロ制度はしだいに禁止され、ノロを中心とした生活は衰微することになったが、人々はその後も共同体の祭りを司る女性神職としてノロを伝えてきた。大島ではそうしたノロの祭りとして、二月初めの壬（みずのえ）[注3]の日の「御迎祭」（オムケ）と４月の壬の日の「御送祭」（オーホリ）が最も大切なものと見られた（桜井1985:20）。

　ノロクメによって、２月初めの壬の日にオムケ（御迎祭）が、４月の壬の日にオーホリ（御送祭）が執り行われた。オムケの神事は夜から早朝に及んだ。奄美大島でオムケ・オーホリを行ってきたのは、大和村の今里、大金久、大棚、名瀬の大熊で、カツオ漁が始まると共にノロの活動が盛んになり、オムケ・オーホリも集落の平安と集落民の健康を祈る形で復活された（桜井1985:21-23）。

## 2) 豊年祭とクガツクンチ

　奄美大島は日本一土俵が多い島とも言われるが、大和村でも11の集落全てに土俵がある。奉納相撲が行われる豊年祭は年に一度盛大に開催され、集落独自の文化が今なお受け継がれている[注4]。大和村の豊年祭は８月15日を祭日とする「十五夜豊年祭」と、９月９日を祭日とする「クガツクンチ」の２つにわかれる。十五夜豊年祭を行うのは津名久、大和浜、大棚、大金久、戸円、志戸勘、今里の７集落、クガツクンチを行うのは国直、湯湾釜、思勝、名音の４集落である。豊年祭は１年の農作物の収穫を祝うと共に集落の無病息災に感謝する行事で、奉納相撲や余興、八月踊りで楽しむ集落最大のイベントである。

　豊年祭は水源地から相撲の力水を汲むことから始まる。力士たちはトネヤやテラで祈願した後フリダシと呼ばれる行列で土俵へ向かう。相撲は前相撲と呼ばれる青年団２人の取り組みから始まり、個人戦や集落対抗戦、兄弟親子相撲、乳幼児の初土俵入りなど様々な対戦が行われる。取り組みの中頃に「ナカイリ」と呼ばれる周回があり、料理を手にした力士や仮装した婦人会や老人クラブが参加する。土俵を周回した料理は各テントへ配られ、集落ごとに異なる季節の料理が参加者に振る舞われる[注5]。豊年相撲の取り組みが終わると、夜には土俵を囲んで八月踊りが行われる。以前は旧暦の８月15日に行われていたが現在は運営の都合から直前の日曜日に開催している。

## (4)「のんティダの会」

### 1) 名音集落の概要（口絵 第 5 章 -1）

　名音集落は大棚から今里に至る「荒場」のほぼ真ん中、名音川の河口北側の平坦地に位置する。集落は三方を急峻な深い山々に囲まれ平坦地がほとんどない。前方のみを海の彼方にある楽土、ネリヤカナヤの方に開いている。人々は 1971（昭和 46）年のバス開通まで、隣の集落に行くにも、歩いて山を越えるか、海から行くかの二者択一であった。このように外部と隔絶したまま、名音の生活はほとんど自給自足であった。人々は背後に迫る山々を焼き、そこに山芋、里芋、薩摩芋、大根を植え、サンゴ礁の干瀬に蛸をとり、貝を拾って生活を営んできた（田畑 2005：5-6）。

　現在、名音集落は、大和村の中心にある役場から車で約 20 分の場所にあり、行政上は「ナオン」と称され、方言では「ノン」と呼ばれている。県道が村内全域で未開通の時代には、戸円から今里までの西部地区 4 集落を対象に、1949（昭和 24）年から 2001（平成 13）年 8 月まで、大和村役場名音支所が設置された（『大和村誌』2010：489-490）。

　2008（平成 20）年 8 月末の時点での人口は男 121 人、女 122 人、計 243 人で、世帯数は 116 世帯であった（『大和村誌』2010：687）。2019 年 3 月末の人口は、男 95 人、女 93 人、計 188 人で、世帯数 109 であるから、この 10 年で 55 人（13%）減少した。高齢化率は 40% である。集落の東北側の小高い丘は「テラ」と呼ばれ、神社の社があり、氏神様を祀っている。テラの背後に聳えるユネシ山は神山で、昔から木を切ってはいけないとされていた。テラの麓の山の方から水を引いてきてタンクに貯め、生活用水として利用していた。豊年祭の水汲みもそこで行う（『大和村誌』2010：687-688）。

　集落のほぼ中央に生活館があるが、その場所は 1945 年頃までノロが住まう「トネヤ」だった。生活館の前の道路に接する広場は「ミャー」の跡地である。ノロが祭祀を行う「アシャゲ」も同じ広場にあった（『大和村誌』2010：668）。

　隣の今里や戸円集落とともに、かつてカツオ漁で成功したが、1960（昭和 35）年に解散した。名音には当時「有徳丸」というカツオ船が 1 隻だけ存在した。今里には当時、枕崎から来ていたカツオ節の専門家の指導によりカツ

オ節工場で製造が行われていた。集落の若い女性たちも製造の仕事に従事した（重野弘乃氏）。

## 2) 名音集落の豊年祭

　かつて名音集落の豊年祭ではノロによる儀式が行われていた。名音集落ではクガツクンチ豊年祭の際に、集落を一望できる「テラ」でのガンノーシ（願直し）とガンタテ（願立て）を行う。ガンノーシ（願直し）とガンタテ（願立て）は、集落の無事と豊作を願って前年に立てた願を感謝の念を込めて解き、新たに一年の安全と豊穣を願って願を立てる儀式である。豊年祭はこのテラから始まり、青年団の代表が集落に向かって「スモー・スモー・スモー」と大声で叫んだら祭りの始まりの合図となる。その後は公民館前の土俵で、今年一年の農作物の収穫を祝い、集落の無病息災に感謝する相撲が行われる<sup>(注6)</sup>。

　名音では、小学校から中学校、高校と集落の豊年祭にもずっと参加してきた子供たちは、一度は都会には出るが、子育てに帰ってくることが多いという。若い人の仕事は、老人ホーム「大和の園」や建築関係など、また、女性は福祉関係で看護師などが多い。名音は子供の数も保育所が 22 人で多く活気がある。小学校の生徒は 11 人で、中学校は統合されて大和村全体で 40 人弱で、中 3 が 12 人、中 2 が 14 人、中 1 が 11 人である（重野弘乃氏）。

## 3)「のんディダの会」の設立

　「ティダの会」の活動のきっかけは、2011（平成 23）年度に役場の地域包括支援センターの取り組みから始まった。会のリーダーの重野弘乃氏によれば、名音集落においても核家族化が進み、相互扶助の慣行が薄れてきた上に、高齢者の人口は益々増えていくなかで、行政には限界がある。そこで、地域で何か出来ないだろうかと考えていた矢先、住民流福祉総合研究所の木原孝久氏<sup>(注7)</sup>が提唱する「支え合いマップ作り」を知った。木原氏を招いて各集落をまわってマップ作りをして大和村の課題を知り、各集落に合った取り組みをする。このマップ作りを 10 集落で各 2 回実施したことから、行政と社会福祉協議会、住民が一体となって、それぞれの集落に合った取り組みが展開されるようになった。現在、各集落に防災マップがあるが、そのマップに集落の様々な情報を落とし込むマップ作りをすると、今まで見えなかったところが見えてきて、集落にあった取り組みができるという（重野弘乃氏）。

　2011（平成 23）年度に「支え合いマップ作り」の活動が最初に名音集落で開始され、「のん（名音）ティダの会」が開設された。その後、2013（平成 25）年度には全集落で「支え合いマップ作り」の活動が展開され、現在もそれぞれの集落に合った住民主体の取り組みが実施されている<sup>(注8)</sup>。

　ここで、支え合いマップ作りで見えてきた一つの課題とその実践例を紹介しよう。

　　M さんは 70 歳の時に、妻の故郷である名音に大阪から夫婦で引っ越してきた。子供のいない 2 人は、名音集落に住む妻の妹、甥、親類の方を頼りに、名音集落に移住してきた。M さんは老人クラブに誘われても「ほとんどの方が方言で話し、何を話しているのかわからない」と言って、地域交流から次第に遠ざかり、夫婦だけでの生活が主だった。ところが、奄美に来て 8 年目に妻が病気で亡くなり、一人残されてしまった。M さん自身も島に来て病気がちだった。そんな M さんの現状が支え合いマップで浮かび上がったが、マップ作りではそれ以外の M さんの現状がさらに話題になった。M さんは自分から出かけることは少なかったが、近所の方が数人で M さん宅を訪問した際、豆から挽いた本格的なブルーマウンテンコーヒーをいれてもてなされたという。このことが話題になるとマップ作りの木原孝久氏から「喫茶店を作ってマスターをやってもらったら」との一言で始まった。それから 2 カ月後、「のんティダ喫茶店」が出来、M さんにマスターを依頼すると、「いいですよ、私に出来ることがあれば」との快諾を得て、集落に 80 歳の喫茶店のマスターが誕生したのだった。都会のダンディーな M さんの蝶ネクタイ姿は、「喫茶店」に来る高齢者の女性の憧れの的となり、M さんもニコニコと座っていた。病気が再発して亡くなる寸前までの 5 カ月間であったが、M さんは役割や出番を通して自分の心地よい居場所として、集落の方と最後にふれあい楽しい時間を過ごすことができた。「のんディダの会」喫茶では、今もマスターこだわりの本格的ブルーマウンテンコーヒー豆を大阪の珈琲屋さんから定期的に取り寄せていて、少し割高であるが、「角砂糖を 1 個入れて飲むのが美味しい」と、このマスターのこだわりを大事にしているという。（重野弘乃氏）

　重野氏によれば、このマップ作りから名音集落で見えてきた課題として以下のようなものがあるという。

　①今まで元気に畑仕事をしていた人が出来なくなり、日中の行き場がなく、閉じこもりぎみの高齢者が増えてきた。

　②集落内に気軽に集える場がなく、公的サービスのみを利用する人が多かった。

　③日常的にちょっとした困りごとを抱えている人が増えてきた。

　④住み慣れた地域で誰もが元気に過ごしたいと思っているが、本人の思いとは裏腹に、都会の子供のもとや施設に入所する人が多かった。

　このような課題を共有したことから、普段から集落での助け合いの必要性を感じている村の男女が集まり、「いずれは自分たちも通る道だから、出来るときに出来ることから始めよう」と困り事対応チームが発足し、「のんティダの会」が立ち上がった。創設当初のメンバーはマップづくり活動に参加した区長、民生委員、青年団団長、集落の世話役など男性 8 人、女性 7 人の計 15 人で、年齢も 60 代以上の人がほとんどだった。

　「ティダの会」の名称はメンバーの話し合いで決まった。「ティダ」とは奄美の方言で「太陽」を意味し、「みんなに満遍なく光が当たるように」ということで命名された。それぞれの得意分野の人に得意とすることを依頼し、いろいろと知恵を絞って活動をおこなっているという。

　2012（平成 24）年 2 月、活動の拠点である「のんティダの会笑談所」が完成した。集落のほぼ真ん中に位置する空き倉庫を提供してもらい、自分たちで少しずつ改修したという。空き倉庫は、集落の商店と公民館のすぐそばにあり、比較的人通りが多く、集落のいわゆる"銀座通り"だ。元大工だった人もいたので、大和村役場から 20 万円の支援を受けて、休日に内装を自前で行った。食器は家で使ってないものを持ち寄った。女性は料理など中の仕事を、男性は草刈りや改修など外の仕事を主に担当した。

　拠点となる場所の次に大事なのは時間をどうするかということで、結局、週 1 回、毎週土曜日の午後 2 時から 5 時に決まった。こうして、「のんティダ喫茶」がスタートした。地域のお年寄りは「コーヒーショップ」と言っている。

　名音集落の村会の旗が黄色ということと、映画「幸せの黄色いハンカチ」にヒントを得て、高い竿に黄色い旗をつけて「のんティダ喫茶」の前に目印として立てることを思いついた。旗は集落のどこからでも見えて、それを見て人が来るようになった。また、お年寄りのいる家の前にも毎朝、黄色い旗を立てて安否を知らせてもらうということも始めた。

　集落のお年寄りたちは、「のんティダ喫茶」に来て１週間分の話（ゆみた）をすることでお互い同士仲間意識が生まれてきたという。１週間毎にここに集って笑って過ごし、笑って帰る所ということから、「笑談所」と名付けた。そして、活動の中心に、1）集落の福祉の推進、2）触れ合い喫茶店の活動、3）困り事対応の３つの柱を据えた。「出来る人が、出来るときに、出来ることをする、自助・互助・共助ボランティアの精神」を大事にする。これが「のんティダの会」がこの８年間守ってきたメンバーのモットーだという。

## 4）「のんティダの会」の活動

　各自が「出来るとき」にボランティアの精神を発揮して実践してきたことは、集落の福祉、ふれあい喫茶活動、困り事対応に関する活動、世代間交流活動、会員による農産物の生産・加工などがある。具体的には、草刈りや会所有の野菜畑の耕運、散髪、喫茶コーナー、集落見守り、情報収集発信、支援などを行ってきたという。以下、詳しくみていこう。

### ①土曜触れ合い喫茶

　毎週土曜日（月３回）、午後２時から５時まで営業。黄色い旗が「営業中」の目印だ。ゼリー、漬け物、島味噌、お菓子等、地場産の豊富なメニューをトレーにセットして、一人一人に提供している。「喫茶店」に集まる常連客は平均17人くらいで、年齢も80歳を超えている人が多い。「ここに来ると元気をもらう」「土曜日になるとソワソワするよ」という。「ユンタク」（おしゃべり）がごちそうだ。お互いの安否を確かめ合い、手拍子で唱歌や島唄を楽しんで、昔話に花が咲く。喫茶では地域のニュースや昔話で話題が絶えない。「あの場所に行けば誰かに会える、待っていてくれる、話が出来る」「土曜日はいかんばおられん」と言われるような楽しみの場、元気の場になった。男性も行けば拍手で迎えられ、夕方４時以降はコーヒーから焼酎にかわるという。重野氏によれば、「自分の足で自由に行ける居場所・顔馴染みの関係はほっとするのだろう」と言う。「こういう何もないところにみんなが集ま

れる場所を作ってくれて、いつも元気をもらって帰るよ、ありがとう」と感謝される。定期喫茶だけでなく集落の行事や同窓会、郷友会、青年会、婦人会などや、ちょっとした会合でも、集まりの場所として定着している。

「のんティダ喫茶店」の運営費としては、喫茶店にワンコイン（100円）を入れる竹筒（昔の貯金箱）が置いてあり、入れても入れなくても自由だ。たかが100円だが1カ月すると1万円ぐらいになり、それが電気代や水道代などの維持費になる。大和村役場からの支援は最初の立ち上げの際の内装の材料代や耕運機の購入代のみで、その後、援助は一切ない。自主運営だからコーヒー豆なども自前で購入している。

青年団や婦人会の会合場所として貸し出す時は場所代として千円もらう。また、ティダの会が所有する耕運機も1回千円で畑仕事に借し出している。2013（平成25）年度からは行政のポイント制度も活用しているという。人が集まれば1ポイントになり、参加ポイントが5ポイントたまれば地域振興券として地域の店で買い物が出来る。役場に実践報告をすると1回千円になり、グラウンドゴルフも65歳以上3人でプレーすると千円になるので、それを20回分ためると2万円になり、「喫茶店」の調味料などの購入費に充てているという。クーラーも5年かけて4万円ためて購入したという。また、畑で作った大根を売って運営資金にしている。

②文化の伝承

男性の唄者が6年間島唄を教えたが体調を崩したので、その代わりに、今年から青年団が名音の八月踊りの伝承を公民館で月1回やっている。島唄と三味線は子供の部と大人の部があり、集落の夏祭りで披露される。また、老人クラブの人達が子供たちと世代を超えた文化の伝承を実践している。八月踊りの文化伝承を途絶えさせてはいけないと集落の青年団が八月踊り同好会を結成し、毎週金曜日に集落の公民館で練習を呼びかけている。ここには都会からのIターン者も参加している。

③見守り

独居高齢者が朝起きて自宅に旗を立て夕方にしまうという、元気旗印活動がある。隣同士、誰からもわかる目印だ。「一人も見逃さない孤独死」をモットーに、集落の安心安全の目印にしている。この旗で緊急対応が出来た事例もある。また、高齢者だけでなく児童の登校時の見守りや声掛け、学校

行事の参加等、地域と学校を結ぶパイプ役も大切な活動だという。また、閉じこもり気味だった人に対しては、昔馴染みの友達に2、3回誘ってもらう。これが上手く行くと、あとはおしゃれして喫茶店に自分から来てくれるという。

### ④困り事対応

　高齢化が進むにつれて認知症の方も増えてきている。認知症になっても障害があっても、誰もが安心して住み慣れた家で暮らしていける集落を目指して、「ご近所困り事会議」を行うこともある。家族、近所の方、集落の世話焼き、区長、親戚縁者、福祉関係者など、本人に関わりのある身近な人たちで集まって話し合うことで、具体的な解決方法が見いだせたりする。自分の普段の生活範囲に何気なく気を配ってくれるサポーターがいることで、本人や家族にとっても大きな心の支えになる。認知症の家族も安心して「ティダの会」に本人を連れてきて「お願いします」と頼ってくる。関わりがある人だけで集まって相談会をし、役場も場所代として千円出してくれる。

### ⑤喫茶以外の活動

　グラウンドゴルフの好きな人たちは、学校の裏のグラウンドでプレーし、鹿児島での大会にも参加して韓国からのチームとも対戦したという。また、手先を使う昔の遊び（折り紙、お手玉等）などで楽しみ、作ったお手玉や折り紙は子供たちにプレゼントしたりしている。また、公園や学校の草刈りなどの作業の手伝いも行っている。こういうときは特に男性メンバーの出番だ。会が所有する畑で大根を作って販売する活動も行っている。この収益は「のんティダの会」の活動資金となる。さらに、2年に1回はバス旅行を企画し、笠利方面への遠足にいく。毎年の小学校の運動会への参加も恒例の行事だという。

### ⑥情報交換と安否確認

　「のんティダ喫茶店」のような場があることは重野氏のような民生委員にとっても、集落の独居高齢者の見守りや安否確認の情報収集や情報交換の場として一役買っているという。いつもの常連さんが来ていなかったら「今日は病院よ」「子供たちが来ているよ」と情報が確認でき、集まりの場が見守りの場になっている。「のんティダ喫茶店」は週1回の営業だが、もっとしてくれという話もある。しかし、メンバーがみんな仕事をしているので、週

1回しかできないが、集落の高齢者も公民館や病院に行ったりと用事がいろいろあるので、週1回というのがちょうどいいのかもしれないという。

### (5) 活動のモデル化

「のんティダの会」は今年で8年目を迎えるが、珍しい試みとして、マスコミでも話題になり、今では国内ばかりでなく、韓国や中国からも大学生が教員に引率されて視察に来るほか、医師も視察に来たという。地域での支え合いというのがなくなってきているので、「のんティダの会」の活動の秘訣は何なのか、視察に来るのだ。宇検村や瀬戸内、龍郷の集落の人たちも、「自分たちもやりたい」といって視察に来たという。

最近では、2019年1月19日に北海道斜里郡小清水町の副町長や保健師、社会福祉員らが奄美大島を視察し、名音の「のんティダの会」の笑談所を訪ねてきた。小清水町は人口4833人（住民基本台帳人口、2019年5月31日）のオホーツク海沿いの農林業の町で、近年人口が5千人を割り込み、少子高齢化、人口減少の中で「地域の支え合い」を模索している中、厚生省の支え合いに関する出版物に名音集落の活動が掲載されていたのを小清水町の関係者が見て、その活動に感銘を受けたことから、「のんティダの会」の訪問となった。支え合いというのが薄れてきているので、どうしたらいいのかということで、小清水町は移動するにも1軒1軒が遠いから奄美とは立地状況が違うので同じようなことは出来ないかも知れないが、なんかヒントが得られればということで副町長一行が名音集落を視察に訪れたわけだ。その訪問を受けて、今度は、「のんティダの会」のリーダーの重野弘乃氏が村長らと北海道の小清水町民セミナー2019「奄美大島大和村の取り組みに学ぶ『住民主体の地域支え合い』のかたち」に招かれ、「のんティダの会」の取り組みについて講演を行った。170人が参加したセミナーで、重野氏が「"のんティダの会"の取り組み紹介」と題して25分にわたって講演し、「地域づくりは住民自ら動かなければ出来ない。地域を知らないことには何も出来ないから、まず、自分の地域で何が出来るのか、それを探ったらどんなちっちゃなことでもいいから、ひとつから始めることが大切だ」と語った。

重野氏は大和浜に住む父親が亡くなる前の半年間、名音集落に呼んで一緒に暮らした。父親は名音の老人会である「むつみ会」にも何度か出たりした

が、「自分のシマだったらどこに出ても知っている人がいるけれど、娘の所に来て、なかなか外とのつきあいも出来なくて、どんな気持ちだったのか」と思ったとき、「こういう場所があれば気軽に出てきてみんなと語れたのに」と思ったという。

## 3．龍郷町秋名の女性たちの活動

### (1) 龍郷町の概要

　鹿児島県大島郡龍郷町は鹿児島から南西へ400 km離れた奄美大島の北部に位置し、南西は南北に走る山系を境にして奄美市名瀬に接し、北東部は龍郷湾をはさみ、赤尾木地峡を経て奄美市笠利町と接続している。町内を２つの山系が南北に走っていて、本町を東部、内場地区、外場地区の３地区に分割している。東部は砂丘地を主体にする赤尾木地峡、内場地区は十五山系と長雲山系に挟まれ、大美川による沖積地と龍郷湾の周辺に散在する集落地、外場地区は北部の秋名川による沖積地や東シナ海沿岸に散在する集落地からなる。外場地区は、冬の季節風や潮風が強く、海岸線には塩害に強い植物が多く、ソテツ群落やバショウの群落が見られる（『龍郷町誌　歴史編』1988：45）。

　龍郷町は総面積８万3330 kmのうち80％強が山系で平地が非常に少ない。標高300 m内外の長雲山系（最高地点312 m）と標高200 m内外の十五山系（最高地点221 m）が海岸に急激に迫り、崖と海にはさまれた形で平地が散在している。平地は赤尾木平野が最も広く、秋名川流域の秋名平野がこれに次いでいる。大きな河川としては太平洋に注いでいる大美川とその支流である中勝川・戸口川がある。東シナ海に流れ込んでいる河川は秋名川や嘉渡川が主なもので、これらの河川の流域に肥沃な沖積地が発達している（『龍郷町誌　歴史編』1988：45-46）。

　龍郷町には18の集落があり、その人口は大正14年の１万2061人がピークで、その後は減少し、終戦後の1947（昭和22）年に１万400人と増加に転じたが、その後は1950（昭和25年）に9455人と１万人を割り、1955（昭和30）年8839人、1965（昭和40）年7349人、1975（昭和50）年6220人、1985（昭和60）年6183人と減少の一途をたどっている（『龍郷町誌　歴史編』1988：39-40）。2019（平成31）年３月現在の人口は、龍郷町全体で3063世

帯 5930 人と、1925（大正 14）年のピーク時に比べると半減した。また、秋
名集落の人口は 115 世帯 184 人、幾里 100 世帯 178 人で、両集落の人口は
215 世帯 362 人である。両集落を合わせると、町内で 6 番目に人口の多い地
域である<sup>(注9)</sup>。

## (2) 秋名・幾里集落（口絵 第 5 章 - 2）

　笠利湾と名瀬湾の両湾にはさまれて突き出た所に、秋名・幾里を含む 7 つ
の集落がある。この一帯は湾入が浅く、冬になると波が荒れ狂い、打ち上げ
られた波しぶきは人家にかかり塩害をもたらす。そのため荒波地区とも呼ば
れる（『龍郷町誌　民俗編』1988：125-126）。

　秋名・幾里の湾は、東にノッツ崎、西に武運崎の岬が突き出ており、他の
集落と比較すると深く入り込んでいる。沖にはリーフが発達しており、リー
フから砂浜までは約 1 km ある。リーフのほぼ中央は南北に割れていてトマリ
と呼ばれ、舟の出入りに利用される（『龍郷町誌　民俗編』1988：126）。

　秋名・幾里の 2 つの集落は、龍郷町の最西部に位置し、東シナ海に面する。
集落内は県道浦・秋名・名瀬線が貫走し、町役場からは同線づたいに約 19.4
km の地点にあり、町内では役場から最も遠い集落である。山を隔てて東に同
町嘉渡、西に奄美市名瀬芦花部の集落があり、集落西部の山が奄美市名瀬と
の境界をなしている。秋名・幾里集落の三方を取り囲む山は大島本島南部と
比較するとそれほど高くない。また、渓谷を流れる水は秋名川と山田川に流
れ込む。秋名川は、龍郷町で 2 番目に長い川で、二級河川に指定されている
区間で 3.6 km あり、水量も豊富で、豪雨時には河川堤防の決壊も多く、近年
では 1975（昭和 50）年 7 月の豪雨で 30 数カ所の決壊と汐見橋の橋脚が流出
した（『龍郷町誌　民俗編』1988：125-127）。

　秋名川と山田川流域の下流、集落の南部には大島本島でも指折りの水田が
あり、1982（昭和 57）年時点で奄美市名瀬大川地区、同芦花部などととも
に稲作を行っていた数少ない地域であった。1929（昭和 4）年の耕地面積は
秋名 69 町（約 68 ha）、幾里 59 町（約 58 ha）、そのうち、田は秋名 19 町（18
ha）、幾里 23 町（約 23 ha）、畑は秋名 49 町 7 反（約 49 ha）、幾里 35 町（約
35 ha）となっている（『龍郷町誌　民俗編』1988：127）。

　1980（昭和 55）年に実施された国勢調査によると、両集落の人口は 724 人で、

町全体の 11.8％を占め、世帯数は 272 で、同じく 13.9％を占めている。1948
（昭和 23）年のピーク時には両集落で 1479 人（秋名 800、幾里 679）、341 世
帯（秋名 174、幾里 167）を数えたが、1955（昭和 30）年 1231 人、1965（昭
和 40）年 1014 人、1975（昭和 50）年 772 人と、20 年間で 37％減少した（『龍
郷町誌　民俗編』1988：127-128）。

　秋名・幾里をはじめ近くの集落では、アガレ（東レ）、金久、里の名称が
一般的に用いられている。アガレは東部の山裾に位置し、かつてはショチョ
ガマ祭場の近くまで人家があったが、現在は畑地になっている。金久は、海
岸に面し砂丘上に形成された集落で、3 集落の中では最も人口が多く、郵便
局や小学校、農協支所の公共機関がある（『龍郷町誌　民俗編』1988：127）。
秋名は昔から集落も大きく唄遊びも盛んに行われ、「コナハジマ」と呼ばれ
たりした。コナハは小那覇の意で、沖縄の那覇を小さくしたミニ那覇という
意味である（『龍郷町誌　民俗編』1988：131）。里は、西部の山裾に位置し、
南北に集落が連なり、ほぼ中央を県道が南北に縦走する。里の中央、西側の
山裾にウントノチと呼ばれる場所があり、昔の豪農麻福栄志（薩摩藩時代の
郷士格）が、沖縄の石工を雇って建造させた見事な石垣囲いの屋敷と邸宅跡
がある（『龍郷町誌　歴史編』1988：92-93）

　集落の年間活動資金の主な財源は、毎年 9 月または 10 月頃に行われる「種
下ろし」の寄付金である。この寄付金の一部は青年団、壮年団、婦人会、交
通安全協会分会、防犯組合などの活動助成金として支出され、その残額が集
落の活動資金に充てられる。両集落が合同で行う敬老会、アラセツ行事や入
学・卒業の合同祝賀会に要する経費は、寄付金や会費で賄うことを原則とし
ている（『龍郷町誌　民俗編』1988：148-149）。

　秋名は奄美における稲作儀礼を現在に伝承することで民俗的にも学界から
注目されている地である。旧暦 8 月のショチョガマ祭りの祭詞の中に「屋仁
佐仁田袋ぬ稲魂加那志、秋名田袋ち寄りんしょち」とあるように耕地面積に
恵まれている。秋名の「キナ」系地名について「キナは焼畑のことである。
……キは二毛作という場合の毛と同一語で、地上に生えた草木を意味し、ナ
は、ウブスナ（産土）のナと同じく、土の義であるから結局キナの本義は「草
木の生えた場所」である」とされ、キナ系の地名が琉球列島に多く、奄美で
は、赤木名、秋名、阿木名、西阿木名、糸木名、知名瀬（方言キナジョ）な

どがあげられる（『龍郷町誌　歴史編』1988：92-93）。

　秋名集落の隈元巳子区長によれば、秋名集落は高齢化が進み、高齢化率50％以上と龍郷町でも最も高齢化率が高い。集落は、青年団、壮年団、婦人会、老人クラブという組織からなり、龍郷で青年団があるのは秋名集落だけだ。4～5年前から元気で結いのある集落にしていきたいということで、「サネンバナ」という活動団体が発足した。「サネンバナ」では3つの活動がある。1）一人住まいの高齢者の見守り活動、2）年寄りを元気にするための「らくらく体操」の普及、3）体の不自由な高齢者が座ったままでできる「一閑張り」活動。高齢者と小学生、子供たち、若者が集って、その中から商品を作り上げることや、その活動を通して集落の見守り、昔話や昔の暮らしについての聞き取りと伝承などが行われている。これは、集落を地域の人みんなで支えていこうという活動である。一閑張り作りでは、小学生から90歳、100歳近いお年寄りもいて、八月踊りの話や昔のいろんな遊びといったことを自然に学べる（鹿児島大学鹿児島環境学研究会編 2018：33-34、36）。

## (3) 秋名・幾里の伝統文化

　秋名のアラセツ行事は、今から450年ほど前の那覇世（13～17世紀）の時代から稲作儀礼、五穀豊穣を祈る祭儀として伝承されてきた。戦中戦後は一度途絶えたが、1960年に「秋名アラセツ行事保存会」が発足し、復活再現され現代に至っている。奄美大島では旧暦8月初めの丙の日を「アラセツ（新節）」、6日後の壬の日を「シバサシ」、シバサシの後の甲子の日を「ドンガ」と言い、この3つの祭り行事を「ミハチガツ」と呼んで、各集落で季節の節目（夏正月）の行事が行われる。

　龍郷町秋名・幾里の2つの集落では、「アラセツ」の日に「ショチョガマ」と「平瀬マンカイ」とうい五穀豊穣を祈願する伝統行事が継承されてきた。アラセツの前日は「スカリ」と呼ばれ、祭りの準備をする日にあたり、女性たちはお供え物を表座敷の縁側に供える。お供え物にはカシキという赤飯やサツマイモを発酵させたミキという飲み物などがある。昔は、アラセツの前日から夜通し家々を回り、酒や肴などを楽しみながら踊り明かした後、そのままの流れで夜明けに「ショチョガマ」を行ったが、現在では早朝から始めている。ショチョガマと平瀬マンカイは1985年に国の重要無形民俗文化財

に指定され、保存会を中心に保存継承に取り組んでいる<sup>(注10)</sup>。

　ショチョガマ祭りが早朝、男性中心に行われるのに対し、平瀬マンカイ
は、秋名の海岸で女性中心に行われる稲作の予祝・豊作の祭りである。平瀬
マンカイで歌われる歌詞は、農耕地から収穫された産物でたくさんのごちそ
うを作り、収穫の喜びを祝ってあげようという意味だ（『龍郷町誌　歴史編』
1988：92-93）。

### 1) ショチョガマ

　ショチョガマは、アラセツの日の早朝に行われる男性中心の収穫感謝・豊
作祈願の祭事名であるとともに、藁葺き片屋根の小屋の名前でもある。山手
の高いところにショチョガマを造り、早朝に前年のアラセツ後に生まれた男
子に屋根を踏ませ、その子の成長を祈願する。その後、男たちが屋根に上が
り、グジという男の神役が稲魂を招く祈りの言葉を唱えたあと、皆で歌いな
がら小屋を揺する。歌い終わる度に「ヨラ、メラ」と声をかけ小屋を揺らし、
東の山に太陽が昇るころ、祭りはピークを迎える。ショチョガマが倒れた後
は、今年の豊作の感謝と来年の豊作を願い、倒れた小屋の上で八月踊りを行
う。ショチョガマは戦時中一時中断していたが、戦後に復活し、しばらくは
集落内の 3 地区（里・金久・アガレ）で行われていた。いずれも集落の南部、
小高い山の中腹で田袋が一望に見渡せる場所に位置し、それぞれ他の地区の
ショチョガマを見ながら競争して揺り動かし、早々に倒したところは他の地
区の加勢にも行っていたという。今では金久地区でのみ行われている（『龍
郷町誌　歴史編』1988：560-561、607-614；『龍郷町誌　民俗編』1988：140、
152-155）。

### 2) 平瀬マンカイ

　平瀬マンカイはアラセツの日の夕方に、集落西方の海岸にある二つの岩の
上で行われる女性中心の収穫感謝祭・豊作祈願の祭事である。「神平瀬」に
ノロ役 5 人、「女童平瀬」には男女の神役 7 人がのぼり、交互に歌を歌い、
稲魂を手招く仕草を繰り返す。これは海の彼方の神々を招き寄せて、豊作や
豊漁を祈願するものである。その後、女童平瀬では、輪になり八月踊りが始
まり、神平瀬ではノロ役たちが、海に向かって両手を合わせて拝む。祈りの
後は岩を降り、集落民も加わってスス玉踊りを行い、来年の豊作を予祝する。

　マンカイは、儀式の際に両手の拳を下にして水平にあげ、右から左へ流し、

次に、左から右へ動作する瞬間に拳を上に向けて右に流す所作が招き開くという意味があると伝えられている（『龍郷町誌　歴史編』1988：562-563、607-614；『龍郷町誌　民俗編』1988：155-157）。

　アラセツ保存会会長の窪田圭喜氏によれば、アラセツ行事以来、観光客が多くなり、レンタカーの数が増えてきている。集落を案内するコース作りや、宿泊客を案内する方も勉強会を重ねて、現在、ガイドが７人いる。アラセツ行事で労力を要するショチョガマを作るとき、青少年の協力を2017年に初めて新聞紙上で要請したところ、ボランティアが27、8人参加したという（鹿児島大学鹿児島環境学研究会編2018：39-40）。

## (4)「まーじんま」の会

　「まーじんま」の会は、食に注目して、地域の伝統的な暮らしを伝える活動として、また、地域興しの一助になればということで、2010（平成22）年に、７人の女性で立ち上げた。「まーじんま」とは方言で「みんなで一緒に」という意味で、親しみ易く、呼び易い愛称として「まーじんま」にしたという。当初は７人だったが、２人が県外に転出して、現在５人のメンバーで、地域産の食材、ハンダマやマコモ、タンカン、スモモ、落花生など、秋名・幾里集落で採れる様々な産物を食材にして、それを使い、加工品作りを行い、主にイベントなどで提供したりしている。昔からあるものを現代の味に合わせて、いろんな加工を加え、口当たりを良くするために研究をしたり、タイモを作っているメンバーは沖縄に研修に行ったりしている。自然にある食材を生かした活動をしていきたいという（鹿児島大学鹿児島環境学研究会編2018：34-35）。

　「まーじんま」の会の代表の龍宮美智乃氏によれば、会の活動の拠点は旧保育所の建物で、年間１万４千円で借りて、そこの台所を作業場にしてきた。テーブルなど全て学校からの払い下げを利用している。メンバー全員が食品衛生責任者などの資格を取得している。規約を作って５人で月１回会合を、年に１回総会を行い、収支決算報告もきちんと行っているという。各種イベントや町民フェアーで食材の加工品を提供している。

　また、千円の会費で小学校の卒業生のお祝い会食も行っている。小学校は去年まで８人、今年は19人で、地元で採れる自然の食材を使って、ツワブ

キの佃煮やタイモのお焼きとパンのほか、タンカンゼリー、イカスミの汁、桑やサクランボのゼリーなど新しい料理を考案して提供しているという。

　メンバーの國山教子氏によれば、秋名集落は、周囲に食べられる自然の植物がたくさんあり、そういう自然の恵みを大事にしたいという。秋名の田んぼでマコモが採れるので、毎年秋名で開催されるマコモ祭りの時に、マコモやハンダマなどの野菜、ピーナツ、タイモのゼリーと豆腐、ピーナツ豆腐などの加工品を作って販売している。マコモは粉末にしてお菓子作りも出来る。ボタンボウフウは沖縄では長命草とも言うが、昔は海辺にたくさんあって、今でも天ぷらや和え物にして食べるという。山の周辺や海辺にも生えているニガナも白和えやお焼きにする。イタドリは川辺に生えていて、タケノコみたいな感じで食べ、ツルナ（ハマナ、カモマ）は和え物にして食べる。川辺にあるスカンポは、タケノコみたいに新芽を湯がいて食べ、タンポポも湯引きしてお焼きにして食べる。ハハコグサもセリも畑に生えている。レモングラスとアップルミントは庭に植えて、乾燥させても生でもお茶にして飲むといいという。桑の葉やビワ、グァバの葉っぱも乾燥してお茶にし、アマチャヅルもお茶にいいという。薬草も至る所にある。ヨモギは止血剤になり、オオバコやハマユウの葉っぱは傷口を吸い出すのに使う。昔、シラミがついて傷になったらソテツの実を潰して頭につけたという。ぐみの木も破傷風や咳止めになり、アロエは火傷や胃薬の薬になる。

　集落の道端や海岸を歩けば至る所に食べられる野草がたくさんあり、こういう知識は子供たちにもぜひ知ってもらいたいし、つないでいきたいという。将来は秋名の郷土料理を考案したいという。

### (5) 生活研究グループ

　龍郷町内には生活研究グループが７団体あり、「まーじんま」の会のメンバーも 2010（平成 22）年 11 月から生活研究グループに入って活動している。グループが輪番で小中学校の食育の支援などを行っている。生活研究グループは町から年間の活動費として 10 万円の支援を受け、町の「島育ち館」の調理場と加工場、販売スペース、冷凍庫と冷蔵庫などを使って活動している。これらの生活研究グループが全部集まって総会も行われている。生活研究グループは町から学校の伝承講座で鶏飯作りを依頼され、メンバーを集めて中

学校で鶏飯作りを 70 人ぐらいの生徒に教えている。イカスミの汁やマコモを使った料理も考案してと依頼されて、マコモの炊き込みご飯を作って、その作りかたを教えたりしたという。また、奄美市の依頼で「酒の肴コンテスト」に参加し、キュウリと生モズクを使ったマコモのキムチ和えを出品し、16 の参加者の内、8 番に選ばれたこともあり、食のコンテストは要請があれば参加しているという。

## (6) 創成塾

　塾長の龍宮省三氏によれば、地域の村おこし、活性化のために創成塾を始め、2017 年は 85 a の稲を作り、酒屋 2 社に白米 900 kg と 750 kg をそれぞれ納め、また、稲藁はショチョガマや平瀬マンカイに使ってもらっているという（鹿児島大学鹿児島環境学研究会編 2018：38）。
　國山教子氏によれば、ショチョガマで片屋根を作る小高い丘から見た田んぼがたいへん荒れていたことから、あれではいけないということで、農業が出来る男女が 20 人ぐらい集まって 2017 年に創成塾を始めたという。会員は 20 人くらいだが、若い人がほとんどおらず、50 代が数人と、あとは 60 代以上が大半で、役場の職員や郵便局の職員なども創成塾のメンバーに入っていて、現在、事務局長が役場職員だという。創成塾の経費は役場と収益から運用している。創成塾が出来て 2019 年で 3 年目になるが、町から反数に応じて予算をもらっているので 5 年は続けなければならない。会合は年 1 回の総会の他に、田植えを始める前と収穫後に 2 回くらい行っている。臨時に開くこともあり、総会では収支報告や今後の方針を協議する。最初から焼酎会社とタイアップして焼酎用の米を作ることにし、収穫米はすべて精米して焼酎会社が買い取る。最初の年は焼酎用の米を焼酎会社 2 社に納めた。2018 年は 90 a の田んぼで米を 1700 kg 作って焼酎会社に納めた。
　田んぼは農業をしていない人から借り上げて使っている。2 月末に餅米の籾を水につけて、4 月から田植えが始まる。田んぼの準備は前もって主に男性が耕運機を使って作業し、3 月中に田んぼの準備を終える。田植えの前にもう一度、耕運機を 2、3 回走らせ、肥料は購入した堆肥を使っている。大昔は草やソテツの葉を田んぼに入れて堆肥にしていたが今はやっていない。田植えは田植え機を使って行い、草取りが 5 月後半から 6 月に、収穫は 7 月

から8月にかけて行う。乾燥させた後に選果場の庭に脱穀機を置いて脱穀をするが、昔は稲刈りの後田んぼの畦道に干して、そのあと海岸の砂利の上にもう一度干していた。小さな束を3つ束ねて1束にし、それを24束で1ツカといって、それを1人ずつ担いで浜に降りて干していたという。

　秋名小学校では30年来、「秋名田袋物語」と称して、子供たちに一年越しで稲作体験をさせる取り組みをしており、その活動を創成塾のメンバーも支援しているという。秋名の文化に米作りは大事だということを若い人達にも知ってほしいと考えている。

　創成塾のもう一つの活動は、桜の木の手入れと、2月末の桜の季節の桜のライトアップである。ここ3年間は草刈りもやっているという。

## 4．おわりに

　奄美の過疎集落における女性の地域活性化の活動として、大和村名音集落の「のんティダの会」と龍郷町の秋名・幾里集落の「まーじんま会」の活動を見てきた。前者は、2011年に集落の女性達を中心に「のんティダの会」を立ち上げ、集落の人々の憩いの場所「笑談所」又は「喫茶店」を設け、毎週土曜日の午後、集落の高齢者が集い交流する場を提供し、集落を活性化する取り組みを行っている。一方、龍郷町秋名集落の「まーじんま会」は食に注目し、地域の伝統的な暮らしを伝える活動として2010年に7人の女性によって始められた。秋名・幾里集落で採れる様々な自然の産物を食材にして加工品を造り、イベントや学校で提供するなど、自然にある食材を生かした活動をしてきた。これら2つの事例はいずれも集落の女性たちが中心になって発案し実践している活動で、ともに地域の資源を地域のために活かす活動を行っている。「のんティダの会」の活動は、「笑談所」を拠点に地域の限られた人的資源と自然資源を合理的に活用することで集落の高齢者の生活に変化をもたらした。また、「笑談所」に高齢者が毎週1回土曜日の午後に集まってくることによって、彼らの健康状態や直面する問題に関する情報収集の場となり、その情報が彼らの福祉にいかされるという好循環を作っていることが特徴だ。

　一方、秋名集落の「まーじんま会」は、旧保育園の建物の調理場を活動拠

点に、地域の野草や食材を加工して様々なイベントで提供する活動が主で、その他にも町の生活研究グループや創成塾のメンバーを掛け持ちし、食の伝承講座や焼酎用の米作りとアラセツ行事用の藁の供給を行っている。身の回りの自然の野草に関する知識を深めてお茶やケーキ、天ぷらその他に活かし、また、学校での地域の食の伝承活動も行っている。

　名音集落の女性たちの活動が集落の人の資源や人の流動を重視し、「人の循環」を作り出しているのに対し、秋名集落の女性たちの活動は自然の資源や伝統的環境の再生、復活、活用を重視し、「自然の循環」を作り出していると言える。また、名音の「のんティダの会」の活動はその対象が高齢者で、「笑談所」という拠点に収斂していくのに対し、秋名の「まーじんま会」の活動は旧保育園の調理場を拠点に、忘れられつつある地域の自然を再利用し、食の活動を通して子供たちなど次の若い世代に向かって地域の伝統や自然の価値を再認識させる活動を拡散していく。いずれも、地域の資源という観点から見ると、前者は、人の資源の活用に、後者は自然の資源の活用に新たな付加価値を生み出している点で共通すると言える。

## 謝辞

　今回の調査で、下記の方々に大変お世話になりました。記して感謝申し上げます。
【名音集落】
重野弘乃氏：「のんティダの会」のリーダー、名音集落の民生委員、児童委員
福山モトメ氏：名音集落の世話役
【秋名集落】
窪田圭喜氏：アラセツ保存会会長
龍宮美智乃氏：「まーじんま」の会の代表
國山教子氏：「まーじんま」の会の会員

## 注

　(1) 1572 年（隆慶 6）年の琉球王からの辞令書中には「屋まとはま」という地名が現れ、薩摩藩統治下には、焼内間切（現在の宇検村）の行政区分のひとつとして現在の大和村にあたる地域に「大和浜方」が置かれた。1908（明治 41）年 4 月の島嶼町村制施行にともない村に改められた際に、「大和浜」から名前をとって「大和村」が誕生した。（大和村役場ホームページ「大和村の歴史」http://www.

vill.yamato.lg.jp/kikaku/kanko/rekishi-hogen.html)（2019 年 10 月 3 日参照）

（2）大和村役場ホームページ「大和村の人口・世帯数」https://www.vill.
yamato.lg.jp/jumin/sonse/yamatoson/jinko-setaisu.html（2019 年 10 月 3 日参照）

（3）壬（じん、みずのえ）：十干（じっかん）は甲・乙・丙・丁・戊・己・庚・辛・
壬・癸の 10 の要素からなり、壬は水の陽の性格。壬は十干の 9 番目。陰陽五行説
では水性の陽に割り当てられ、ここから「みずのえ」（水の兄）ともいう。

（4）大和村役場ホームページ　http://www.vill.yamato.lg.jp/kikaku/sonse/
yamatoson/muranogaiyo.html （2019 年 10 月 3 日参照）

（5）大和村役場ホームページ http://www.vill.yamato.lg.jp/kyoiku/kurashi/
kyoiku-bunka/bunka/dentobunka.html （2019 年 9 月 25 日参照）

（6）大和村役場ホームページ　奄美大島大和村観光ガイドブック「巡るぐるぐ
る 大和村」http://www.vill.yamato.lg.jp/hpkanri/kanko/panfuretto/documents/
meguru_yamatoson_web_180216.pdf

（7）木原孝久。東京生まれ。早稲田大学政経学部卒後、中央共同募金会などを
経てフリーに。40 年以上にわたって住民流の福祉の在り方を追い求め、その成果
をセミナー開催や講演、マニュアル作成などを通して社会に広く伝えている。住
民流の発想を提示。20 年前、地域の実態把握の手段として「支え合いマップ」づ
くりを発案し、その指導のため全国を駆け巡っている。最近は、住民流福祉実現
の具体策として「ご近所福祉」や「助けられ上手」「おつき合い革命」などの普及
に力を入れている。主な著書に『支え合いマップ作成マニュアル』（筒井書房 2011
年）、『ご近所パワーで助け合い起こし―これが住民流「福祉のまちづくり」だ』（筒
井書房 2006 年）、『住民流福祉の発見』（筒井書房 2001 年）など。(https://www.
sbrain.co.jp/keyperson/K-4074.htm　2019 年 10 月 5 日参照)

（8）大金久集落でも「あいのこ会」という新たな取り組みが始まっている。今
までは、公民館が集落の人達の集う場所だったが、もっと交流が生まれる場所を
作りたいと婦人部が中心となって誰でも立ち寄れるような場を作った。それが「寄
らわん場」だ。毎週日曜日の夕暮れが近づくと人が集まりだし、宴が始まり、ナ
ンコ遊びが始まる。今では集落の外からも人がやってくるほど大盛況だ。

大和村役場ホームページ http://www.vill.yamato.lg.jp/hpkanri/kanko/
panfuretto/documents/meguru_yamatoson_web_180216.pdf （2019 年 9 月 25 日
参照）

（9）龍郷町役場ホームページ「町の人口と世帯数」https://www.town.tatsugo.
lg.jp/kikakukanko/chose/toke/201903syukei.html（2019 年 10 月 3 日参照）

（10）龍郷町役場ホームページ「秋名のアラセツ行事について」https://www.

town.tatsugo.lg.jp/kikakukanko/event-bunka/event/documents/arasetu1.pdf
（2019 年 10 月 3 日参照）

## 引用文献

鹿児島大学鹿児島環境学研究会編（2018）『秋名・幾里の環境文化を知る・見つけ
　　るシンポジウム　記録集』鹿児島大学鹿児島環境学研究会 .

桜井満（1985）「大和村のノロ祭りと」古典と民俗学の会編『奄美大和村の年中行事』
　　白帝社 .

龍郷町誌民俗編編さん委員会編（1988）『龍郷町誌　民俗編』鹿児島県大島郡龍郷
　　町 .

龍郷町誌民俗編編さん委員会編（1988）『龍郷町誌　歴史編』鹿児島県大島郡龍郷
　　町 .

田畑千秋（2015）『奄美大島の口承説話』第一書房 .

大和村誌編纂委員会編（2010）『大和村誌』鹿児島県大島郡大和村 .

## Web 資料

大和村役場：https://www.vill.yamato.lg.jp/index.html

龍郷町役場：https://www.town.tatsugo.lg.jp/

大和村役場：http://www.vill.yamato.lg.jp/kyoiku/kurashi/kyoiku-bunka/bunka/
　　dentobunka.html

# 第 6 章

## 奄美大島の共同納骨堂に関する一考察
### ― 宇検村の事例を中心に ―

兼城糸絵

## 1. はじめに

　奄美群島は、多様な生き物が暮らす豊かな森をもつ島として知られている。同時に、人びとが暮らすシマを取りまく自然環境は、人びとの宗教生活にも影響を与えてきた。例えば、海の彼方や山の向こうからやってくる神、そして自然の中で暮らすとされるケンムンなど、シマの人びとの宗教世界にはシマをとりまく自然との関わりが強くみられる。こうしたことからも、奄美の自然環境は、奄美の人々の他界観を考える上で欠かせない存在となっている。

　本章で注目したいのは、シマの人びとの他界観を考える上でもうひとつの重要な存在となる「死者」、とりわけ「祖先」についてである。人間はしばしば「社会的動物である」といわれるように、家族や社会といった集団（群れ）を形成して生きてきた。そのため、集団の成員に訪れる「死」は、死者が所属する集団（家族や親族など）にとって大きな出来事であった。考古学の成果が明らかにしているように、ヒトは仲間が「死」を迎えてもそのまま放っておくことはせず、何らかのかたちで死者を弔ってきたような様子がみられるという。その意味でも、近しい死者の「死後の環境」をいかに整えるかという問題は、長く人びとの関心の的となってきたのである。

　中でも、奄美を含む東アジア社会は、近しい死者の「死後の環境」に強いこだわりをもつ社会でもある。その理由には、祖先祭祀の存在があげられる。祖先祭祀（あるいは祖先崇拝）とは、「ある集団の現成員の生活に死亡したかつての成員が影響を及ぼす、または及ぼすことができるという信仰に基づく宗教体系」（田中 1994）のことを指す。祖先祭祀が盛んな地域では、子孫が祖先を正しく祀れば祀るほど、祖先が子孫に対して良い影響を与えてくれると考えられており、逆に祖先を蔑ろにすると不幸な出来事が起こると信じ

られている。例えば、沖縄の場合だと祖先を供養しなかったり、あるいは不適切なかたちで祖先を祀ったりすると、祖先から何らかのかたちで「罰」が下されると。誰を祖先とするか（祖先の範囲）、そして祖先をどのように祀るか（祭祀方法）は地域によって多様性がみられるが、少なくとも東アジアにおいては、祖先について上述のような観念がある程度共有されているといってもいいだろう。

　祖先祭祀を主題とする研究では、祖先と子孫をむすびつける象徴でもある位牌や墓に注目した研究が行われてきた。とりわけ墓は、死者を埋葬し、定期的な墓参を通じて、祖先との子孫がコミュニケーションをとる重要な場所だとみなされてきた。それゆえ、祖先祭祀をはじめ、死生観や他界観、あるいは親族研究といった複数の視点から墓に関する研究が行われてきた。墓は単に死者を埋葬する場所にとどまらず、墓を通じて子孫が自らのルーツを確認する存在となり、時には一族結合のシンボルともなりえる。このことを踏まえると、墓は死者のみならず生きている人びとにとっても重要な存在なのである。

　しかし、近年の日本社会では、家族構造の変化や「家」（イエ）意識の弱まりを受けて、誰が墓を継承するのかという問題が生じている。もともと墓は「家」を単位として受け継いでいくものとされてきたが、都市化や少子化、そして生き方の多様化に伴って、従来のように「家」のつながりをつうじて墓を継承していくこと自体が難しくなりつつある。それゆえ、今後死者は誰によってどのように祀られていくのかという問題が生じている。

　また、死をめぐる価値観の多様化がすすむにつれて、継承を前提としない墓を求める人びとや、あるいはそもそも墓を必要としないという立場に立つ人びとも現れた。前者の例としては、自治体やNPO、寺院などが運営する合同墓や永代供養墓などが挙げられる。これらはいわば血縁を超えたつながりで墓を共有するというスタイルの墓でもある。子どもへの継承を前提とせず、宗教者が定期的に供養してくれることもあって安心という訳だ。また、後者の場合には、散骨や樹木葬が挙げられる。このような葬法については一定の議論もあったが、墓を不要とすることもあって費用がリーズナブルに抑えられることも特徴のひとつである。もちろん従来型の墓への需要と比べると、これらの葬法を選ぶ人はまだごく少数となっているが、このような動き

を踏まえると、従来のような「「墓」＝「家」によって継承されるもの」という考え方自体を再考しなければならないだろう。

　本章では、現代における墓の継承について考えるひとつの試みとして、奄美大島宇検村の事例に注目してみたい。奄美大島のような離島部では過疎と高齢化が進行しているとよく言われているが、この問題は今に始まったことではない。例えば、1970年代後半に行われた九学会連合の調査報告においても、急激な過疎化（当時は本土復帰後の人口流出が問題となっていた）が祖先祭祀へ与える影響が検討されている（上野 1981）。それから40年近くが経過した現在、墓の継承をめぐる問題はより深刻になっていることが予想される。

　そこで、本章では、宇検村の共同納骨堂の成立過程を整理した上で、共同納骨堂がもつ特徴と果たしうる役割について検討していく。後に詳しく述べるように、宇検村では近年次々と共同納骨堂が誕生していて、2019年現在では14集落中9集落に共同納骨堂が建設されている。宇検村の共同納骨堂は、着想から運営に至るまで集落の人びとが主体的に関わってきたことに特徴がある。このような集落を単位として死後の共同性を確保しようという動きは、全国でも珍しいケースだという（小谷 2015）。

　以下、まず宇検村を中心に奄美南部地域における墓の変遷について簡単に紹介する。そして、宇検村の2つの集落を例に共同納骨堂の成立過程を記述し、墓の継承が困難な時代において共同納骨堂が果たしうる役割について若干の考察を試みたい。

## 2．奄美のシマと墓―宇検村を中心に―

### (1) 宇検村について

　大島郡宇検村は奄美大島の南西部に位置する村であり、焼内湾沿いに点在する14の集落で構成されている（図1）。奄美大島の中心部である名瀬市街地から宇検村までは、車で1時間ほどの距離にある。しかし、宇検村は焼内湾に沿って集落が点在しているため、実際には端の集落に行くまでにさらに30分〜40分ほどかかることになる。現在は名瀬から宇検村に至る道はもちろんのこと、宇検村内も道路が整備されているが、道が整備される以前（戦

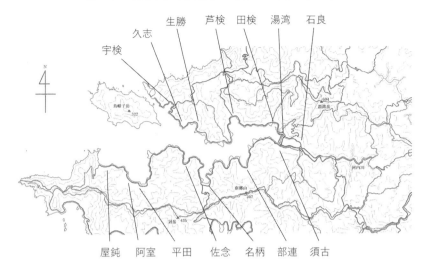

図 1　宇検村の集落分布図（『宇検村誌』をもとに筆者作成）

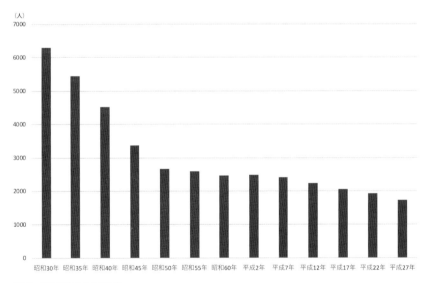

図 2　宇検村の人口動態

前）は名瀬から定期船が出ていたという。

　2019（平成 31）年 4 月現在の人口は 1725 人、世帯数は 971 となっている。
2015（平成 27）年の時点で人口 1722 人に対し 65 歳以上の高齢者が 653 人

であり、高齢化率が37.9%であった。それを踏まえると、依然として高齢化率は高く、また平均世帯員数が1.77人であることから高齢者の独居あるいは夫婦のみで暮らす世帯が多いことが推測できる。

　宇検村では本土復帰（1953年）以降、農業から林業や紬産業、土建業などのように産業構造が多様化したことに加え、本土への出稼ぎが盛んになった。そのため、家族単位で島外へ移住するケースが増加した。図2に示したように、本土復帰を皮切りにゆるやかに人口が減少しているのは、こうした産業構造の変化に起因している。

### (2) 墓の変遷

　ここでいくつかの先行研究を元に、芦検集落を例として宇検村の墓の変遷について簡単に紹介したい。

　奄美では、もともと洗骨改葬を伴う風葬が広く行われていたが、明治初期頃に鹿児島県庁によって風葬が禁じられ、土葬へと移行した（津波2012：12）。土葬の方法にも地域差がみられるが、一般的には遺体を埋めた後一定期間を経て骨を掘り出し、酒や海水で清めた上で墓に納めるという手順をとった。宇検村における風葬については資料が少ないため詳細を明らかにすることができないが（枝手久島で行われていたという記録もあるがはっきりしていない）、芦検集落の場合はかつて集落の中心地にあった共同墓地に「ハーヤ」と呼ばれる喪屋のようなものがあり、そこで遺体を一定期間安置していたという（金森1981）。そして、ある程度の年月がすぎると、「男の墓（イエヘリバカ）」「女の墓（ウナリバカ）」と呼ばれる墓へ骨を納めていたようだが、詳細は定かではない。

　その後、芦検集落では、1930年代頃に墓地が集落の東側へと移された。その頃は土葬をしており、死者を埋葬したあとにその上に「ヤギョー」を載せ、一定の年数を経て掘り出して洗骨し、壺に収めていた（金森1981:48）。その際には死者をひとりひとり「大きな壺に納めて再び埋め、その上に石や珊瑚を置いていた」（金森1981:48）という。少し補足をすると、金森論文では「壺」と表現されていたが、論文内の表現や写真から推察するに、「壺」とは沖縄でつくられていた厨子甕のことを指すのではないかと思われる。なお、恵原によれば奄美では改葬後の骨を厨子甕に入れて、そのまま墓地に置いていた

（あるいは半分埋めていた）という埋葬方法があったという（名嘉真・恵原1979）。そのことからも、おそらく当時の遺骨を収容する際には、厨子甕が使用されていた可能性が高いと考えられる。

金森によれば、1950年代頃から地下式あるいは地上式納骨堂を備えた石塔墓がみられるようになったという。その墓碑には「○○家之墓」や「○○家代々之墓」などと刻まれていることが多かったほか、「ヒキ」単位で墓をまとめていることもあったようだ。「ヒキ」とは、祖先との関係にもとづいた系譜認識およびそれに伴って実体化する親族の範囲を指す。家や「ヒキ」で墓をまとめるようになった理由には、「芦検を離れる者が次第に増えてきたために、墓の管理を委任する必要が出てきた」（金森1981:48）からだとされている。そこからも、1980年代の宇検村ではすでに墓の管理が問題視されていたことがわかる。

もちろん、この問題は今でも人びとにとって悩みの種となっている。「なぜ墓を世話しなければならないと思うか」と聞いてみたところ、「墓が荒れると先祖に対して申し訳ないという気持ちがある」「無縁仏にしてはいけないと思っている」などと説明する人が少なからずいた。こうした発言を踏まえると、やはり祖先を蔑ろにすることはできないと考えていることがわかる。しかしながら、実際には墓の管理にかかる負担の大きさがシマで暮らす人々を悩ませる種となっていた。

宇検村の場合、多くのシマでは毎月1日と15日（旧暦）に墓参りを行うため、その日になると、朝から熱心に墓掃除をする人びとの姿をみることができる。こうした作業自体は簡単にみえるかもしれないが、自らの家の墓に加えて島外に出て行ったシンルイ（親類）の墓の世話もしなければならない場合もあるため、実際にはかなりの重労働となる。しかも、現状では、墓の世話は大抵高齢者が担っている。それゆえ、墓の継承をめぐる問題はシマで暮らす高齢者にとって、体力的にも精神的にも切実な問題となっているのである。

## 3．共同納骨堂「精霊殿」の誕生

これまで述べてきたように、宇検村では1980年代頃から墓の管理が切実な問題となっていた。実はそれに先立ち、宇検村のある集落では1970年代

頃から共同納骨堂を作ろうとする動きが現れていた。それから 40 年近くが経過した現在では、14 集落中 9 集落で共同納骨堂が作られている。本章ではそのすべてを紹介することはできないが、そのうち田検集落と湯湾集落の事例をとりあげて、共同納骨堂が作られた経緯を紹介したい。

　なお、宇検村の共同納骨堂については、芦検集落（福岡 2001）と田検集落（福ヶ迫 2011・2014）の事例がすでに報告されている。これらの先行研究も参照しながら、以下宇検村の共同納骨堂がつくられた経緯や現状について述べていく。

## (1) 田検集落の場合

　田検集落は、宇検村の中心的存在ともいうべき湯湾集落の隣に位置する集落である。隣といえども、車で 10 分程度離れている。2019 年 4 月現在、人口 156 人、世帯数が 66 となっており、宇検村の中では 4 番目に大きな集落となっている。田検集落には小学校と中学校がひとつずつ設置されていることもあって、他の集落に比べると比較的若い世代が多い集落でもある。以下、主に福ヶ迫の報告（福ヶ迫 2011・2014）および筆者が現地調査で得たデータに依拠しながら共同納骨堂の誕生に至るまでの動きを紹介していく。

　田検集落が共同納骨堂を作ろうと動き出したのは、1970 年代初頭である。田検集落の墓地は、もともと集落の南側（海側）の赤崎と呼ばれる場所にあった。赤崎は小高い山であり、その斜面に墓地が広がっていたそうだ。そこにはカロートを伴う石塔墓のほか、一部にはノウコツドウが作られていたという（福ヶ迫 2014：10）。ここでいうノウコツドウとはヒキごとに作られた共同納骨施設のことだと思われるが、この点については更なる検証が必要である。

　福ヶ迫の報告によれば、1970 年代初期の時点ですでに誰からも世話をされていない墓があったようである。詣でる者がいないということは、そこに眠る人びとが無縁化してしまうことを意味する。そこで、墓の荒廃や無縁化を憂えた田検集落の有志が、集落の住民に対して「納骨堂を作ってはどうか」と提案した。提案は満場一致で受け入れられ、1971 年から共同納骨堂の建設が始められた。

　当初は資金が不足するなど順風満帆ではなかったようだが、島外で暮らす

図3　共同納骨堂「精霊殿」の本殿（筆者撮影）

図4　拝殿。奥の建物が本殿（筆者撮影）

田検出身者に寄付を募ったり集落の共有地を売却したりしながら資金を捻出した。また、納骨堂の建設予定地を住民に無料で提供してもらうなど（現在

納骨堂の敷地内に土地の提供者を顕彰する碑が建てられている）、シマの内外の力を借りながら建設作業を進めていった。そして、1972 年 8 月に共同納骨堂「精霊殿」が完成した。完成した共同納骨堂は地元の新聞・南海日日新聞でも報道され、大きな話題を呼んだ。

　田検集落の共同納骨堂は、六角形の本殿と拝殿からなり（図 3・4）、拝殿に至るまでの道の傍らには古い墓地で使用していた石塔が並べられている。拝殿には献花台と焼香台が用意されていて、墓参りの際にはそこに立って花や線香を手向け、納骨堂の入り口に向かって拝むことになる。本殿にはもともと 70 の納骨棚が確保されていたが、「入居者」が増えたこともあってその後数が足りなくなり、2010 年頃さらに納骨棚を増やしたという。

　共同納骨堂が完成してから、大きく変わったことのひとつが墓参りの回数だという。これまで月に 2 回墓参りをしていたが、現在ではその回数も減少している。ただし、本殿や拝殿の周辺をきれいに保つ必要があるため、月に 1 回シマの人々で清掃を行っているそうだ。その際に納骨堂に手を合わせる人も少なくないという。

　その一方で、変わりなく行われているのが七夕（旧暦 7 月 7 日）と旧盆（旧暦 7 月 13 日〜 15 日）のような祖先祭祀に関わる行事である。地域によっても多少の差異があるが、旧盆の初日には多くの人びとがちょうちんなどをもって墓へ行き、祖先に線香を手向けながら盆のはじまりを告げ、祖先を自宅へ連れて帰る（その際ちょうちんに祖先の魂を宿すなどと説明する地域もある）。そして自宅で 3 日間祖先をもてなしたあと、あの世へ送り出す。納骨堂が出来てからは、線香を供える場所こそ変わったものの、その他は従来と同じ方法で祖先を迎え送り出しているという。

　以上みてきたように、田検集落は他の集落に先駆けていち早く墓地から共同納骨堂へと移行した。その背景には、やはり墓の管理をめぐる問題や無縁化への畏れが存在した。ただ、その後宇検村で 2 カ所目の納骨堂ができるまで実に 20 年以上もの歳月を待たねばならなかった。それを踏まえると、田検集落の取り組みがいかに画期的なことだったかがわかる。

### (2) 湯湾集落の場合

　先に述べたように、宇検村では 1972 年にいち早く共同納骨堂が作られた

が、その後1996年に芦検、1997年には部連、2000年には屋鈍に共同納骨堂が作られている。そして、2009年には名柄、2012年には阿室、2015年には湯湾と久志、2016年には平田がそれぞれ納骨堂を完成させた。本節では2000年代以降に作られた共同納骨堂の例として、湯湾集落の事例を紹介したい。以下で述べる情報は、基本的には筆者が2015年に行った聞き取り調査に基づいている。

　湯湾集落は宇検村の中でも最も大きな集落であり、役場や診療所、消防署など、宇検村で重要な施設が集中している集落でもある。湯湾集落の人口は2019年4月の時点で460人であり、世帯数が242となっている。

　湯湾集落に共同納骨堂が出来たのは、2015年4月である。話者によれば、納骨堂を作ろうという動きは、2000年頃から起きていたという。しかし、なかなか実現には至らず、建設案はしばらく宙に浮いていたそうだ。それが再び動き出したのが、2010年頃のことである。当時、老人会から納骨堂を作ってはどうかという要望がだされたことをうけ、総会で議論を深めていったという。

　2010年になって再び納骨堂の話が持ち上がった背景には、墓の管理にかかる負担の増加と無縁化に対する懸念があった。他出者の増加に伴い、自らの家の墓以外にも複数の墓を世話しなければならないケースが増加し、かつ、そうした作業の担い手が高齢者ということもあり、体力的にも続けられるかどうか不安だという声があがったという。また、湯湾集落も他の集落と同様に、復帰後多くの住民が職をもとめて村外へと出て行ってしまい、そのままシマへ戻らず本土で暮らしている人も少なくない。それゆえ、将来的に無縁化した墓が増加するかもしれないという懸念もあった。この件に関しては高齢者の間でも「墓を守る人がいなくなってしまったら、自分が墓に入ったあと誰が面倒をみてくれるのか」と心配する者が少なくなかったという。

　また、老人会が共同納骨堂を希望したもうひとつの要因として、他の集落で次々と納骨堂が建設されていたこともあげられるかもしれない。集落の皆から祀ってもらえる納骨堂の存在が魅力的に映ったとも考えられる。

　このような声をうけて、湯湾集落では、総会にて納骨堂の承認が決定され、早速専門委員会の指揮のもと建設にむけた作業が始められた。専門委員会が主に取り組んだのは、墓地の現状調査と整理、共同納骨堂のデザインや運用

方法の決定、そして建設資金の調達などと多岐にわたった。

　まず、集落内の墓地の調査を行った。当時の調査に関わった区長によれば、墓自体は計84基あったようだが、それにはヒキで作られた墓も含められていた。そのため、実際に納骨するにあたっては少なくとも170 ～ 180の納骨スペースが必要ではないかと試算したという。

　また、共同納骨堂のデザインや運用方法を考えるために、他集落の共同納骨堂も見学した。中でも、当時最も新しかった阿室集落の共同納骨堂（2012年完成）はコンクリート製ということもあって、非常に参考になったそうだ。そこで、老人会の方々にも遠足がてら阿室集落の共同納骨堂を見に行ってもらい、コンクリート製ならば100年は持つだろうということで同じような材質でつくることに決めたそうだ。建物のデザインも平屋建てにすることに決まった（ちなみに、阿室集落の納骨堂も平屋建てである）。

　当時専門委員会のメンバーだった方にうかがってみたところ、納骨堂を建設する際にはいくつかの条件があったという。中でも最も重要だったのが、「絶対に腐らない材料であること」であった。「自分たち（注：話者）がいなくなっても残っていることが重要。例えば木材なんかを使うと腐ってしまうし手入れも必要。それゆえ、天然素材は一切使っていない」と語っていた。それゆえ、コンクリート製の納骨堂は理想的なかたちに映ったに違いない。世話がされなくなった墓はすぐに荒れてしまうため、それを防ぐ意味では「朽ちない素材」を使うという考えは合理的だ。最終的に、湯湾集落の共同納骨堂はコンクリート造りで内部は人工大理石（納骨棚）とステンレス製の扉を用いることになった。ここからも、共同納骨堂を仮のものではなく、永続性のある施設とみなしていることがわかる。

　納骨堂の建設にあたって、最も大変だったのは納骨堂内部に設置する納骨スペースの数を調整することであった。湯湾集落の共同納骨堂は、ロッカー式（ロッカーのように同じ大きさの納骨棚が並び、個々の納骨棚には扉がついているタイプ）にすることになっていた。しかし、今後の管理のことを考えて、自由に追加できるようなタイプではなく、予め希望する者の分だけ納骨棚を作ることにした。そこで、納骨を希望する者を集落内外で募り、その数を踏まえて納骨棚の数を決定した。石塔式の墓を作る際には大体100万円ほどかかるというが、納骨堂はいくらかそれよりも安くすむとはいえ、住民

にとっては大きな出費となる。そのため、この調整作業にはかなりの時間を
費やしたという。最終的には、納骨棚一カ所あたり集落在住者は20万程度、
集落外に住む人にはそれよりも少し高めの料金（管理費込み）を設定するこ
とになった。このような調整を経て最終的には190の納骨棚が設置されるこ
とになった。

　共同納骨堂がいよいよ完成する頃、湯湾集落ではもともと使用していた墓
地にある墓をすべて掘り返す作業を行った。これについては前もって日取り
を決め、集落内外にアナウンスした上で実施したという。当日は、名瀬から
呼んだ神主にお祓いをしてもらった上で、シマのひとびとで掘り起こし作業
を行った。掘り出した骨はそれぞれの家族によって、新たな骨壺に収められ
た。というのも、納骨棚は高さが35cm、横幅45cm、奥行き55cmとなっ
ていて、6寸の骨壺を納めるとしたら計8個がやっとの広さである。そのため、
今後骨壺が増えることを考慮して、ある程度のスペースを確保しておく必要
がある。そのため、従来の墓で大きな骨壺に入っていた骨を小さな骨壺に移
し替えたり、夫婦が別々の骨壺に入っていたものを一緒にまとめるなどとい
った作業をしていたという。骨の移し替えが終了すると、それぞれの家があ
らかじめ決められた納骨棚へ骨壺を納めた。

　納骨棚にはステンレス製の扉がついていて、表にはその持ち主の名前が刻
まれた札がつけられている。最も多いのが「○○（姓）家」という表記であ
るが、中には「○○（姓）・△△（姓）家」や「○○（フルネーム）家」と
なっている場合も見受けられた。ちなみに、公平性を保つために、各家の代
表者にくじを引いてもらって納骨場所を決めたそうだ。

　完成した共同納骨堂は「精霊殿」と名付けられた（図5）。「精霊殿」は横
に広い作りになっていて、外側中央に焼香台・献花台が設置されている。参
拝する際には献花台に花を供え、焼香台で線香をたむけている。構造的には、
焼香台・献花台の前にたつとすりガラスの壁の向こうに広がる納骨棚に向か
って参拝するかたちになっている。そのため、「今までより参拝がラクにな
った」という声が多く聞かれるという。この「ラクになった」をもう少し解
釈してみると、これまでの墓地では自身の家族の墓はもちろんのこと、世話
をお願いされた親族の墓も回っていかなければならなかった。一方、現在の
納骨堂ではそこで眠る全員に向かって参拝するようになっていることから、

図5　湯湾集落の共同納骨堂（筆者撮影）

ひとつひとつの墓に出向いていってわざわざ「挨拶」をする手間が省けると
いうことでもある。その意味でも、共同納骨堂の誕生は、シマで暮らす人々
にとって無縁化を回避し墓参りの負担を軽減する最適なアイデアだったとも
いえる。

　なお、湯湾集落の場合、共同納骨堂の掃除は月に１回行っているという。
田検集落の事例と同じく、その際に墓に手を合わせる人も少なくないという。
また、納骨堂の内部はロボット掃除機が定期的に掃除を行っている。こうし
た機械化も墓の管理をする上で将来的には有効な手段となっていくのかもし
れない。

　最後に、湯湾集落の共同納骨堂が他集落の納骨堂と異なっている点をあげ
ておきたい。それは、宇検村役場が納骨棚を１カ所購入したことである。宇
検村は焼内湾に面していることもあって、ごくまれに身元不明の遺体が流れ
着くことがあるという。このような遺体は「行旅死亡人」とみなされ、「行
旅病人及行旅死亡人取扱法」に基づいて自治体が埋葬するように定められて
いる。一般的には、引き取り手のない「行旅死亡人」の場合、自治体によっ
て火葬され無縁墓地に埋葬されるようだが、宇検村の場合は名瀬のある寺へ
預けて供養してもらっていたという。しかし、湯湾集落に共同納骨堂ができ

るということで、そこに遺骨を納めるべく役場として納骨棚を購入することになったそうだ。もちろん、宇検村役場は湯湾集落にあるので購入しても問題はなさそうだが、「行旅死亡人」の弔い方を考える上でも興味深い。

## 4．おわりにかえて

　本章では、宇検村で誕生した共同納骨堂の成立過程について紹介してきた。「家」を基礎とした関係にもとづく墓の継承が難しくなりつつある現在、日本各地で「家」という関係によらない新たな墓のあり方が模索されている。その意味で、宇検村の共同納骨堂は、「家」を必要としなくなった時代において死者を誰がいかに弔うかという問題を考える上で興味深い事例である。

　今回とりあげた2つの集落の事例を比べてみると、どちらも無縁化に対する懸念と墓の維持や管理に対する不安が納骨堂を作るための原動力となっていたことがみてとれる。誰にも世話をされない墓を放置しておくことは、生きている者にとっても死んだ者にとっても気持ちがいいものではない。また、たとえ自らの家族や親族に祀ってもらえなくなっても、集落の誰かが祀ってくれることで、無縁化を免れることはできる。こうした死後の生活に対する「不安」を解消する手立てのひとつとして、集落で運営する共同納骨堂が誕生したともいえる。もちろん、共同納骨堂を建設するにはそれなりに費用がかかる上にシマの内外で暮らす人びととの合意形成も必要であるため、建設に至るまではかなりの労力を要する。さまざまなハードルを乗り越えながら実現に至ったようすからは、死者をめぐる問題がいかに切実な問題となっているかが伝わってくる。

　すでに述べたように、小谷みどりは宇検村の共同納骨堂について、集落の者同士で死後の共同性をつくりだしたという点が非常に珍しいとし、「同じ集落の住民全員が、ひとつの家族として死者供養をしていく取り組みは、小さな集落だからこそ可能になった側面はあるかもしれないが、注目に値すると思う」（小谷 2015:180）と述べている。小谷（2015）によれば、家族観やライフデザインの多様化もあいまって、先祖代々の墓に入るのが当たり前だという考え方も薄れてきているといい、逆に今暮らしている家族や夫婦のみで墓に入りたいと希望する者の方が多いと指摘している。核家族化が進行し

ているという現状を踏まえると、血縁者も非血縁者も含む「地域」で「墓」を共有するという状況は、生前から培った共同性なくしてはなしえないことだったともいえるだろう。

　この問題を別の角度から考えてみると、奄美の親族構造がもつ柔軟性も関係しているように思う。上野が指摘するように、奄美では特定の系譜関係にもとづく祖先のみを自己の祖先として考えるのではなく、複数の系統の祖先を祀ることを許容する社会でもある（上野 1981）。そうであるがゆえに、多数の「祖先」をともに祀る共同納骨堂が違和感なく受け入れられた可能性もある。

　ただし、共同納骨堂が「ひとつの墓」として認識されているのかという問題については少し検討が必要である。確かに、共同納骨堂には参拝台が一カ所しかなく、墓参りの際には自ずと全員に手を合わせることから、それを「ひとつの墓」とみなすこともできるかもしれない。しかし、例えば湯湾集落のように、納骨堂の内部では各「家」ごとに区画が明確に区切られかつ扉には表札のような札がついていることからも、それぞれの区画を独立した「墓」として捉えることも可能である。それに、湯湾集落の場合には「行旅死亡人」（いわばシマとは関係のない他人）の骨を納めた区画も存在している。そのため、それらも含めて共同納骨堂を「ひとつの墓」とみなしているかどうかはさらに別の検証が必要だといえる。この点については今後の課題としたい。

**参考・引用文献**

上野和男（1981）「奄美大島の祖先祭祀と家族」『現代のエスプリ』194：101-117.

恵原義盛（1979）「奄美の葬送・墓制」名嘉真宜勝・恵原義盛編著『沖縄・奄美の葬送・墓制』：169-238. 明玄書房. 東京

加藤正春（2010）『奄美沖縄の火葬と葬墓制―変容と持続―』榕樹書林. 沖縄.

金森理江（1981）「葬墓制にみる家族・親族」『日本民俗学』184：44-55.

蒲生正男（1983）「奄美の親族組織と社会構造」『現代のエスプリ』194：36-49.

小谷みどり（2015）『＜ひとり死＞時代のお葬式とお墓』岩波新書. 東京.

酒井卯作（1987）『琉球列島の死霊祭祀の構造』第一書房. 東京.

鈴木岩弓・森謙二（編）（2018）『現代日本の葬送と墓制』吉川弘文館. 東京.

田中真砂子（1994）「祖先崇拝」『文化人類学事典』：435-436. 弘文堂. 東京.

津波高志（2012）『沖縄側からみた奄美の文化変容』第一書房. 東京.

福岡直子（2000）「奄美大島＜芦検＞の新しい共同墓地―建設に至る経緯と墓制の
　　変化」『民俗文化研究』1:37-75.

福ヶ迫加那（2011）「集落共同納骨堂の創設―奄美大島宇検村の事例から―」竹内
　　勝徳・藤内哲也・西村明（編）『クロスボーダーの地域学』: 159-177. 南方新
　　社 . 鹿児島 .

福ヶ迫加那（2014）「奄美大島宇検村における「墓の共同化」―田検「精霊殿」創
　　設の事例から―」『南太平洋研究』35（1）:1-20.

槇村久子（2013）『お墓の社会学―社会が変わるとお墓も変わる―』晃洋書房 . 京
　　都 .

# 第7章

## 浜における豊かな生活風景とその変化
## ―奄美大島瀬戸内町の三集落を中心に―

熊 華磊

## 1. はじめに

　浜ぎょらさや貧乏村。

　奄美ではこのような諺が伝えられている（三上 2012：591）。標準語に訳すと、浜がきれいな村は貧乏村だという意味である。この諺に筆者は引っかかった。

　現代的かつ島外の物差しで「浜がきれい」という言葉から、プラスなイメージしか浮かんでこない。プラスな要素として、風光明媚であることはもちろん、人によっては豊かな自然、あるいは手つかずの自然が連想されることもあるが、浜の背後にある村、そしてその村の生活ぶりまで発想を飛ばしていく人はほとんどいないであろう。ところが、かつての島の人々の物差しでは、きれいな浜からその背後にある村の物寂しさが想像されてしまう。なぜなら、活気のある村ならば、浜に稲が干されていたり、板付舟や網などが乱雑に置かれていたり、時には屠殺された豚や山羊の腑分けがなされていたりすることも見られるはずである。つまり、ある程度「汚れた」浜を抱える村の方がその生活が豊かである。もちろん、ここでの「汚れ」は現代においてよく問題視されるプラスチックを代表とする漂着ゴミとは質が違う。むしろ、村人の生活の営みによって生み出された「汚れ」が、豊かな自然を育む養分にもなりえたのである。

　上述した諺からわかるように、奄美の浜は、単に陸と海の境界域だけでなく、そこにはかつて多様な生活風景が存在し、そこから人間と自然との共生が見られると考える。本章では、本書のテーマである奄美群島の文化的多様性の一つの側面として、かつて奄美の浜においてどのよう生活風景があったのかについて明らかにしたい。また、かつてと比べて、現在の奄美の浜はど

のように変わったのかについても言及する。

　筆者の専門である民俗学の研究蓄積の中で、奄美の浜に関する記述は決して少なくはない。しかし、そのほとんどが年中行事項目にある「浜下り」に関する記述や、生業項目にある「磯釣り」、「潮干狩り」に関する記述という具合に、カテゴリごとに分散されている。そのせいで、浜における生活風景が総体として見えづらい上に、各島、各村の間の差異もなかなか見えてこない。そこで、浜に焦点を当て、それぞれの島や村の浜における生活風景を総体的に記述する必要があると考える。仮にその題目を「奄美の浜の民俗誌」とすれば、本章はまさにその試みのはじまりとして位置付けたい。具体的に、本章では奄美大島瀬戸内町の東側に位置する蘇刈、嘉鉄、清水の三集落を主な事例として取り上げる。

## 2．調査地概要

　瀬戸内町は奄美大島の南部に位置し、古仁屋を中心とする大島本土側と、大島海峡を挟んで向かい側にある加計呂麻島、そして外洋に浮かぶ請島、与路島によって構成される。瀬戸内町のほとんどの集落は三方を急峻な傾斜を持つ山地部に囲まれ、残りの片方は海に面する。ところが、臨海とはいえ本章で注目する浜については、すべての集落にあるわけではなく、特に大島側では、大島海峡の東西両端に位置する集落にのみ、砂浜が広がっている。そのうち、本章で取り上げる蘇刈、嘉鉄、清水という三つの集落は、古仁屋の東側に位置する（図1）。

　古仁屋から一番離れ、外洋に一番近い蘇刈はかつて、カツオ漁をはじめ、漁業が非常に盛んだった集落である。蘇刈と清水の真ん中に位置する嘉鉄は、三集落の中でもっとも広い田袋地帯を有し、それゆえ、かつて専業漁師もいたものの、農業が比較的発達していた。古仁屋に一番近い清水についてインフォーマントによれば、専業漁師はなく、住民の多くが農業を営んでいた。一方、古仁屋に近いため、町に出て働く人も多かった。現在では、かつて田袋だった場所の一部が運動公園や集合住宅となり、そこに古仁屋から住民が移り住んでいる。

　上述のとおり、本章で取り上げる三集落の性格に微妙な違いがあるが、そ

図１　調査地地図（国土地理院発行白地図を利用）

れぞれが抱える地理的及び社会的環境に大差はなかった。その上、三集落間の距離が比較的近いため、近世以前はともあれ、近代以降交流は少なくないはずである。それゆえ、三集落の浜における生活風景は比較的相似している。ここで、多様性を明らかにするのになぜ相似する集落を取り上げるのかという疑問が湧いてくるかもしれないが、本章で目指す多様性は、集落間の差異から見える多様性ではなく、浜における生活風景の多様性であることをここでおことわりしたい。したがって、本章では、三集落の事例は比較対象ではなく、相互補完的な関係にある。

　なお、本章で取り上げるインフォーマントの話は主に 2019 年 8 月に行った現地調査によるものである。主なインフォーマントは表１で示した。

表1　インフォーマント一覧

| 表記 | 性別 | 年齢 | 出身地 | 居住地 |
|------|------|------|--------|--------|
| Sさん | 男 | 1956年生まれ、63歳 | 嘉鉄 | |
| Aさん | 女 | 1952年生まれ、68歳 | 清水 | |
| Yさん | 男 | 1950年生まれ、69歳 | 清水 | |
| Kさん | 女 | 1964年生まれ、55歳 | 長野県 | 蘇刈 |

　表1からわかるように、K氏以外の3人のインフォーマントは年齢が近く、彼・彼女たちの幼少期の記憶は奄美の本土復帰（1953年）以降から減反政策が実施された1970年代までのものであり、成人以降の記憶はおおむね70年代以降から現在に至るまでのものとなる。一方、K氏はいわゆるIターン者であり、1991年に奄美にあるホテルに就職し、1996年から蘇刈に居住するようになった。K氏は現在蘇刈の自治会長であり、蘇刈のことについても地元の年寄りの話を熱心に聞いてきたため、非常に詳しい。今回彼女の話は地元の年寄りから聞いた話を整理したものとなるが、他の3人のインフォーマントの記憶と時代的におおむね重なる。

## 3．浜における生活風景

　奄美の村はシマと呼ばれ、その多くの基本的な空間構造は図2のようになる。浜と瀬の間の点線は、潮の満ち引きによって両者の境界線が動くことを示す。今回の調査地である三集落も見事にこの構造を反映している。例えば嘉鉄から蘇刈に行く途中の山道から嘉鉄を俯瞰的に撮った写真を見ると（図3）、筆者が立つ場所とその向かい側、そして写真右側の写されていない部分はともに鬱蒼とした山である。三面の山から囲まれ、写真の中央から右までの部分に広がっているのがかつて田袋と呼ばれる地帯である。減反政策により現在はすべて畑となったが、かつて田んぼが

| |
|---|
| 海 |
| 瀬、海畑（イノウ） |
| 浜 |
| 集落 |
| 田んぼ、畑 |
| 山 |

図2　シマの空間構造

図３　山から俯瞰する嘉鉄集落（2019年筆者撮影）

多かった。田畑の左側は集落であり、民家が密集している。集落の左側、海に面しているところに防風林があり、防風林の外側には浜がある。浜に隣接するのは波が穏やかで、比較的浅い海であり、現地では瀬、あるいは海畑（イノウ）と呼ばれている。この瀬の外側がいわゆる海となる。

　こうして見ると、かつてシマの人々が生活を営み、一生を送る土地がどれほど希少なのかが想像できる。陸地の部分では神が往来し、ハブが棲みつく山を除くと、田畑の面積が最も広い。ありとあらゆる平地が食糧確保のために開墾されたが、それでも人口が最も多かった頃は食糧が足りず、山の中腹まで段々畑が開墾されたのである。その代わり、集落内の土地が狭く、民家が密集して建てられている。現在こそ気持ちのいいドライブができる広い県道が舗装されてあるが、集落側に曲がって一歩中に入っていくと、車が通れなくなる道が縦横している。そして、陸地の中で最も面積の小さいのは浜である。おまけに潮の満ち引きによってその面積が変動する。サンゴなどが砕けた砂の堆積でできているため、耕作にも居住にも適さないが、シマの人々にとってほぼ唯一の公共的かつ自由に使える場所である。作家島尾敏雄の妻で、瀬戸内町加計呂麻島出身の島尾ミホは、貴重な場所である浜の利用について以下のように語った。

　　渚は、生活の営みの場とも申せましょうか。そこでは野菜やお芋を洗ったりもいたしますし、子どもの遊びの場でもあります。それから夜は若い人たちの語らいや集いの場、昔は歌垣、今はギターでしょうけれども、そのような月の浜辺での楽しいひとときもまたございましょう。それに昼は潮干狩り、夜になりますと松明をともして漁もいたします。そ

れと同時に、深みにはまると死んでしまうという恐ろしいところでもあります。（島尾 2003 : 97-98）

　島尾の語りから、浜における生活風景を 3 種の場面に分けられる。それは調理や遊びなどのような生活の場面と、潮干狩りや漁などのような生産の場面、そして死者が出るなどのような信仰の場面である。以下では、三つの場面に分けて浜における生活風景について述べたい。

## (1) 生産域としての浜

　浜での生産というと、まず魚介類の捕獲が想像される。浜で行われるもっとも一般的な漁は潮干狩りである。潮干狩りは、普段に行われるものと、儀礼的に行われるものに分かれる。

　かつて、普段の日でも潮がうまく引けば、浜に出て潮干狩りする人が見られた。その大半は女性や子供である。清水生まれの A 氏によれば、小さい頃お母さんに「だしがない」といわれると、今時の子供はおそらくお小遣いをもらってスーパーに行くイメージになるが、当時はかごをもって浜に出かける。浜に出れば必ず何かの貝が取れて、その日の味噌汁に入れられる。しかし、こうした普段の潮干狩りは今では滅多に見られなくなった。

　一方、儀礼的な潮干狩りは旧暦 3 月 3 日に行われる。清水では、3 月 3 日にヨモギ餅などを作り、集落全員浜に下りて、潮干狩りをしたり、浜で小さな宴を開いたりする。行かない人がカラスになると言い伝えられる。また、蘇刈在住の K 氏によれば、蘇刈ではかつて「3 月 3 日に台所に立たない、火を立てない」という禁忌があり、昼頃から集落全員が浜で潮干狩りなどをして過ごしていた。清水と同じように、浜に下りないとカラスになるという言い伝えがある。蘇刈と清水では今でも、一斉の行事ではないものの、3 月 3 日の潮干狩りが行われている（図 4）。

　浜での潮干狩りで採れる主な貝に、アサリ、ハマグリ、アワビなどがある（いずれも地元での呼称）。潮干狩りの貝採り以外に、浜ではアオサやモズクなどの海藻も食用として採っていた。また、海藻は食用だけでなく、肥料としても活用されていた。『奄美生活誌』を著した恵原義盛によれば、台風などによって打ち上げられたホンダワラを主とする藻類を人々が競って田畑

図４　清水の３月３日潮干狩り（インフォーマント提供）

図５　蘇刈の浜で稲を干す風景（登山 1978）

に運んでいた（恵原 2009：200）。Ｓ氏によれば、恵原が描いたこの風景は、農業が盛んだった頃の嘉鉄にもよく見られた。ここから、生産における陸と海の総合利用の一局面が見られ、浜は海と陸を繋ぐ存在となる。

　貝採りと海藻採り以外に、浜では漁をすることもあった。漁と言っても、釣具などをもって船に乗って海に出るような本格的なものではなく、どちらかというと半分は当日の食糧確保、半分は遊びとしての漁が浜で行われていた。Ｓ氏によれば、小さい頃浜のすぐ先にサンゴ礁があり、そこにザルを持って魚取りに行った。主に取れる魚に、鹿児島ではキビナゴと呼ばれるヤシをはじめ、本土ではヒラアジと呼ばれることがあるガラや、ハマイユという赤い魚などがある。ザルだけでもたくさん取れるというので、当時の魚の豊富さが想像できる。また、当時嘉鉄の漁師の船が戻ってくると、子どもたちが船の引き上げの手伝いも行った。その際、山から丸太を拾ってきて、小さい子が丸太を並べ、大きい子たちは大人と一緒に船を引き上げていった。お礼としてザルいっぱいの魚がもらえた。それもほとんどヤシであった。当時ヤシを主として漁獲したのは、ヤシがカツオ漁の餌になるからである。

　上述した生産は全て海に関係するが、浜では農作業の風景も見られた。現在ではほとんど見られなくなったが、稲作があった頃、場所を取る農作業の多くが、浜で行われた。例えば、本土側では田んぼの中で稲を干すのに対し、二期作の奄美では浜で稲を干していた（図5）。『蘇刈民俗誌』を著した登山修によれば、脱穀作業も浜辺に防風林として植えられたモクマオウの木陰の下で共同で行われた（登山 1978：35）。さらに、今回の調査地ではないが、加計呂麻で幼少期を過ごした60代のインフォーマントの話によれば、小さい頃、祖母が浜で籾摺りを行った場面を今でも鮮明に覚えている。祖母が籾の入ったを丸い箕を浜に持って行き、海から吹いた風に合わせて籾をフワッと撒き上げていた。そうしたら、籾殻がうまい具合に海風に吹き飛ばされ、玄米だけが箕に落ちたのであった。インフォーマントが60代になった今でもこの場面を鮮明に覚えているのは、おそらくこの伝統的な技法から身体と自然の見事な融合が見出され、魅了されたためであろう。

　上述した浜における生産場面からわかるように、浜は海や田畑とは違い、そこから直接生活が営まれるほどの食糧資源が取れない。しかし、利用法に関する限定性がない浜だからこそ海の生産にも、田畑の生産にも多様な利用が可能な、「自由」な場所を提供してくれる。こうして、浜はシマの生産域として重要な役割を担っていた。

## (2) 生活域としての浜

　今回の調査で、浜における生活場面としてもっともよく聞かれたのが遊びの話である。ほとんどのインフォーマントから「昔遊ぶ場所は家の中か、海・浜しかなかった」と聞く。ここでの海も、浜での遊びの延長領域と捉え、浜での遊びとして取り上げたい。

　嘉鉄生まれのS氏によれば、子どもの頃一日中海で泳いでいた。泳ぐだけでは満足せず、学校のテーブルを外し、その上に這ってサーフィンをしたこともある。子どもたちだけで海で自由に泳いでいたが、近くに仕事をしながら見張っている大人もいた。その中に銛投げの名人がいて、子どもたちが危ないところに向かって泳ぐと、少し乱暴ではあるが、その先に銛を投げ飛ばして警告をしていた。

　清水生まれのY氏も子どもの頃、5月から10月初めまで、浜や海で遊ん

で過ごしていたという。泳ぎながら鬼ごっこをしたりして遊ぶが、昼飯は浜や近くの畑で食べ物を拾って食べて、また遊びに戻る。同じく清水生まれのA氏は泳ぎはもちろん、女の子ならではの浜での遊びについても話してくれた。一番代表的な遊びはママごとであり、いろいろな形の貝殻を拾ってきて鍋や茶わんに見立てたり、珊瑚を拾ってきて、囲むように置いて家と見立てたり、青のりが生えている石を拾ってきて、人形と見立てたりして遊んでいた。

　蘇刈在住のK氏によれば、蘇刈の年寄りたちは浜や海で遊ぶというと、魚や貝、ウニ、タコなど、必ず何かを取らないと遊びじゃないという。これは当時漁師が多かった蘇刈の気質を反映しているようである。

　もう一つ多く語られた浜での生活場面は夕涼みである。瀬戸内町では地形的な関係で、多くの集落では朝と夕方に山と海からの風の入れ替わりによる凪の現象が起きる。夏の夕方の凪時は蒸し暑く、家では耐えられず、人々は集団で浜に出て涼みを求めていた。A氏によれば、清水では15年ほど前まで集団的な夕涼みがあった。清水は6つの班に分かれ、A氏の母親の旧家であるマネキ家の人々はほとんど5、6班に属し、近隣関係であった。夕方の凪時になると、「おーい、夕涼みに行くよ」と声を掛け合いながら、浜に向かった。夕涼みでは、世間話はもちろん、自然な流れで島唄をはじめ、なつかしい歌も歌われていた。しかし、清水では夕涼みの習慣を持つのはA氏の両親世代までで、現在では夕涼みに行く人が極めて少なくなった。

図6　蘇刈の夕涼み台（2019年筆者撮影）

同じ清水のY氏も小さい頃の夕涼みの記憶がある。当時、農作業が忙しい、働き盛りの人は夕涼みに行く余裕がなかったが、引退した年寄りや子供たちが大勢夕涼みに出ていた。そこで、子供たちが年寄りから島唄や昔

話を聞かされた。浜での夕涼みは集落の伝承の場でもあった。

　K 氏によれば、蘇刈では今でも何人かが夕涼みに出る。今回の調査でその夕涼みの情景を参与観察しなかったことを、本章を書きながら後悔して止まないが、その代わり蘇刈の浜を歩いたとき、浜に通じる道の出口ごとに、立派な夕涼み台が置かれているのを発見した。そこに坐ってみると、海風に吹かれながら、世間話や歌垣で花を咲かせる夕涼みの情景が目の前に浮かんでくる（図6）。

　さらに、浜はかつて生産や生活によって生じた「不要物」の捨て場としても機能していた。かつての生活ゴミの量は今の比ではないが、そうしたゴミと落ち葉や枝などを合わせて、浜で穴を掘って焼いていた。今ではほとんど畑で焼くようになったが、当時は田畑の土地が希少であり、ゴミを焼くスペースがなかったと想像できる。また、S 氏によれば、排泄物も普通に浜に持っていき、海に流した。その際、チヌがたくさん寄ってくる。「だからチヌなんか釣っても食べなかった」と付け加え、笑いを誘った。人間にとっての「不要物」が浜を通じて海に流され、海の豊かな生態を支える養分となった。

## (3) 信仰域としての浜

　従来研究において、信仰域としての浜についての記述が比較的多かった。特に浜下り、葬制、墓制の項目の下には必ずと言っていいほど目に触れる。シバサシに関する島尾の以下の語りは、信仰域としての浜の最も典型的な姿であるといえる。

　　渚は、神が海のかなたのニライカナイから上がっておいでになるという思いがございます。先祖の霊が海のかなたから上がっていらして、渚を越え聚落の神の道を通って、門のところで足を火で温めて、家の中におはいりになる祭りがございます。門で迎え火を焚くのが不思議に思えて、幼いころ母に尋ねましたところ、それは潮水でぬれた足元を乾かすためと、海の底を歩いていらして冷めた足先を温めるためですと、教えてもらいました（島尾 2003：95）。

これは島尾が幼い頃の記憶なので、おおむね昭和初期の状況を反映してい

ると思われるが、信仰域としての浜は、海と陸を分ける境界線というより、海と陸、現世と「あの世」をつなぐ「通路」として認識されていることがわかる。しかし、現在の奄美では、信仰の希薄化により、浜における信仰の風景を見ることが難しくなった。

　今回の調査では、浜下りについて聞き取り調査を行った。現在三集落ともに旧暦４月初午の日（5、6月）に近い土日の日を選んで浜下りを行っている。かつて三集落ともに舟漕ぎ大会も余興として行われていたが、現在は蘇刈のみとなった。嘉鉄では現在余興としてカラオケ大会が行われる。清水では今でも守られている慣習として、浜下りの日に必ず「コウシン」と呼ばれる、はったい粉と黒糖で作られる郷土菓子を作って持っていく。こうして見ると、現在の浜下りには信仰的な意味がほとんど見出せず、娯楽的な意味や親睦的な意味が大部分を占めるようになった。

　しかし、かつての浜下りの日は、虫下しや虫けらしと呼ばれ、田んぼから害虫を取ってきて、葉っぱに乗せて海に流す、農閑期に行われる農耕儀礼の日であり、この儀礼に合わせて浜下りが行われ、浜での宴が儀礼の延長にあったと言える。農業の衰退や農薬の利用によって、虫下しの儀礼が行われなくなり、娯楽としての浜下りだけが残ったと推測する。

　また、前出したもう一つの浜に下りる行事である、旧暦３月３日の浜節句に関しては、行かないとカラスになるという言い伝えがあるように、信仰的な部分がまだかろうじて残っている。A氏によれば、清水では特にお年寄りがこの

図7　アダン林の間の「道」（2019年筆者撮影）

言い伝えを厳しく守っている。しかし、現在護岸があり、年寄りが浜に容易に下りられないため、A氏が毎年旧暦3月3日の日に年寄りたちを自分が経営するサロンに集め、浜から汲んできた海水に手を浸けてもらっている。

　浜における信仰的な要素が浜下りの話以外のところからも発見できた。清水の東端に厳島神社がある。広島の厳島神社を本社とするこの神社は海と深い関わりがあることは言うまでもないが、鳥居も社殿も海に面しておらず、集落の方に面しているのが些か違和感を覚える。この違和感を抱え近くの浜を歩いていたら、鬱蒼としたアダン林の間に忽然と通り道のようなところが現れた。ところが、その突きあたりがガードレールになっていて、普段使う道ではなかった（図7）。そしてよく見ていたら、ガードレールの奥がまさに厳島神社に通じている。A氏によれば、神社の鳥居も社殿もその境内自体も昔浜に向いていた。昭和30年代頃、神社の横に県道が舗装され、神社と海の間にガードレールができた。このままだと神様が海から来られなくなるのではないかと危惧され、神社が今の向きに移設されたのである。しかし、元々浜を通って海に通じる参道が今でも清掃され、維持されていることに、神様が海から渡ってくるという信仰的背景がうかがえる。ここからも、信仰域としての浜がもつ「通路」としての意味が見出せる。

　以上、主に復帰後から70年代まで、蘇刈、嘉鉄、清水三集落の浜における生活風景について、生産域、生活域、そして信仰域という三つの層に分けて見てきた。そこから見出した空間利用及び空間認識の様相を前出した空間構造の図の上に落とすと、図8のようになる。そこからわかるように、シマの諸空間の中で唯一、海と陸の生産も生活も、そして信仰の風景も見られるのは、浜である。これはま

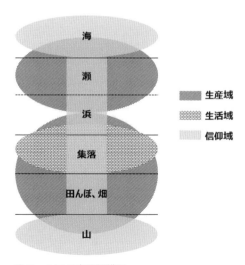

図8　シマの空間認識図

生産域
生活域
信仰域

海
瀬
浜
集落
田んぼ、畑
山

さに本章のタイトルにある「豊か」さの現れである。しかし、浜におけるこのような豊かな生活風景も、現在ではほとんど見ることができない。奄美の浜はいつから、どのように変わったのだろうか。

## ４．すっかり変わった浜

　今回取り上げた三集落と同じように、かつて広々とした砂浜と、そこでの豊かな生活風景を有した瀬戸内町の西側にある管鈍集落の浜の変容ぶりについて、管鈍出身の純田宏が、阪神管鈍会創立五十周年記念誌への寄稿の中で、このように書いた。

　　　昭和四十年代から急速にふるさとの様子は変わってきた。
　　　海岸線のアダンはコンクリートの堤防に変わり、海幸の宝庫であった海は、ホンダワラをはじめとする海草が生えなくなり、ベラ等の魚も少なく学校そばの川口の干潟のモズクやコロビ貝は、昔の物語になってしまった。かつお船で賑わった浜辺も静かに寄せる波の音だけで、昔日の面影を求めるすべはない（純田 1985：140）。

　管鈍集落では海岸線にコンクリートの防波堤が作られた上に、瀬のところに消波ブロックも置かれていた。そのため、砂浜の消失は今回主に取り上げ

図9　空から見た現在の管鈍集落。砂浜の減少が明白。
　　（インフォーマント提供）

た三集落より激しかった（図9）。しかし、瀬戸内町ないし奄美全体の浜の変化のターニングポイントは共通して、大規模な護岸工事が行われはじめた昭和30、40年代であるといえる。
　S氏によれば、小

学校3年生の頃（1965年）ちょうど護岸工事の真っ最中だった。青壮年はもちろん、小学生たちも労働力として招集された。かごいっぱいに石を拾ってきたら10円もらえた記憶がある。当時の奄美は貨幣経済が普及しはじめたばかりの頃であり、10円にかなりの価値があった。つまり、当時の奄美にとって、護岸工事は近代的インフラ整備の一環でありながら、近代的経済普及の一環でもあった。しかし、護岸についてY氏から興味深い話があった。「今思えば、奄美が現在のように観光で振興していくことが当時わかれば、護岸なんか作らず、昔のままの浜や海を残したらよかった。昔は本当に天国だった」という。島外者のわれわれからすれば、今の奄美の海でも十分素晴らしいが、護岸がなかった頃の天国のような海は今とどう違うのだろうか。

　古仁屋在住の潜り漁師の話によれば、一番大きな変化は、海藻がなくなったことである。Y氏も、小さい頃海に海藻がいっぱいあったと証言した。そして、海で泳いで休もうとする際に、まず1回潜って足場を確認しないと、むやみに立つとウニを踏んでしまい、ケガしてしまう恐れがあるというほど、海藻を餌とするウニが多かったという。S氏やA氏も、昔の砂浜がもっと広かったし、サンゴ礁ももっと近かったと証言した。そして、サンゴ礁や海藻の間に生息する魚をはじめとする生き物も今よりずっと多かったという。

　このような近海生態系の変化をもたらした原因はもちろん護岸だけではない。道路建設をはじめとするインフラ整備による赤土の海への流出や、減反政策による田んぼの消失、それに伴う陸と海の生態的つながりの崩壊、そして地球規模の海洋ゴミ問題や温暖化問題など、要因が複雑であると考えられるが、今後奄美の人々の証言に基づき、多分野による科学的検証が必要である。

　一方、護岸が担う防波の機能はどうだっただろうか。今回の調査で護岸がなかった頃の台風被害について聞いたところ、意外にもインフォーマント全員から、風による被害が大きかったものの、高波による被害は特になかったという回答を得た。当時、護岸がなかった代わりに、砂浜の幅が広く、防風林のアダン林の下に自然にできた砂丘もあり、台風の時でも波が浜に面した道まで押し寄せたこともあるが、それ以上集落の中に入らず、浸水被害は全くなかった。一方、護岸の壁がなかったため、台風の後用水路の中に、魚や貝など、海から打ち上げられたものがたくさんあって、それを拾うのに1週

間ほどかかるときもあった。この台風後のもの拾いは子供たちにとって一番の楽しみだった。ところが、護岸ができたことによって、砂が流され、浜の幅が狭くなり、台風の際波は護岸の壁に激しくぶつかる。そこで空高く打ち上げられた波しぶきが風に乗って集落の中や奥の田袋まで広範囲に降りかかり、今までにない塩害をもたらした。本来災害を防ぐための護岸が、むしろ新たな災害をもたらしているというのが現実である。

　そんな中、三集落の中で蘇刈だけ、昔の浜の景観に戻ろうとする（口絵写真　第７章 -2）。K氏によれば、蘇刈でも昭和40年代から護岸が建設され、それとセットで地元では「ベイマツ」と呼ばれるモクマオウが防風林として植えられていた。モクマオウはオーストラリア原産であり、米軍が沖縄の基地建設にあたって大量に植えたことから、「ベイマツ」という呼び名がつけられた。ところがその後、蘇刈出身の故富田勝氏が集落の役員たちの意見を取りまとめ、元々島にあるものを使って防風林を植えるべきだという結論を得て、アダンの植林に取り組んだ。アダンはその枝を切り出し、一回乾かしてから砂浜のところに挿すと、すぐに根付く性質を持っているので、比較的簡単に植林ができた。

　このアダンの植林が蘇刈にいい結果をもたらした。まず、モクマオウは植えた当初生育が早く、すぐに高い防風林を形成したものの、樹齢が増すにつれ、強風にあたるとすぐに折れてしまう。そのため、最近では蘇刈をはじめとする各地で、強風で折れたモクマオウが家屋にのしかかる被害が起きて

いる。また、モクマオウの種が風に運ばれて田畑に落ち、そこで多数の芽を出していくことも、農家にとっては迷惑になる。モクマオウのこれらの問題がアダンにはない。次に、護岸が砂の流出をもたらすが、アダンは風

図10　蘇刈のアダン林の背後にわずかに出ている護岸
　　　（2019年筆者撮影）

に吹き飛ばされてきた砂を止め、根のところに落とす。つまり砂をキープする機能を持つ。現に蘇刈の護岸も建設当初、清水や嘉鉄の護岸と同じ3m以上の高さがあったが、現在ではアダン林によって作られた天然の砂丘に埋もれて、50cmほどしか出ていない（図10）。このアダン林のおかげで、蘇刈の浜が昔の面影を取り戻しつつある。

　以上からわかるように、奄美の浜のもっとも顕著な変化は護岸の建設である。護岸建設についてすべてが悪いとは言えないが、砂の流出や、塩害をはじめとする新たな災害が起きたように、現実的に悪影響が生じたことは明白であろう。さらに、前節の内容からわかるように、奄美の浜には重層的な生活風景が存在し、そこから人間と自然との豊かなかかわり合いや、人間の信仰の世界に対する豊かな想像力が見出せる。しかし、近代化の波が奄美に押し寄せる中で、そうした豊かな生活風景が浜から後退していく。護岸工事がまるでそこにとどめを刺したように、島の人々の浜に対する空間認識を単なる陸と海の境界線として矮小化させてしまうと感じる。

　恵原は奄美にとっての浜の意味についてこのように語った。「この美しい自然（浜）を守ることは、観光資源としての功利性からも必要であるが、奄美人の美しい情操を育てた上で、大きい役割を果たしたことを何よりも考えるべきでしょう」（恵原 2009：131）。現在の浜の変容ぶりは、奄美の人々にとって大きな損失であると感じざるを得ない。

## 5．過去に対する検証と未来への警鐘／ヒント

　最後に、まとめの代わりに、本章で取り上げた浜について、世界自然遺産の登録が期待される奄美の未来と関連付けて感想を述べたい。

　奄美は現在2020年の世界自然遺産登録に向けて努力している。もし世界自然遺産として登録されれば、それで完結するのではなく、むしろ未来の奄美に対して少なくとも2つの疑問が投げかけられると考える。1つは、世界自然遺産としての奄美ならではの自然保護の観点はどういうものなのか。もう1つは、世界自然遺産の登録に伴い押し寄せてくると想定される観光の波にどう対処すればいいのか、である。

　まず、世界自然遺産というと、あるエリアを保護区域として設定し、そこ

に対する人間の諸働きを制限するという自然保護の観点が想像できる。ところが、浜における豊かな生活風景に関する記述から言えるのは、かつての奄美において、人間の生活の営みから生じた自然に対する働きが、自然を破壊することなく、むしろ豊かな自然を構成する重要な要素にもなった。人間の活動自体が自然の一部となり、ここにはまさに奄美ならではの自然保護の観点が秘められているであろう。

　また、世界自然遺産の登録に伴って、観光の波が押し寄せてくると想定されるが、自然遺産登録区域として保護され、その上にハブが生息する奄美の森に、さらなる観光を受け入れるキャパシティはないように思われる。そうすれば、増加する観光のニーズは必然的に保護区域として指定されていない浜や海の方に集中していく。豊かな生活風景が後退してきた浜は現在、まさに白紙に近い状態である。そこが観光という新たな色に今後ますます色濃く染められていくであろう。しかし、観光は島外からの多くの人々と巨大な市場経済を帯びているため、それが奄美の人々が願う色に染まるかどうか大きな懸念が残る。

　この未来に向けての２つの疑問に対する回答は、過去に対する検証なしでは得られない。奄美全体の歴史について、今まで最も言及されてきたキーワードは「復帰運動」であろう。一方、復帰運動以降、奄美全体を語れるキーワードに何があるかというと、「開発」が一つとして上げられるが、今まで十分な検証が行われたとは到底言えない。今後、新たなキーワードである「世界自然遺産」が加わるにあたり、一つ前にあるキーワードの「開発」に対する検証が多分野より、多方面から詳細に行われることを願いたい。筆者も、今後奄美における浜の生活風景や、開発による変化をテーマに、できるだけ多くの奄美の人々の声を拾えるよう、地道に調査研究を進めていきたい。

## ６．あとがき

　本章の執筆にあたり、特に助成金等により支援を受けていない。しかし、それ以上に支援してくださったのが、瀬戸内町の地元の方々である。今回の調査に協力してくれたインフォーマントの方々はもちろん、「あっぽや組」と呼ばれるグループからの支援が計り知れない。

　「あっぽや」は古仁屋にある小さな中華料理の飲み屋である。そこに誰か
の呼びかけもなく、夜になると自然と集まってくる 10 人弱の方々により作
られた LINE グループがすなわち「あっぽや組」である。2017 年 8 月に初
めて瀬戸内町で調査を行った時、宿泊した民宿のオーナーが「あっぽや」に
案内してくれて以降、そこに行くと、自ずと調査に有力な情報が得られる。
そこを起点とすると、瀬戸内町内のすべての人にたどり着けるのではないか
と思うほどである。そういう意味で、筆者にとっては、「あっぽや」はまさ
にフィールドワークにおける拠点であり、アジトである。しかし、行く回数
が増えるにつれ、最近では特に何かの情報を求めるためではなく、まるで何
かの魔法にかけられたように、そこに行くと自然と気持ちが落ち着き、心底
から楽しさが湧いてくる。そして、「あっぽや組」の一員として「同化」さ
れていく中で、「当事者」としての意識が芽生え、改めて自分の研究の目的
について自省するようになった。それが、「あっぽや」に通った最大の収穫
かもしれない。
　最後にこの場を借りて、「あっぽや組」をはじめ、本章の執筆にあたり協
力してくださった瀬戸内町の方々に、感謝の意を申しあげたい。

## 参考・引用文献

恵原義盛（2009）『復刻　奄美生活誌』南方新社 . 鹿児島 .

小野重朗（1982）『奄美民俗文化の研究』法政大学出版局 . 東京 .

鹿児島県地方自治研究所編（2005）『奄美戦後史─揺れる奄美、変容の諸相─』南
　　方新社 . 鹿児島 .

鹿児島大学鹿児島環境学研究会編（2010）『鹿児島環境学 II』南方新社 . 鹿児島 .

鹿児島大学生物多様性研究会編（2019）『奄美群島の水生生物─山から海へ　生き
　　物たちの繋がり─』南方新社 . 鹿児島 .

純田宏（1985）「かわりゆくふるさとの姿─昭和十年代までの故里と今日の故里─」
　　勝陸男編『萬堂山─生活体験を通して語るふるさと奄美─』132-143. 自費出版
　　. 横浜 .

島尾ミホ・石牟礼道子（2003）『対談　ヤポネシアの海辺から』弦書房 . 福岡 .

須山聡編（2014）『奄美大島の地域性：大学生が見た島／シマの素顔』海青社 . 大
　　津 .

瀬戸内町町誌編集委員会（1977）『瀬戸内町誌（民俗編）』瀬戸内町 . 鹿児島 .

登山修（1978）『蘇刈民俗誌』瀬戸内町教育委員会．鹿児島．

三上絢子（2012）『奄美諸島の諺集成』南方新社．鹿児島．

民俗文化研究所奄美班編（2016）『奄美の人・くらし・文化―フィールドワークの
　　　実践と継続―』論創社．東京．

安室知（2016）『自然観の民俗学―生活世界の分類と命名―』慶友社．東京．

# 第8章

## 島尾敏雄「出孤島記」における環境世界

鵜戸　聡

　　三日ばかり一機も敵の飛行機の爆音を聞かない。こんなことは此処半年ばかりの間、気分の上では珍しいことだ。その為に奇妙な具合に張合いを失っていた。

　　三度の食事時に、定期の巡検のように大編隊でやって来て、爆弾やロケット弾や機銃弾を、海峡の両岸地帯にかけてばらまいて行く。そしてその中間の時刻には少数機でやって来たから、海峡の両岸ではいつも爆音の聞えない時はなかったことになる。言うまでもなく夜は夜で夜間戦闘機がやって来た。それで一日のまる二十四時間飛行機の爆音で耳のうらを縫われてしまった。(9)

　ここに取り上げたのは、奄美群島の加計呂麻島で終戦を迎えた島尾敏雄(1917〜1986)の「戦争小説」のうち、「特攻隊体験」をめぐるオートフィクションの連作「出孤島記」「出発は遂に訪れず」「その夏の今は」「(復員)国破れて」(未完)の筆頭作の冒頭である。「インチピット」などとも呼ばれる書き出しの部分には、往々にしてその作品の主たるテーマが示唆されているものだが、出撃をすんでのところで免れることとなる特攻隊長の死を目前とした従軍の日々、その異常な体験がとりあえず事態の枠組みとしてある。しかしその体験のうちのいかなる部分に焦点を当てるのかといえば、ここに書かれているように「気分」や「張合い」に係る部分、いわば語り手の心理状態にあるのである。そして本章が試みるのは、その心理に影響を与え、またその心理を作中に表すところの環境世界のありようを、テクストに即して分析的に示すことである。

　まずは舞台を確認しよう。場所は「海峡の両岸」であり、昼夜を問わず続

いていた米軍の空襲が突如停止し、三日ほど過ぎたところである。そして敵軍の襲来が止んだことは、望ましいというよりも「孤島に残された我々」(10)の孤絶の感を深めることに繋がっていく。すなわち「戦争の嵐の眼は、我々の頭上を通り過ぎてしまったのではないか。そして我々は圏外に取り残されてしまったのではないか」(10) あるいは「ああ、その時期も終わりに近い頃、我々は敵にさえ見放されてしまったのではないか」(13) と「私」が述べるとき、死を覚悟した軍人としての職務を果たし得ぬやもしれぬことに焦燥を覚えるとともに、来るべき死が先送りされてしまう予感によって強いて特攻隊長であらんとする緊張が乱されてしまう。「我々は、というより私は無理な姿勢でせい一ぱい自殺艇の光栄ある乗組員であろうとする義務に忠実であった」(13) のだから。

「本州との輸送路は絶たれ」(11)、しかも海峡の向こう岸（奄美大島）との連絡すら途絶えてしまって、文字通りの孤島と化した加計呂麻島は、「私」の心裡においても外界との交通を失っていく。戦争の「圏外」に取り残されたならば、特攻による死を終着点としてプログラムされた生活は宙吊りとなり、孤立の中で「私」の心は行き先を見失う。「我々は犠牲者だと自分に悲劇を仕掛けている気分もあっただろうし、又仮構のピラミッドの頂点で、お先真っ暗のまま、本能の無数の触角を時間と空間の中に遊ばせて、何とか平衡を保とうとしていたのだろう」(14)。

「お先真っ暗」とは比喩的な定型表現だが、眼や視界に関わるモチーフは島尾作品に頻出し、本作でも「見る／見られる」という重要なテーマ系を形成している。とりわけ「見られる」ことへのほとんど恐怖といってよいような忌避感が一つの系列を為しているのだが、そもそも島尾が配属された加計呂麻島のリアス式海岸には、外海はもとより海峡からも覗き見ることのできない入り組んだ入江があり、しかも「愛すべき自殺艇は、急拵えに我々が掘り抜いた洞窟に格納されて」(12) 敵軍の眼から隠されていたのである。つまり「隠すこと」それ自体が「私」の重要な任務のうちにある。

それゆえ原理として基地は人目を避けて孤立しておらねばならないが、相手から見えないということはこちらからも見えないということだ。しかも制空権はとうの昔に奪われており、敵軍の情報が友軍よりもたらされることもない。来襲する敵機を物理的に視認することができなくなった結果、「私」

の眼は、自らの先行きを見渡すことができないという比喩的な用法に馴染んでいくのだが、もとより「私の眼界は昏く、拳銃一梃もない戦闘員になることはひどく頼りな気で、そのような場合どんな処置をとってよいか分らない。一箇年ばかりの間自殺艇と共に死んで行くことを稽古して来たのだから、せめてそのつもりで転結しようという呪縛にかかっていた」（13）というときの「私」は比喩的な意味で盲目であり、「自殺艇」で死ぬほかの自らのありようから眼を背けているのである。

　そこで立ち現れるヴィジョンにおいては、外界の時間と切り離され、世界の果てで死に向かう己の姿がそのまま世界の崩壊として念慮されている。「私にとって歴史の進行は停止して感じられた。私は日に日に若くなって行った。つまり歳をとって行かないのだ。私の世の中は南の海の果ての方に末すぼまりになっていた。その南の果ての海は突然に懸崖になっていて海は黒く凍りつき、漏れた海水が、底の無い下方に向って落ち続けていた」（15）。「末すぼまり」という、世界がある消失点に向かって集約していくようなイメージ。

　そのような亡失の途上、「私の世界が黄昏れていたそのような時に、まず広島の運命を知」り、「新型爆弾」の情報と「長崎壊滅の報せは暗い終末を一層確定的に予言されたと思った。私は誰の為に死んで行き、そして私の死んだ後には誰が生き残っているのだろう」（16）と自問するが、その答えは得られることなく、むしろ因果を断ち切られた刹那のみが残されて「要するに我々は孤立の世界に追い込まれて、瞬間瞬間が重なって行くに過ぎないだけの生活をしていた」（18）のである。

　しかし空襲の停止は、特攻隊の最期の見通しを暗くさせつつも、孤島の環境を改めて見渡すための奇妙な余裕を「私」に与えることになる。

　　そのような日々の後に迎えた、三日間の無気味な静寂に私は戻らなければなるまい。
　　無気味なと感じたのは私であって、この孤島の浦曲では、すぐ手の届くついこの間まで、戦争の影響がまだ押し寄せて来ない日々がそうであった。長い年月の間のふだんの山川草木の姿があるだけだ。私だけが日毎の爆音に神経を亢ぶらせて、山川をしっかり見ることが出来なかった。

　私のとがった心の中では、その辺のどこを掘り起しても、危険な信管の
ついた物体が出て来た。
　　爆音の全く聞えなかった三日のその最後の日は、夏の暑さや、潮の香
り、草木のうむれ、鳥の鳴き声、蛙の声、干潟のつぶやき、部落なかの
かそかな物音、例えば何か槌を打つ音とか、子供の誰かを呼ぶ声とか、
豚の悲鳴や鶏のとき、そんな色々の、ふだんの感覚や物音が、太陽の熱
に膨張して、物うく、然し充分に厚い層で、ひしひしと私の身の廻りを
取り巻いて来たことを、あらためて強く感じた。
　　それらは非常に切なかった。そして何事も事件らしいことの起きない
目立たない平凡な日への郷愁が、私の身体をしびれさせ、原子爆弾に対
してはどうすることも出来ないという無抵抗感が、低くにぶい伴奏とな
って私の身体の底に或る響きの調子を沈めて保っていた。（19 ‐ 20）

　「山川草木」を見るのみならず、嗅覚や聴覚も手伝って風景はにわかに精
彩を帯び、それまで気に留めていなかった生命の気配が濃厚に感取される。
「平凡な日への郷愁」とあるように、終末のヴィジョンに浸りきっていたと
ころを突然日常性の中に投げ戻されたような驚きが表れている。さらには、
「しかし若しものこと、我々の孤島が全然戦略的価値がなくなって、敵は沖
縄から素通りで本土の方に行ってしまったら、我々に或いは新しい生活には
いれる途が開かれるかも分からない」などという「末期症的な考え方」（22）
までもが心に忍び込んでくるのだ。

　　そんなことを考えながら私は、海辺に近い高見の豁口にある、木小屋
の本部の隊長室を抜け出して、ぶらぶら磯伝いに、隊の構内を岬の鼻の
方に向って歩いて行った。
　　兵舎は分散して浜辺の小さな谷間を利用して建てられていた。そして
浜辺に突出した尾根の岩層の適当な場所を選んで奥行三十米前後の壕を
掘り、自殺艇を格納してあった。隊のある入江の口は、直接には海峡に
向って開かれていない。狭い細長い入江はその袋口のところで直角に折
れ曲っていたために広い海峡からの直接の風波も、その折れ首の所でさ
え切られて入江の中に直接には影響せず、我々の入江はまるで山中の湖

のように思える時があった。視界も入江の中だけに限られ、その限りの
狭い範囲では、我々の秘密部隊は隔離された気分になることが出来たし、
又実際に我々だけの生活を展げていることが出来た。私は防備隊司令の
許可をたてにして、小舟による入江の袋のところの奥の部落と、他部落
との交通を禁止していた。我々は軍機部隊だからということによってそ
れが出来た。

　静かな入江うちを浜辺沿いにぶらぶら歩いているうちは、気分は丸く
完結し、と同時に義務や責任のことばかりが繰返し考えられ、隊員を厳
重に入江うちの隊内に閉じ込めてしまったそのことの報酬のように私も
共に閉じ込められていた。

　入江うちでは、私は至る処で、隊長という位置で表立っていなければ
ならない。

　入江の折れ首の地点は、尾根がつき出ていて、裸岩が海の中にまで列
を為し、むき出たまま風にさらされ潮に洗われていた。干潮の時は海底
が露出して、岩石は痛々しい感じを与えた。そこは丁度細長い隊の構内
の片方の端になっていた。我々は其処に番兵を常置した。(22 − 23)

　孤島の沿岸の、「折れ首」に隠された入江に潜み、さらに部落間の交通も
禁じることによって、いわば外部の視線から免れた「私」は、「隔離された
気分になることが出来たし、又実際に我々だけの生活を展げていることが出
来た」「我々は軍機部隊だからということによってそれが出来た」と「出来た」
を繰り返し、「気分は丸く完結し」「報酬のように私も共に閉じ込められてい
た」と言うように、「我々の秘密部隊」の孤絶に安らぎつつも、隊長として
隊内で表立たねばならないこと、隊員の視線の先にあって隊長として責任を
全うせねばならないことに重圧を感じ続けてもいる（それはまた敵軍に無視
されることへの不安とも表裏の関係にある）。

　そこでは、たとえ「私」を見得る者はただ番兵のみであったとしても、一
介の部下にすぎない男の職務上の視線すらも遠ざけようとするのだ。

　入江の折れ首の崖際の岩の上で、私はその老番兵の捧げ銃の敬礼を受
けた。ひどく生真面目に口をとがらせて前方をにらみつけていた。私は

彼の眼の前を通って隊の外に出て行かなければならない。

　海は丁度最低潮であった。私は狭い崖際の岩盤の上を番兵のそば近く通らないで、干上がった砂浜を遠廻りして外側に出た。

　外側は空気が動いていた。

　そして眼界が広く開けた。（24 - 25）

「眼界」という頻出語がここでも鍵となる。戦略上の必要から入江の奥に隠れ住んで他者の「眼界」の外に留まることの安心と鬱屈——すなわち「見られること」のテーマ系から、入江の風景を見る眼に予告されていた「見ること」のテーマ系へとここで大きく舵を切ることになる。併せて指摘しておきたいのは、浜辺を歩く行為が、足場の都合上ほとんど常に干潮と結びついていることである。

　さて、「眼界が広く開け」「身体の中に飼っている鳩が自由なはばたきをあげて飛立つ思いをした」（25）「私」において、それまで「見られること」と表裏一体であった「見ること」が、いわば環境からの贈与として立ち現れてくる。それが、「入江は海峡に大きく口を開き、その海峡越しに、はるか向うの島の山容、海岸沿いの県道の赤い崖崩れなどが、痛いようにこちらの気持ちに手を差し伸べて来た」（25）ということだ。

　このような環境世界が「私」に認知された以上、亡失のみが期せられていた「私の世界」には「私の死んだ後」も存続するであろう外部がその輪郭を表してくる。それは「瞬間瞬間が重なって行くに過ぎないだけの生活」（18）とは異なり、つまりばらばらの刹那の集合ではなく、過去から未来へ因果の連なりを持って持続する時空である。

　なぜそういう感じを持つに至ったのかは分からないが、司令部の最高指揮官の早急な判断で無意味な犠牲者になる日が遂に近づいたと私は考えた。さもなければ、戦争の終結を見るだろう。然し自殺艇乗組員にだけは甚だしく悲劇的な顛末しかやって来ないのではないだろうか。その乗組員にとっては末すほまりの予感がするけれど、一般的な情勢は戦争の終末を来すだろう。それがどんな形に於いてであるかは、当時の私は考えることを避けていた。然し我々が出発した後に残った者たちはどん

な状態に於いてであれ生命は全うすることが出来るだろう。(27－28)

「私の死んだ後」も存続する生命と世界が予期されるとき、以前は眼に留めることのなかったものが「眼界」に焦点を結ぶことになる——すなわち眺める対象としての風景が誕生するのだ。そこには、かつて眼にしたものへの自らの心の反応が今になって改めて認識されることも含まれる。以下の「なぐさめとしていた程だ」というような過去の自分への推量がそれである。

　　岬の鼻への途中に、一軒だけぽつんとある人家、そしてその背戸の山は几帳面に耕された段々畠になっていた。
　　その段々畠の風景も時の襞に吸い込まれて、風化されてしまうだろう。その跡に立つ後の世の者が居たとしても、何の感興も湧かないだろうと思われた。村々をつなぐ人の通い道とは関係なく、岬のはずれにぽつんと雨風をしのいでいた一軒家の恐らく最後の住人になるであろう一組の夫婦者が、はだしでいつもまめまめしく過去のしきたりのままのなりわいを続けていることが言いようのない驚きの眼で見られた。いつ見ても、豚に餌をやり、畠を耕し、芋を掘り、塩を焼き、魚をとり、麦をたたいて、余念なく動き廻っていた。私は番兵塔のある岩盤の上から望遠鏡を出して、その動く人間の姿を見ていることを一つのなぐさめとしていた程だ。(29－30)

ここに描かれている生活は、過去からの持続であり、また反復的な行為である。日常とは反復しつつ持続するのだ。「また彼等の、空襲を恐れあわてることの大げさなことが、私の心の傷を妙な具合に治癒して呉れた」(30) ように、戦争という非日常が「恐れあわてる」行為の反復によって日常の中に馴らされていく様は「活人画の一こまのように眺められた」(30) のであり、「末すぼまり」していく世界の外部に存続するだろう「一組の夫婦の爆音におびえるその姿は、見ていて気持のよいもの」(31) なのだ。
　そしてここから、恋仲になった現地の娘との逢瀬が語られる。

　　その防空壕に、私はNと一緒にはいったことがあった。

　　Ｎは、岬を廻った向うの入江の奥の部落に年老いた祖父と二人だけで
住んでいる娘だ。Ｎはすっかり夜が更け果ててから岬を廻って、一軒家
のあたりまで私に逢う為にやって来た。（31 - 32）

情勢が悪化し「私」が隊を離れることができなくなったのだ。

　　すると、Ｎが岬をぐるっと廻って隊の端近くまでやって来ることを覚
えた。
　　私は何とか口実を設けて、入江の折れ首の所の岩の上の番兵塔を出て
Ｎと逢った。
　　それにしてもそれは真夜中に行なわれなければならなかった。浜辺で
四季の移り変りとじかに相手をしている生活をするようになってから、
私は、夜に月のある夜とそうでない夜のあることを、そしてそれの交替
が間違いなくやって来ることに今更のように驚嘆していたが、Ｎの浦巡
のしごとが始まってからは、月は私にとって一層の関心事になった。月
のない闇夜の岬越えはどれ程絶望的にそそり立ったものであることか。
そして月の衰退に応ずるように、海のふくれ上りが、私の胸の中でも満
ちたり退いたりした。（33）

　浜辺の四季の移り変わり、満ち欠けする月、その引力によって満ち退きす
る潮。環境世界が循環する時間を如実に体現する一方で、「もう総てが無駄
になる時刻が近づきつつある。私はそれを砂時計の無慈悲なしたたりのよう
に、私の心をしめつけに来る音として聴いていた」（33）という観念的に流
れ去る有限な時間が心中に対比を為す。

　　私は今戦闘員なのだ。それは何というちぐはぐな感じだろう。この戦
争について私は何を知ることが出来たろう。私の意思は失われ、私の手
は汚れてしまい、傾斜をどんどんかけ下りていた。かけ下りるにしても
その動く姿の自分が、こんなにも淀んで停滞して感じられるとは。ただ
南の方向に雷鳴のようなとどろき、乱雲の重なり、そしてあやしげな閃
光。南から吹いて来る血なまぐさい飢えに、私は私だけではなく恐ろし

いことに私の命令で四十八人もの自殺艇を引きつれて、あの世の果ての氷ついた海原の断崖に飛び込む運命にあった。大渦のおどろのとどろきの淵に吸い寄せられて行かなければならなかった。(34 - 35)

「かけ下りる」という動作は「終末」に向かう比喩的なものとなり、雷雨の心象風景（「閃光」は原爆の示唆かもしれない）の中に「私の世界」の崩壊する運命が幻視される。しかし、その滅びのヴィジョンはほどなく「見ること」の贈与によって反転する。

　　小さな彎曲した白砂のなぎさと崖を一つ越すと、部落の全貌がぱっと開けて眼に飛び込んで来た。
　　こちら側の入江は我々の入江に比べて、何という構え無しに広い海峡に向って開けていることだろう。岬の方から入江の奥をまともに見ると、殆んど開けっ放しに見えた。我々の閉鎖された秘密げな狭い入江からこちらに廻って来た私は、その開け広げな入江の様子に、暗い考えを見すかされたようなためらいを感ずる。(37 - 38)

「見えること」あるいは「開け広げな入江」が「見せること」によって「見すかされた」ように感じられた「暗い考え」は、「然し島の部落の人々は、その干潟の中でいつもの日の干潮時と変りなく、いっぱい出て来て貝ひろいをしていた」(38 - 39) といった日常を眼にすることによって散らされていく。
　そのような視覚の産物と追い詰められていた心理の齟齬は物事の認識を混乱させ、「私もめくらになってしまった」(40)。「とうとう部落の中にさ迷い込んだ」「私」の頼みの綱は嗅覚である。「何か強いかおりの樹木のにおいが鼻を打って来る」(39)、そして「そのにおいは、つまりはNにつながっている」(40)。浜木綿の「強い甘ずっぱいにおい」(41) もNのにおいに通じている。
　自らをNへと導く樹木は同時に庇護をもたらす目隠しとなる。「こんもりした丈の高い生垣。それは何という名の灌木か私は知らない。その内部のものを外界にあらわにさらさないで包みかくしていて呉れることに私は身近な安堵をよせかけているだけだ」(40)。

　　雨のはれた次の日は、樹木がすくすくと伸びる。

　　今日は、樹木の伸びる日なのだ。

　　私は日の照る干潮時の浜辺を、背中を陽にこがして歩いて来た。屋敷
　はひっそりして、樹木の伸びる時のむんむんするにおいに充ちていた。
　薔薇が乱れ咲き、虫どもがにぶい羽音をさせて蜜を気儘に散らして歩く。
　（41－42）

　樹木の陰に隠れながら、伸長する生命の雰囲気をようやく「私」は受け止
めつつある。

　　（もう本当にどうなることか分りはしない。今夜にも、出撃の命令が
　下るかも分らない。分らぬ所ではなく、我々の自殺行へのいで立ちの時
　刻は、手の届くような所にやって来ているに違いない。

　　これから先の刻々は、今迄のようなそれとは全く違ってしまったのだ。
　どんなことで急激に絶ち切られてしまうか分らないのに）（43）

　「私の世界」は今にも途絶するかに思われた。しかし、「私」を取り巻く世
界は過剰なばかりの生命に溢れているのが看取されるのだ。

　　私は帰途にあった。

　　潮は刻々と満ちつつあった。

　　満潮の時の海は、生ぐさいエネルギーに満ちていた。仮借なく海はふ
　くれ上がって来た。（45）

　「私」はついに環境世界が己の心理に強い影響をもたらしていることを自
覚する。「今宵の夕焼が何故このように特別に私の心に印象づけられるので
あろう」（47）。やがて、「末すほまり」に亡失するかに思えた世界のその後が、
生き延びる運命にあるやもしれぬ者たちのことが、「私」の脳裏に引っかか
ってくる。「どういう訳か、此の悲劇の破局に於いて、最初のあわてた出動
の犠牲の後、事態は急転して、残った諸隊は出動を見ることなく生き延びる

ことが出来るような感じを私は消すことが出来ない」(49) のだ。

　自分自身への執着がようやくはっきりと意識されて、己の死後に残り得る形見の如くにＮのことが慮られる。「この身のいとおしさ。Ｎ。今の私はＮが髪振り乱して狂乱している姿をしか想像出来ない。何故か発狂して恥知らずの姿になったＮの姿しか瞼に浮ばない。然し恐らく兵火の犠牲になって命を落すこともあるだろう。私はＮが死んでしまうことを願った。然し又雑草のようにしぶとく生きていて呉れることも願った。私の後の世の中との唯一の架橋のように思えたのだから」(55)。

　「夜中の通い路」(34) を照らし、潮の満ち引きで足場を変化させるものとして認知されていた月の存在は、ここに至って個々の人間に分有されつつしかも個々の環境を超越したものとして焦点化され始める。「私は本部の外に出た。そして月を仰ぎ見た。何という人間事のせせこましさ。沢山の拘束の環のがんじがらめで、今宵奇妙な仕事を遂行しようとしている自分が、月を眺めて見る自由は残っていた。同じ月の下には敵も居り、又戦争をしていない土地もある。Ｎもその下に居り、私の今の環境を彼女は知ることが出来ない」(56)

　やがて出動準備の命令が発せられ、その最中に爆発事故が起こるものの奇蹟的に事なきを得た。「全く日常の雰囲気の、異常なことの何もない入江の、夜の静けさの中で、死への首途を待っている」(65 - 66)「私」の心は夜更けの環境の静謐と同期するように平静となり、一種神秘的な世界との合一がほんのひととき訪れる。

　　　月も中天に昇った。
　　　もう発進の下令を待つばかりだ。
　　　不思議に此の世への執着を喪失してしまった。ただ一刻きざみに先へ延ばされていることが焦燥の種を植えた。即時待機の精神状態を持続することは苦痛であった。今がチャンスだ。今が丁度いい。今なら平気で出て行かれる。
　　　然し命令は来ない。(65)

しかし、延長された死は再び「私」の心に生への執着を呼び戻すだろう。「も

う自分の精神を日常のいつもの通りの何事も起らない安らかさの体制へ切り換えてもいいのではないかという気持がかびのように生えはびこって来た」(69)。やがて部下が呼んで来たＮに逢いに出かけるが、部下との関係性を含めてあらゆる人間的情念への忌避感とともに自罰の念が湧き出してくる。「人間事の執着でむんとするものを私は嫌悪している。私を非難している眼。私に同情している眼。そして私のそういうことに気づいていない眼。私は審かれていなければならない」(70)。

　それでもなお、反復し循環する世界は朝の訪れとともに蠢きだし、入江の大気は再生の気配に満ち満ちている。

　　　やがて夜のとばりがすっかり拭い去られると、入江の表面は海水の蒸
　　発で葦の芽のようにけば立ち湯気の幕を一面に敷きつめた如き現象が、
　　まだ弱い朝の光線に孵化されて、ゆるくゆれ動いているのが見られた。
　　　少しずつ空気がゆれ動き、夜のびっしり敷きつめた重い空気がそよ風
　　となって霧のように消え去って行った。私は、悪夢を見たのであったろ
　　うか。
　　　私は明け方の爽やかさの中で、身体のすみずみが解けて伸びやかにな
　　り、充実した肉体が、今日も未だ自分のものであったことに、しびれる
　　ほどの安堵の中に浸っていることを感じていた。
　　　恐らくは陽の目のある間は私たちの行動は先に延ばされるであろう。
　　　そして、朝は入江に何事もなくやって来て、その新鮮な感じは、やが
　　て太陽が昇ると共に、だるい日中のいつもの繰返しの中にはいって行っ
　　た。
　　　何も起らなかったのだ。(73 − 74)

　そして本部より「即時待機」の命令が下り、「運命」は「延期」されて物語はひとまずの結びを迎える。

　ここまで見てきたように、「出孤島記」は四部作の筆頭にふさわしく、舞台である加計呂麻島の入江が丹念に描写されており、また無条件降伏の報せが至る前の物語であって、ほとんど何の事件も生じないがゆえに却って「私」

の心の微妙な動きが仔細に映し出されている。小説に描かれた風景というものは、もとより客観には程遠く、語り手の心象と分かちがたく結びついているものだが、のみならず、環境が人間に与える効果というものについても本作は多くを語っている。「見ること」と「見られること」の緊張関係は、風景が「差し伸べて来た」ものによって揺るがされ、環境世界は「私」に贈与としての姿を現すことになるのである。

　従来、島尾敏雄の「戦争小説」は、特攻隊体験という特異な状況のため「死」というテーマばかりが注目されがちであったが、それと対を為すべき「生」が如何に描かれているかを問えば、やはり美しい加計呂麻島の風景との交歓のうちに生命の力が現出していると言うべきだろう。また、そのような環境が人間に何を与え、そこに人間が何を見出していくのか、ということを考えたとき、「出孤島記」は特攻も戦争も超えて、われわれ読者が世界に向き合う方途の一つを指し示していると言えまいか。

　いま、「戦争小説」という枠組をいったん忘却してテクストに無心に向き合うならば、島尾敏雄の小説はこれからも繰り返し読まれるべき新しい姿を現すのではないだろうか。

＊注

　「出孤島記」からの引用は全て以下の文芸文庫に依拠し、頁数を引用文末の括弧内に示した。島尾敏雄『この夏の今は／夢の中での日常』講談社文芸文庫、1988 年。

# 第 3 部
## 社会編

# 第９章

## 南西諸島におけるエコツーリズムと生物多様性
―エコツーリズム分析の枠組み―

萩野　誠

## 1．はじめに：観光産業の概要

　南西諸島地域は、温帯域と亜熱帯域の生物が存在し、生物多様性が豊かであるという大きな特徴があるとは、よくいわれている。そして、多くの住民の関心は、世界自然遺産登録を契機とした観光であり、その観光の形態は、いうまでもなく、エコツーリズムと称されるものである。

　しかし、生物多様性が富んだ地域においても、エコツーリズムが産業として成立するためのいくつかの条件がある。本章では、このエコツーリズムを成立させる条件について検討し、南西諸島地域における観光産業成立の条件をあきらかにしたい。

　このために、まず、観光というものの基本的な捉え方について述べておこう。日本は観光立国をめざしていることは衆知の政策である。そして、2018年には訪日外客数が過去最高の３千万人を超えるまで増加していることも事実である。鹿児島県においても、大型クルーズ船による観光客が来訪しており、奄美大島でもクルーズ船の誘致活動が話題となったことは記憶に新しい。また、受け入れ側も、観光産業の重要な位置を占める宿泊業・飲食業において、経営企画会社によるリノベーションが浸透し、星野リゾートに代表される従来の経営を改革する動きも続いている。

　このような昨今の我が国の観光産業をとりまく状況を眺めると、観光産業は成長産業であるという表現をつかってしまう。では、観光産業という言葉はあるのだが、観光産業とはどのような産業なのだろうか。観光産業を定義しようとすると、大変な困難に直面する。列記するならば、鉄道、海運、航空、宿泊業であるホテル、旅館、民宿、民泊等、土産物や特産品製造業など、他の産業として認識されている産業の集合体といわざるをえない。つまり、観

光を牽引していく核となる業種が明確には分からないのである。日本では、JTBや近畿日本ツーリストなどの旅行業があり、さまざまな業種をまとめあげてパッケージ旅行として販売してきた。しかし、宿泊やチケットなどインターネットを通じた予約がはじまると、個人はスマホから簡単に予約でき、手数料がない分格安となる。このために、旅行業が不振にあえいていることはいうまでもない。ますます観光産業を包括して理解することを難しくしている。

　他方、この多くの業種の集合体という特徴は、観光産業が国家戦略として注目されている理由にもなる。つまり、さまざまな業種が担っている産業であるので、他産業とくらべて圧倒的に波及効果が大きいことになる。さらに、観光客が観光地で支出する金額は、他地域からの純然たる所得移転となるため、負債を増やすことのない理想的な公共投資のような効果をうむことになる。インバウンド観光がもてはやされるのは、このためでもある。

　ここで、経済学的な観点を導入してみよう。観光産業を統一する概念はないが、一つだけいえることは、そのほとんどが、サービス産業であるということである。統一概念ができづらい観光産業ではあるが、その基本的な企業行動に限るならば、サービス産業としてみることによって統一的な理解がなされると考える。交通、宿泊、飲食なども、ほぼサービス産業であり、観光産業を分析するときの企業行動は、サービス産業全般のものと大差ない。つまり、街のコンビニや床屋・美容院とほぼ等しい企業行動をとると仮定してよいだろう。他の産業の寄せ集めである観光産業ではあるが、企業行動だけはサービス産業として分析可能なのである。

　また、観光産業が提供するサービスに対する消費者である観光客のニーズは、産業の定義以上に拡散している。鹿児島県の観光をみても、霧島・指宿をはじめとする温泉、鹿児島市を中心とした明治維新の文化遺産観光、屋久島のエコツーリズム、純粋な観光ではないが県内各地で受け入れているスポーツ合宿やマラソン・トライアスロン、種子島のロケット打ち上げ観光等々、全く異なるニーズをもった観光客が訪れている。これは、飲食店業が高級レストランから定食屋まで多種多様なものであることにも共通する。この消費者である観光客のニーズに対応するためには、宿泊先は単なるビジネスホテルだけでは不十分であるし、ホテルのフロントの接客も異なるものとなる。

観光でくくられるサービスは、細分化され、その業態も異なるものとなる。高度成長時代の団体旅行には、大型ホテル及び大型施設が成立した。とくに、南西諸島で主力となるエコツーリズムについては、対象となる観光客のニーズが限定されたものであるため、受け入れ側がエコツーリズムに対応した体制を整備する必要がある。次に、エコツーリズムに限定し、サービス業の枠組みを示してみよう。

## ２．エコツーリズムの基本構造

### (1) 自然環境という公共財

　さて、エコツーリズムとは、どのような観光なのだろうか。エコツーリズム観光の対象は、自然環境であることはいうまでもない。自然環境を楽しむためには、自然環境の理解が必要となる。その支援をおこなうのがガイドの役割である。したがって、エコツーリズムには、ガイド業という観光を成立させる業種が必要となる。また、自然環境に近い宿泊施設が必要となるが、エコツーリズムの場合、ランドリー施設が必要となり、また、昼食も野外でとることが多く、弁当の提供が必要となる。このような条件が、一般的なエコツーリズムの理解である。しかし、自然環境というエコツーリズムの対象について考えなければ、この観光の構造は分からない。自然環境は、経済学で考えるならば、「公共財（public goods）」に該当する。公共財というものは、経済学特有の概念であり、エコツーリズムの理解を深めるために、その特殊な属性の一部を紹介してみよう（萩野 2018a）。

　まず、財には特殊なものがあり、それが存在するだけで、なんらかのサービスを財の周辺に提供するものがある。この一つが公共財にあたる。例えば、桜島は、鹿児島市民へ美しい景色を提供するというサービスを発しているということができる。ただし、桜島の場合、鹿児島市民だけではなく、錦江湾周辺の住民へもサービスが提供されている。また、桜島の風景が嫌いな人がいたとしても、いやおうなく桜島の風景が目にはいり、桜島の風景を完全にシャットアウトすることは不可能である。桜島は存在するだけで、サービスを提供しているということができよう。

　さらに、公共財には、特徴的な属性がある。第１に、財から発生するサー

ビスには到達範囲があることである。桜島を奄美大島でながめることは不可能である。桜島から発生するサービスには、到達範囲があり、これは公共財全般に備わった属性である。第2の属性として、排除不可能というものがある。桜島を眺めることを制限することは不可能であり、価格を設定することはできない。したがって、市場価格が成立しない特殊な財ということになる。このただで利用するものを排除できないということは、公共財の属性の一つとなり、「排除不可能性」と表現される。桜島と同じような風景の例として、リゾートホテルでは、オーシャンビューの方の宿泊料金の方が高いのは、このサービスを金銭として評価した結果である。それは、オーシャンビューの部屋数が限られているために、価格として評価された結果である。

　第3に、公共財の属性が阻害される状況が発生する。公共財はだれでも利用できるはずだが、あまりに利用者が殺到した場合、混雑が発生し、利用できない事態が発生する。これを「混雑現象」という。混雑現象が発生したとき、2つの方策で解消ができる。1つは制度的に規制をおこなうというものである。諸外国でみられる自動車ナンバーによる中心市街地への流入規制などはこれである。もう1つは、課金をするというものである。フリーライダーが出現できなければ、はじめて公共財に課金をすることが可能となり、同時に混雑現象の解消もできるわけである。この混雑現象の解消方策をみると、屋久島の現状が経済学的に誤った方向へ向かっていることが分かる。入込客の激減にさらされている屋久島は、入山規制のための協力金制度を拡充している。混雑がピークのときにおこなうのは理にかなっているが、混雑が解消されているときに、公共財の利用に課金することは、フリーライダーの増加を促すだけであり、抜け道等で自然破壊につながる恐れがある（萩野2015・2018a）。

　どちらにしても、経済学からアプローチすれば、自然環境という公共財から発生するサービスを消費する観光がエコツーリズムということができる。

## (2) エコツーリズムにおけるガイドの必要性

　自然環境という公共財から発生するサービスには、質量ともにさまざまなものがある。鹿児島市内の里山と屋久島の森を比較するならば、常識的にいうならば、屋久島の森から発生するサービスの方が価値のあるサービスとみ

なされるだろう。ところが、鹿児島市の里山に詳しい語り部がいて、縄文時代の集落跡から江戸時代の開墾、明治維新、戦後改革などの話をきいたとき、里山の自然環境の評価が屋久島の森を上回ることはありうる。自然環境からのサービスをより深く理解したとき、その自然環境はより価値の高いサービスを提供していると評価されるのである。

　この語り部の役割をエコツーリズムの枠組みで考えるならば、エコツアーのガイドが担う機能ということとなる。つまり、エコツーリズムの枠組みでは、ニーズを決定づける重要な機能をガイドが担うのである。自然環境から発生するサービスの質・量を増幅させ、観光客に提供するというガイドの機能は、エコツーリズム特有のものとなる。

## (3) エコツーリズム観光客の観光地の選択行動

　このガイドの機能を消費者である観光客レベルで考えると、別の側面がみえてくる（図１参照）。この図は、観光客個人の観光地選択の状況を示したものである。個人の判断のなかで、自然環境を理解しがたいもの・サービスの効用の低いものから順に横軸に並べ、観光客の個人の自然理解力を縦軸に並べたものである。グラフの線で示したのは、観光客個人の自然の理解力で、ガイドなしで理解できる限界値である。このグラフは、観光客個人の特性に応じて、横軸の順番が異なることになるが、消費行動であるガイド雇用の有無を表している。

　ここで、ある観光客の自然理解力が高くＡレベルである場合、Ｌ、Ｍ、Ｎすべての地点でのエコツアーでガイドが必要ない。観光客の自然理解力がＣレベルの場合、Ｎ地点だけでガイドがなくても理解できることを示している。ここで、自然理解力がＣレベルの観光客がＭ地点という自然環境でエコツーリズムを楽しみたいと思ったとき、自然理解力をＢレベルに上昇させなければならなくなる。この自然理解力をサポートするのが、ガイドの役割である。ガイドを雇うことにより、初めて、Ｍ地点という自然環境を消費できることになる。もし、ガイドを雇いたくない場合、自然環境からのサービスが理解しやすいＮ地点以上の自然環境だけにエコツーリズムが限定される。

　この図示されたガイドと観光客の関係であるが、ここに、エコツーリズム

に対するニーズの特徴も
現れることになる。

　第1に、上図のCレ
ベルの理解度の個人は、
ガイドの存在によって、
M地点のエコツーリズ
ムを消費できる。この結
果、ガイドの機能により、
M地点のエコツーリズ
ム観光客を増加させるこ
とが可能になり、ガイド
業がそのエコツーリズム

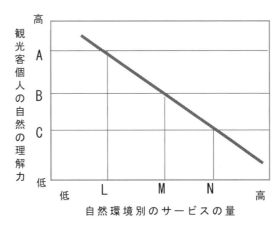

図1　エコツーリズム観光客 の自然理解力と自然 環境
　　萩野（2018：17）

を、採算可能とする。ガイドがエコツーリズムのビジネスモデルの重要な機
能を担っているのは、そのエリアの観光客の増加に貢献しうるからである。

　第2に、ガイドを不要とする観光客の存在である。先程の図では自然理解
力がAレベルの観光客は、ガイドなしで、L地点以上のすべての地点でエ
コツーリズムを楽しむことができる。エコツーリズムの基本枠組みとして、
ガイドの役割を強調したが、エコツーリズムには、ガイドがいなくても成立
する観光客が存在することを確認しなければならない。屋久島の縄文杉ツア
ーの場合、単に縄文杉だけをみれればよいとわりきるならば、屋久島の自然
環境ではなく、縄文杉だけの知識を事前に詰め込んで、ガイドをやとわない
観光客も当然あらわれる。これは個人の能力に依存しているため、ガイドツ
アーのみをおこなうためには、強制力をもった制度的な規制以外はありえな
い。ただし、自然理解力Aレベルの観光客にとってはつまらないガイドツ
アーとなるだろうし、ガイドは自然理解力Aレベルにまさる理解力を発揮
しなければ料金に見合ったサービスとして評価されないことになる。

　第3として、エコツーリズムで問題となるのは、リピーター客が少ないこ
とである。持続可能性の高い観光には、リピーターの存在が欠かせない。し
かし、先程の図で分かるように、M地点の自然環境を理解できる能力のあ
る個人は、M地点以上のすべての地点での自然を理解することが可能であ
る。そのために、観光客は、別のサービスが理解しやすいエリアに向かうだ

ろう。エコツーリズム全体の観光客が増えたとしても、リピーターとなることは難しいのである。そのうえ、エコツーリズムの観光客は、ガイド観光を体験することにより、長期的には自然への理解度が高まっていく。そのために、ガイドを雇わない観光客が将来的に増えていくことも予想される。つまり、長期的には、ガイド業自体の縮小傾向があるといってよい。

### (4) 自然環境以外の要因の導入の必然性

　前述の長期的なガイド業を縮小する傾向については、すでに経営努力がなされている。それが、ガイドの対象を社会・文化領域へ拡張することである。先程、屋久島の森と鹿児島市の里山を例示した。里山が選択されたのは、自然環境のみならず、社会・文化領域のガイドも含むからである。実は、社会文化領域は、土地固有性が高く、広範な領域を含むためトータルに説明することは難しい。また、住民以外にはえられない知識も多く、この領域に拡大することによって、観光客個人の自然の理解力がＢレベルからＡレベルとなっても、ガイドが不要とはならない。

　また、自然環境は、公共財であり、発生するサービスには到達範囲があるが、その到達範囲が広い場合がある。このときは、当然、広い範囲のなかに複数のツアーやガイドが存在する。例えば、ジオパーク霧島の場合、霧島市とえびの市両市に、それぞれ宿泊施設もガイドも存在している。このときに、自然環境では大差ない地域だからこそ、業者間の競争が生まれる。そこで、社会・文化領域までにガイドの対象を拡大することにより、共存が可能となる。つまり、社会・文化領域をエコツーリズムに組み込むことは必然性の高いものであり、屋久島をはじめとした多くのエコツーリズムには、すでに里山観光が組み込まれている。とくに、飯能市のエコツーリズムは、その内容を見る限り、里山・街歩き等であふれている。それでもエコツーリズムと称しているのは、この理由による（飯能市役所観光・エコツーリズム推進課 https://www.hanno-eco.net/）。

　以上のように、エコツーリズムは、他の観光とは異なる特徴をもち、それ故に、エコツーリズムに特有の諸問題も発生している。

## 3．生物多様性環境下のエコツーリズム

### (1) 生物多様性という公共財からのサービス

　南西諸島におけるエコツーリズムの対象としての生物多様性は、自然環境から発生するサービスの一つである。観光客は、公共財からのサービスをガイドの機能により、消費するということとしては、他のエコツーリズムとは変わりがない。しかし、生物多様性という公共財から発生するサービスは、同一エリア内で、質・量に地域別に差が少ないものとして理解されなければならない。その理由の一つとしては、生物多様性のサービスの質・量が、空間的な条件により左右されるという点にある。本章で対象とされている南西諸島の生物多様性については、とくに空間的な要因によって生物多様性が他のエリアと比較して、質・量ともに高いものとなっている。南西諸島を1つのエリアと考えると、数百キロにわたる広範なエリアであり、気候的・生態学的に亜熱帯と温帯の移行帯である。これが亜熱帯と温帯域に生息する生物が混在し、生物多様性を豊かにしている（Hagino 2013）。他方、同一エリア内でのサービスの差異は少ないものとなる。

　ここで南西諸島における生物多様性を豊かにしている空間的な条件を公共財から発生するサービスとして、再度とらえなおしてみよう。南西諸島を熊毛地区、奄美群島、沖縄本島、沖縄先島と4つに区分すると、熊毛地区の屋久島の山岳部を除いて、生物多様性を規定する亜熱帯・温帯の移行帯である。もちろん、熊毛地区から沖縄先島では、生物多様性を構成する種は、少しずつ変化している。基本的に空間的には生物の分布が緩やかな変化をともないほぼ同質的生物多様性を実現している。これに対して、屋久島だけは、世界遺産の評価にもなった垂直分布となっている。屋久島は知られているように亜熱帯から亜寒帯の気候をもとにした生物多様性を有している。以下では、生物多様性の空間的要因を加えることで、南西諸島におけるエコツーリズムの業者の行動を考察していく。

## (2) 生物多様性によるエコツーリズムの特徴とブランドイメージ

　同質的な生物多様性をもつ移行帯においてエコツーリズムをおこなう場合、経済の観点より、帰結がみえてくる。さらに、屋久島という日本のエコツーリズム先進地の事例と比較することで、南西諸島のエコツーリズムがもつ問題点もあきらかになる。

　まず、南西諸島のほとんどを占める移行帯における生物多様性をもとにエコツーリズムを組み立てるとき、もっとも決定的なのは観光客にとって、特定の地点を選択する動機がないということになる。奄美群島区の島々では、特定の島を選択する動機が生じないということになる。むしろ、奄美大島より、交通の利便性や観光施設の充実した沖縄本島や沖縄先島の方が好まれる可能性が高い。生物多様性のエリア内で観光業間の競争は避けることはできない。そのような状況のなかで、エコツーリズムをそれぞれのエリアで観光業として成り立たせるためには、それぞれのエリアでの特徴的なものを観光客にアピールする必要がある。その一つが固有種であり、アマミノクロウサギ、ヤンバルクイナ、イリオモテヤマネコというイメージ的にも観光客に受け入れやすいものが浮上してくる。これは広告などでいわれるブランドイメージを代表するアイコンにあたる。南西諸島はこのような各エリアのブランドイメージを固有種によって表現することができるという点では、このエリアのもつ同一の生物多様性に異質なイメージをもたらし、集客するというマーケティングの機能をもっている。

　しかし、ブランドイメージがエコツーリズムのなかで、問題を引き起こすこともある。屋久島の場合、垂直分布という屋久島固有の多様性という優位性をもっているが、ブランドイメージとしての縄文杉をもっている。このために登山道のオーバーユース、いわゆる混雑状況が20年近く続いていた。自然環境における混雑現象は、自然保護の観点からもっとも深刻な影響をもたらす。自然環境という公共財の減耗をもたらすからである。この屋久島の事例が、南西諸島のエコツーリズムで起こる可能性は、非常に高い。固有種という各エリアのブランドイメージをみたいという観光客のニーズは抑えることは不可能である。屋久島でも、何度も入山規制などの声はあがったが、実効あるものにはならなかった。エコツーリズム業者は、観光客のニーズを

抑え込むことはできない。また、行政もエコツーリズム業者の収入減少をもたらす施策の合意形成は困難であることはあきらかである。南西諸島のエコツーリズムは、将来的にいくつかの現場でオーバーユースに陥る可能性が高い。

## (3) 南西諸島における社会文化領域のエコツーリズム

　固有種をブランドイメージとすることの危惧を解決したとしても、公共財から発生するサービスで差異が見当たらない同一性の高い場合の方策として、社会文化領域へのエコツーリズムの拡張について前節で指摘した。この点では南西諸島では潜在的な負の歴史がある。薩摩藩による植民地として直接・間接的に支配された地域であるからである。奄美群島におけるサトウキビ・モノカルチャーの強制と重税、薩摩藩による琉球王国の支配と琉球王国による先島諸島での重い人頭税など、負の歴史がある。第2に、戦後の実質的な米国の統治と復帰運動、現在に至る基地問題など、現代にまでつながる問題がある。これらの問題をエコツーリズムで扱うにはあまりにも負担が大きいのではないだろうか。むしろダークツーリズムとして、成立すべきものである。なぜなら社会文化領域にエコツーリズムが拡張するならば、島唄などの伝統芸能だけにとどまらず、その背景にある歴史の説明も必要となる。当然、外国人観光客は素朴な質問をガイドにぶつけるだろう。つまり、社会・文化領域によって、同一エリア内での競争優位性をうることは難しい。

　すでに、ダイビング、ホエールウォッチング、カヌーなど、南西諸島共通のエコツーリズムのアクティビティが奄美群島と沖縄では存在している。その意味では、南西諸島でのエコツーリズムは、同一的なものになる動きがはじまっているともいえよう。これは、南西諸島の個別エリアでエコツーリズムの同じようなサービスがはじまり、エコツーリズム自体のニーズが拡散してしまうという現象となる。結果として、エコツーリズム以外の観光サービスが充実しているエリアに観光客が殺到することになる。地域としては複合観光が成立する那覇市、石垣市、奄美市に集約される。この結果、他のエリアでは専業ガイドが成立しないこととなる（萩野 2014）。

## ４. 南西諸島のエコツーリズムの類型

　以上のように、南西諸島におけるエコツーリズムの展望を経済学的に概観したが、視点をかえることにより、別の意味をもたせることができる。南西諸島のエリア別にエコツーリズムが分かれ、そこでのエコツーリズムに関する観光業、とくにガイドの業務形態が異なることになる（表１参照）。

　他方、南西諸島のエコツーリズムに関しては、他の観光との複合観光が成立する。これが可能なのは、奄美大島、沖縄本島、八重山である。ここには、固有種というブランドイメージも存在し、混雑現象の危険性もあるが、専業ガイドをはじめとするエコツーリズムは採算がとれ、業務として存立する。

　しかし、他の南西諸島の地域では、公共財から発生する同質のサービスにより、観光客の来訪は見込まれない。また、複合観光等の地域に観光客を奪われるため、ガイドは他の業務との兼業とならざるをえない。ガイドの兼業は、珍しくない。屋久島のブームの時期には、100人を超える兼業ガイドが出現した。さらには、宿泊施設も兼業化ともいうべき民泊が許可されていった。このような観光産業の兼業化は、南西諸島のみならず、全国の地方のエコツーリズム観光業の在り方として定着する可能性が高いと考えられる。この小規模零細な観光業の出現は、わが国が観光立国をめざす過程で生まれざるをえないものであり、地方創生というなりふり構わない「しごと」作りの有効な手段となっている。これが世界自然遺産の登録により、いち早く南西諸島に多数出現するということは、全体的にみれば兼業ガイドが主力となり

表１　南西諸島におけるエコツーリズムの形態

| ツーリズムの形態 | エリア | ガイドの業務形態 |
|---|---|---|
| 複合観光　　　　固有種ツアー　　　同質性アクティビティ | 奄美大島　　　　沖縄本島　　　　先島諸島 | 専業 |
| 同質性アクティビティ | その他のエリア | 兼業 |

他の業種もそれに対応するという形をとらざるをえない。ただし、兼業形態のエコツーリズムは事業の継続性はないものの小規模零細ながら持続性の高い社会の実現に貢献するともいえるのである。

　他方、複合観光としてのエコツーリズムは、既存の観光業に依存しているため、エコツーリズムだけの持続可能性は達成できない。そして、エコツーリズムの観光がアイコンを観察するだけのものになる可能性が高い。

　生物多様性が高い豊かな地域のエコツーリズムは、特定のアイコンへのオーバーユースの可能性が高い。そして、対象エリアの競合が激しくなり既存の観光業との複合観光が可能な地点のみにならざるをえない。ただし、この場合、将来的にエコツーリズムは縮小し、アイコンを観察するだけ、または、アイコンのぬいぐるみを買うだけの観光となるかもしれない。

　これ以外の地点では、兼業によるエコツーリズムしか対応できないだろう。ただし、毎日観光客がいなくても、エコツーリズム観光客への対応をやめる必要もなく、結果として、持続性の高い観光となる。逆説的な結果であるが、このような兼業エコツーリズム観光業が全域で成立するのが生物多様性エリアでのエコツーリズムの特徴となる。

**参考文献**

萩野誠（2009）「観光サービス業の消費サービス概念からの分析：観光概念の確立に向けて」『経済学論集』（鹿児島大学）71：1-7.

萩野誠（2015）「屋久島における観光不況の影響と協力金：離島観光の宿命」『奄美ニューズレター』（鹿児島大学）39：14-19.

萩野誠（2017）「鹿児島県離島地域自治体の総合戦略におけるエコツーリズムと担い手としてのコミュニティ・ビジネス」『島嶼研究』18(1)：85-94.

萩野誠（2018a）「エコツーリズム観光概論」萩野誠編著『世界自然遺産とエコツーリズムのモデル分析』（鹿児島大学人文社会科学研究科地域経営研究センター叢書3）：16-19. 北斗書房

萩野誠（2018b）「ブームが去った屋久島のエコツーリズム」萩野誠編著『世界自然遺産とエコツーリズムのモデル分析』（鹿児島大学人文社会科学研究科地域経営研究センター叢書3）：32-36. 北斗書房

Hagino, M. (2013), Tourism around Kagoshima Prefecture Islands, In Kawai, K., Terada, R. and Kuwahara, S. eds, *The Island* of Kagoshima.：78-83.

Hagino, M. (2016), The legal concept of 'heritage' in the world heritage convention: The case of Yakushima island, *Journal of Marine and Island Culture*, 5(1)：11-13.

# 第10章

## 奄美の世界自然遺産登録と観光利用
### ―エコツーリズムの側面から―

宋　多情

## 1. はじめに

　奄美大島、徳之島、沖縄島、西表島の4島は、2020年夏の世界自然遺産登録を目指している。政府は、2017年2月に推薦書をユネスコ世界自然遺産センターに提出し、同年10月にはユネスコの諮問機関であるIUCN（国際自然保護連合）によって現地調査が行われた。しかし、2018年5月に登録延期の勧告を受け、推薦を一旦取り下げることになった。2019年2月、政府は推薦内容を変更した推薦書を再提出した。そして、10月5日から12日、IUCNの専門家2人が来日し、8日に徳之島、9日から10日にかけて奄美大島で現地調査が行われた。現在、奄美群島は世界遺産に認定されるのか否かの瀬戸際にある。

　奄美群島では、世界自然遺産登録を、観光振興・地域振興にとって好機と捉えている。近年、人口減少、高齢化、一次産業や大島紬などの製造業の低迷、雇用状況の悪化など、社会・経済面での停滞傾向が見られ、世界自然遺産登録による地域の社会・経済への波及効果が期待されている。観光面では、知名度の向上による観光入込客数の増加が予想されるが、それが一過性にならないために、また、自然環境を保全しながら持続可能な利用方策を検討する必要性が示されている。こうした条件にふさわしいものとして、環境に配慮した観光であるエコツーリズムが提案されている（奄美群島エコツーリズム推進協議会 2017）。

　そこで、本章では、世界自然遺産に結びつけられたエコツーリズムに焦点を当て、奄美群島の世界自然遺産推進の経緯と、エコツーリズムの成立過程を明らかにする。また、奄美大島における初期のエコツアー商品化、および、地域住民が主体となる徳之島のエコツーリズムを、具体的な事例として紹介

したい。

## 2．世界自然遺産推進のはじまり

　「奄美を世界自然遺産へ」の動きは、2000 年代から始まっている。鹿児島県は、2001 年の『21 世紀新かごしま総合計画』（平成 13 年度〜平成 15 年度）において、奄美地域の世界自然遺産登録を目指すことを、重要な施策のひとつとして挙げている（鹿児島県 2001）。2003 年 5 月には、環境省と林野庁が設置した「世界自然遺産候補地に関する検討会」で、知床・小笠原諸島とともに、琉球列島が候補地に選定された。奄美群島を含む琉球列島は、ユーラシア大陸の縁が島嶼化した独特な地史を有し、極めて多様で固有性の高い亜熱帯生態系や珊瑚礁生態系を有している点、また、優れた陸上・海中景観や絶滅危惧種の生息地となっている点が評価され、世界自然遺産の登録基準に合致する可能性が高い地域として判断された。

　同年 9 月には、前述した鹿児島県の総合計画の中で、世界自然遺産登録を見据えた事業として取り上げている『奄美群島自然共生プラン』が策定された。奄美群島自然共生プランは、従来の自然に対しての価値基準を転換し、人と自然との共生を目指した地域づくりを基本方針としている（鹿児島県 2003）。具体的な施策としては、サンゴ礁と海岸の保全、希少野生動植物と森林の保全、身近な自然の保全などが掲げられた。観光資源としての活用には、環境保全型自然体験活動、つまり、エコツーリズムの推進が施策に取り入れられた。このような「世界自然遺産」や「人と自然との共生」といった考えは、2004 年からの「奄美群島振興開発事業」にも反映され、これまでの観光開発とは異なる方向性を持つ施策が展開されるようになった。振興開発事業におけるエコツーリズムは、世界自然遺産候補地としての価値が損なわれることのないよう保全に配慮しつつ、自然環境や伝統・文化を有効に活用することで観光等の地域振興を図ることを目的としている（鹿児島県 2008）。

## 3．世界自然遺産とエコツーリズム

### (1) エコツーリズムの普及

　振興開発事業ではエコツーリズムを、「自然環境や歴史文化を対象とし、それらを体験し学ぶとともに、対象となる地域の自然環境や歴史文化の保全に責任を持つ観光のあり方」と定義する（鹿児島県 2008）。エコツアーはその考え方を実践するためのツアーである。そもそもエコツーリズムは、1970年代に、従来の大衆観光がもたらした自然環境の破壊やホスト社会への影響などの反省から、それに代わる観光として提唱された。地球環境に関する当時の国際的な動きには、1972年の環境問題をめぐる初の国際会議である国連人間環境会議（通称、ストックホルム会議）開催がある。この会議を契機として、世界の文化遺産及び自然遺産の保護に関する「世界遺産条約」（1972年）と絶滅のおそれのある野生動植物の種の国際取引に関する「ワシントン条約」（1973年）が採択された。1980年には、国際自然保護連合（IUCN）・国連環境計画（UNEP）・世界自然保護基金（WWF）が発表した『世界環境保全戦略』において、「持続可能な開発（Sustainable Development）」の考え方が示された。持続可能な開発は、1992年の国連環境開発会議（通称、地球サミット）においても重要なキーワードとして採択された。この理念に基づく持続可能な観光の一つとして、エコツーリズムは位置づけられた。また、国連は2002年を「国際エコツーリズム年」に定め、自然保護と観光業の発展の道具としてエコツーリズムに取り組むことを呼びかけた。

### (2) 日本におけるエコツーリズム

　日本では、1980年代末の小笠原諸島における取り組みが、日本初のエコツアー事例として位置づけられている。1988年、本土復帰20周年事業として母島でホエールウォッチングが行われ、1989年には小笠原ホエールウォッチング協会が設立された。

　1990年代に入ると、エコツーリズムは行政の政策と結びつけられて展開されるようになる。環境庁は、1990〜93年、自然公園におけるガイドつきツアーや野生体験など優れた自然と人とのふれあい体験を実現するための

「自然体験活動推進方策検討調査」を知床、立山、奥日光、八丈島、屋久島で実施した。また、西表島をモデル地区に「沖縄におけるエコツーリズム等の観光利用推進方策検討調査」を行い、西表島におけるエコツーリズムの理念を提案した（国立公園協会・自然環境研究センター 1993）。

　エコツーリズムが政策として本格的に取り入れられるのは、2000 年代に入ってからである。環境省は、全国的なエコツーリズムの普及・定着を目指し、「エコツーリズム推進会議」を設置した（2003 年 11 月）。この会議で議論された内容が、5 つの「エコツーリズム推進方策」にまとめられ公表された（2004 年 6 月）。さらに、2007 年 6 月には、エコツーリズムに関する施策をより効果的に推進するために、「エコツーリズム推進法」が制定された。一方、民間の自然保護団体や関連する組織でも、海外のエコツーリズムを踏まえ、それぞれの立場からエコツーリズムを定義し、実践のための指標を示した。各団体や組織が定義するエコツーリズムについては、次の表 1 に示す。

表 1　エコツーリズムの定義

| 時期 | 組織・団体 | 出典 | 定義 |
|---|---|---|---|
| 1994 | 西表島エコツーリズム協会 | 西表島エコツーリズム・ガイドブック | 訪問先の自然環境を破壊することなく、その土地特有の自然・生活文化などの資源を持続させていくような旅行の概念。 |
| 1994 | 日本自然保護協会 | エコツーリズムガイドライン | 旅行者が、生態系や地域文化に悪影響を及ぼすことなく、自然地域を理解し、鑑賞し、楽しむことができるよう、環境に配慮した施設および環境教育が提供され、地域の自然と文化の保護・地域経済に貢献することを目的とした旅行形態。 |
| 1996 | (財)自然環境研究センター | 屋久島エコツーリズム・ガイドブック | 訪問先の自然や文化を傷つけないように配慮しながら、そのすばらしさをより深く体験し、楽しむ観光。 |
| 1998 | (社)日本旅行業協会 | JATAエコツーリズムハンドブック | 自然観察を中心としてその土地に存在する生態系(エコロジー)を守り、そのインパクト(悪影響)を最小限にしようとするツアーを実践する運動である。 |
| 1999 | エコツーリズム推進協議会 | エコツーリズムの世紀へ | 資源の持続なくして観光は成立せず、地域住民の参画なくして資源は守れず、経済効果なくして住民の参画は望めず、という三つの認識の上に成り立つ、観光産業と自然保護、地域振興の歩み寄りと融合のかたち。 |
| 2003 | 鹿児島県 | 奄美群島自然共生プラン | 環境保全型自然体験活動(エコツーリズム)とは、資源の持続なくして、観光は成立しないこと、地域住民の参加なくして資源の保全は困難であること、経済的な効果なくして住民の参画は期待できないことを認識して、地域の資源の保全、地域の資源を活かした観光の成立及び地域の社会経済の活性化を適切なバランスのもとに実現しようとする考え方。 |
| 2004 | 環境省 | エコツーリズム推進方策 | 自然環境や歴史文化を対象とし、それらを体験し学ぶとともに、対象となる地域の自然環境や歴史文化の保全に責任を持つ観光のありかた。 |
| 2007 | | エコツーリズム推進法 | 観光旅行者が、自然観光資源について知識を有する者から案内又は助言を受け、当該自然観光資源の保護に配慮しつつ当該自然観光資源と触れ合い、これに関する知識及び理解を深めるための活動。 |

　以上を踏まえ、筆者は、エコツーリズムを、持続可能な観光の一形態であり、ガイドとともに自然を観察・体験しながらその地域の自然環境及び歴史・文化を理解する観光概念であると定義する。

## (3) 奄美群島のエコツーリズム推進事業
### ①ガイド組織づくり

　2007 年、奄美群島 12 市町村の全群島的な業務を担当する行政組織である、奄美群島広域事務組合（以下、広域事務組合）に世界自然遺産推進係が編成された。そこから、世界自然遺産と関連づけられたエコツーリズム推進事業が群島内で実施されるようになった。広域事務組合は、環境省の考え方（エコツーリズム推進法）に基づいて、エコツーリズム推進事業を展開した。広域事務組合が最初に取り組んだのは、世界自然遺産の先例である屋久島と知床の現況把握とガイド組織づくりの必要性を検討することであった。ここで言うガイドとは、前述した国の政策との関係から「エコツアーガイド」と位置づけられる。広域事務組合は、屋久島の事例を参考に、エコツアーガイド登録・認定制度の土台作りを試みた。屋久島は、既に 2006 年から「屋久島ガイド登録制度」を始めていたが、登録していない島外在住のガイドが多く存在していた。広域事務組合による群島全体をまとめるガイド制度作りは、利害関係者の間に生じる摩擦を少なくすることを念頭に置いていた。

　広域事務組合は、まず奄美大島で活動するエコツアーガイドや関連する事業者、自然観察会、自然保護団体などの専門家に助言を求めた。島内に一本化したガイド組織を作るということに対して、ダイビング事業者たちは肯定的な反応であった。ダイビング事業者の場合、既にある程度、島内の事業者の組織化が進んでいた。インストラクターのライセンスを取得するために時間と手間がかかることはもちろん、開業するには、その地域のダイビング事業者組織のルールを守る必要がある。奄美大島の場合、瀬戸内町海を守る会（2001 年）、龍郷ダイビング組合（2002 年）、奄美ダイビング事業者組合（2004年）という組織が既に存在し、以前から事業者同士にある程度の連携が図られていた。さらに、海上保安庁の奄美群島地区スキューバダイビング安全対策協議会（1989 年）にてほとんどの事業者が集結していた。

　これに対して、陸域を中心に活動していた組織としては、奄美の自然を考

える会（1986 年）、奄美野鳥の会（1988 年）、奄美哺乳類研究会（1989 年）、環境ネットワーク奄美（1995 年）があったが、活動分野が様々であることから具体的な連携はほとんどなかった。また、専業でガイドをする人が海の事業者に比べると圧倒的に少ないため、組合などの同業者組織が存在しなかった。

　以上のような海域と陸域のガイドたちの状況を踏まえ、まずは陸域を中心に関係する人々を集めることを最優先にしたガイド組織づくりが始まった。このような陸域重視の取り組みは、世界自然遺産推進において推薦区域となる陸域の自然環境の保護・利用に関する合意形成の必要性も視野に入れたものであった。

　奄美群島 5 島は、それぞれの特徴が異なり、観光に対する取り組みにも違いがあるため、広域事務組合は各島に組織を作ることにした。しかし、同時にガイド組織を作るには無理があると判断し、まず、奄美大島を中心に事業を展開するようになった。その結果、2008 年 10 月 24 日、奄美大島エコツアーガイド連絡協議会が発足した。

　2019 年 12 月現在、奄美大島に 95 人、徳之島エコツアーガイド連絡協議会（2013 年）には 21 人がエコツアーガイドとして登録されている。喜界島は 2013 年に協議会を立ち上げたが、事務局とガイド間に意思疎通が図れず、登録ガイドがいない状況が続いていたが、2017 年から組織の再構築が行われている（登録ガイド 7 人）。沖永良部島は、他の 4 島とは違う組織体制の「沖永良部島エコツアーガイド協会」が 2012 年に設立された（9 団体）。沖永良部島では、ガイドたちが主体的に組織を運営しており、協会に登録するために必要な条件が他の島と異なる。与論島は、組織のない状況が長く続いていたが、2017 年にヨロン島エコツアーガイド連絡協議会が立ち上げられた（登録ガイド 39 人）。喜界島と徳之島では、事務局を設立当初から各島の役場に置いていたが、奄美大島は、同島に拠点を置いている広域事務組合が直接運営していた。2019 年 5 月、奄美大島の事務局を奄美市商工観光部紬観光課に移転した。

②エコツーリズムの制度化

　こうしたガイド組織の構築を皮切りに、エコツーリズムがより制度的に広く展開されていく。広域事務組合を中心に行われた、環境省のエコツーリズ

ム推進法に基づいた「奄美群島エコツーリズム推進協議会」の設置（2014
年 3 月 28 日）と「奄美群島エコツーリズム推進全体構想」の作成・認定（2017
年 2 月 7 日）がこれに当たる。エコツーリズム推進協議会とは、エコツーリ
ズムを推進しようとする地域の市町村において、事業者や地域住民、NPO
法人、環境や観光の専門家、土地所有者、関係行政機関等で構成する推進組
織のことを言う。エコツーリズム推進全体構想とは、エコツーリズムを推進
する地域、対象となる自然観光資源、実施方法などを定める計画である。作
成した全体構想は、主務省令で定められたことで、主務大臣（環境大臣、国
土交通大臣、文部科学大臣、農林水産大臣）の認定を申請することができる。
国の認定を受けるメリットとしては、地域資源の保護、立入りの制限、広報
を挙げている。特に、自然観光資源や地域文化・生活の保全、利用体験の質
の確保が困難な状況が生じた場合、特定自然観光資源や市町村の条例など強
制力を持ったルールを設定し、法的な保護措置を設けることができるといっ
た内容である（奄美群島エコツーリズム推進協議会 2017）。つまり、地域の
取り組みを全国に宣伝するといった広報の面を除くと、これらのメリットは、
行政サイドにとってのものであり、エコツーリズムをより政策的・制度的に
構築するためのツールとして利用できることにある。

　広域事務組合は、全体構想の中に「エコツアーガイドの登録・認定制度」
を設けることで、奄美群島におけるガイドの位置づけを確立した。登録認定
制度は、研修生、登録ガイド、認定ガイドの 3 つの段階で構成されている。
まず、エコツアーガイド研修の入門編として、エコツアーガイド初期段階育
成研修を受講することができる。研修は、エコツアーガイドに興味のあるほ
か、実際にエコツアーガイドを目指す人がガイドに関する知識や技術を習得
するためのものである。年 5 回開催される、座学と野外での実践が含まれた
2 年間の研修を一定数受講すると修了となる。研修が開始した 2014 年度か
ら 18 年度までに群島全体で 203 人が修了した。4 期目となる 2019 年度には、
計 118 人の申し込みがあった（奄美大島は 50 人、喜界島 12 人、徳之島 31 人、
沖永良部島 7 人、与論島 18 人）。世界自然遺産登録を目前にして、登録後に
予想される観光客の増加と、それに伴うガイドの需要の高まりを意識して、
ガイド業に興味を持つ人が増加していると考えられる。

　登録ガイドになるには、7 つの基準を満たす必要がある。基本的に群島全

体に適用される基準であるが、奄美大島の場合は以下のような基準がある。①奄美大島に直近２年以上居住していること。②奄美大島で１年以上のガイド実務実績を有しており、奄美群島認定エコツアーガイド（奄美大島）からの推薦があること。③エコツアーガイド初期段階育成研修を修了している、または、次回開催の研修を受講し、修了すること。④プロフィールなどの情報公開に応じること。⑤傷害保険及び活動中の過失責任による賠償責任保険に加入していること。⑥救命・救急法について最新の情報に基づく技量を有していること。⑦各種法令とともにガイドの際にかかわる自主ルールについても遵守すること。

　①奄美大島に２年以上居住という条件は、登録者の人柄や地域の人々との関係性は２年ほど経つと分かるようになるからだという。しかし、居住歴２年を満たしてない人がガイド業を行うことに、法的な規制をかけることはできない。③研修の受講においても同様で、受講していなくてもガイド業をするには法的制限がないため、全てガイド個人の判断に任せるしかない。こうした条件を満たしていなかったとしても、最低限、安全管理（保険の加入と救命講習）ができていれば営業を認めざるを得ない。特に、ダイビング事業者は、インストラクターの資格を取得しているので、⑥を満たすことはもちろん、研修内で行われる救命講習をあえて受講する必要がない。登録基準をめぐるこのような状況は、未登録ガイドの増加といった逆効果をもたらす場合もあるので、各島におけるガイドの特徴を反映した細かい基準も検討する必要があると思われる。

　エコツアーガイド認定制度は、2017年１月26日の奄美群島エコツーリズム推進協議会にて承認された。2017年度に、運用・審査部会による審査が行われ、奄美大島46人、徳之島８人、沖永良部島８人が奄美群島認定エコツアーガイドとして、３年間の認定資格が与えられた。2019年10月現在、奄美大島53人、喜界島３人、徳之島14人、沖永良部島９人、与論島６人のエコツアーガイドを認定している。

　広域事務組合は、エコツーリズムの制度化を通じて、自然保護と観光振興の両立と、質の高いガイドの確保を試みた。これらのガイド組織は、自然環境の適切な利用のために自主ルールを制定するとともに、自主研修会を実施している。また、地域環境の保全に貢献できるよう、外来種駆除作業や清掃

活動なども継続的に展開している。

## 4．奄美大島エコツアーの始まり―マングローブ林と金作原国有林―

　奄美大島で体験できるエコツアーとしてよく知られているのは、ダイビング、シュノーケリング、シーカヤック、ホエールウォッチングなど、海のアクティビティである。一方、森や川などの陸域の自然環境で行われるものとしては、マングローブカヌー、金作原国有林の散策、アマミノクロウサギを始めとした夜の野生動物を観察するナイトツアー、バードウォッチングなどがある。本章では、世界自然遺産との結びつきを考えるために、後者に焦点を当てる。特に、初期のエコツアーとして位置づけられるマングローブカヌーと金作原国有林の散策を、ガイドたちはどのように観光商品化したのかを明らかにする。

　奄美大島のマングローブ林は、島の中部に位置する住用町の住用川と役勝川の河口に広がっており、西表島に次ぐ日本国内 2 番目の面積（約 71ha）を有する。マングローブは、熱帯・亜熱帯の潮間帯や汽水域に生育する植物の総称であり、奄美大島ではオヒルギとメヒルギが主に見られる。また、マングローブ林が発達した汽水域はリュウキュウアユの稚魚の重要な生息環境であり、特有の生態系が形成されていることで、奄美群島国定公園の特別保護地区（1974 年）と奄美市の天然記念物（1992 年）に指定された。そして、2017 年に指定された奄美群島国立公園においても特別保護地区となっている。

　観光利用に関しては、1973 年 6 月発行の観光ガイドブック『太陽とさんご礁のふるさと奄美』に「ヒルギの群生地」として紹介されていることから、景勝地としての扱いは長いことがわかる（鹿児島県大島支庁 1973）。

　マングローブ林でカヌーを利用したガイド業を最初に始めたのは、1994年創業の「アイランドサービス」である。1993 年、創業者の荒田政行氏がリゾートホテルばしゃ山村からシーカヤックを借りて、マングローブ林の水路を回ったのがその始まりである。観光遊覧船と貸しボートの営業をしていた「マングローブ茶屋」（1974 年創業）でも 1994 年以降にカヌーを導入する。1997 年には瀬戸内町で「海風舎」が創業され、カヌー業が始められた。瀬

戸内町のリゾートホテル、マリンステイション奄美のダイビングインストラクターであった國宗裕一氏と弓穂氏は、瀬戸内町から笠利町の空港までお客さんを送迎する際に、通り道にあるマングローブ林を陸上から見せて説明をしていた。2人は独立して「海風舎」を創業、荒田氏の影響とシーカヤックの経験を生かしてマングローブ林でカヌー業を始めた。國宗氏夫婦は、海をメインにしていたので、マングローブカヌーは他の事業者に比べ小さい規模で運営していた。1997年半ばには、龍郷町のリゾートホテル「カレッタハウス」が、アイランドサービスの店の近くにある建物を借りてマングローブ林利用の拠点とした。1998年創業の「観光ネットワーク奄美」もマングローブ林でのカヌー業を行ってきた。

　このように、1990年代には既に民間の5社がマングローブカヌーを観光商品として利用していた。その後、2001年に、旧住用村が奄美群島振興開発事業の非公共事業の一つとして第3セクター方式の観光施設「マングローブパーク」をオープンする。当初、リュウキュウアユが観察できる展示館が中心コンセプトであったが、事業の企画段階でマングローブカヌーが追加され、船着場が整備された。マングローブパークができたことで、地元の住民も、マングローブ林が当たり前の風景ではなく、観光に利用できる自然環境であることを認識するきっかけとなった。

　金作原国有林は、奄美市名瀬大字朝戸から住用町大字城（ぐすく）にわたって広がっている森林地域の一部である。観光の場面では金作原原生林という名称が用いられているが、厳密に言うと過去に伐採されたことのある二次林で、一部は約30年前まで伐採されていた。現在、観光に利用されている区域は、約150年前まで伐採されていたが、回復し、奄美大島の中で最も原生的な風景が見られる自然環境の一つとして位置づけられている。鹿児島県は、金作原国有林の一部を金作原鳥獣保護区（1997年）に指定した。奄美群島国立公園の認定の際には、この全てのエリアが特別保護地区から第1種特別地域、第2種特別地域に指定されている。また、奄美群島持続的観光マスタープラン（2016年）では、利用の適正化を目的とし、利用ルールを設定する検討対象地域として、金作原周辺が選定され、2019年2月27日からこの運用が開始された。それゆえ、ガイド同行、車両台数・人数の調整、通行規制が実施されている。

　奄美大島の森林と観光の結びつけは、1991 年 12 月に公開された奄美大島の観光ポスターがきっかけとされている。奄美大島出身の写真家浜田太氏が金作原原生林で撮影したもので、1990 年に奄美市紬観光課が行ったポスターの企画コンペティションで選ばれた。当時、奄美大島の観光イメージは、青い海や白い砂浜という南の島ではありがちなものであり、森林に関心が持たれることはあまりなかった。特に、奄美大島の森には毒蛇のハブが生息しており、安全面においても観光には適してないという固定観念で捉えられていたため、森をイメージした観光ポスターは初めてであった。ポスターが観光 PR に使用されてから、その背景となる撮影場所の問い合わせや、旅行客がタクシー運転手に撮影場所への案内を願うこともしばしばあったという。

　ガイド事業者によるツアー商品としての利用は、前述したマングローブと同様に、アイランドサービスが最初（1994 年）である。マングローブカヌーと組み合わせられる新しい企画を考えていた荒田氏は、名瀬を紹介するパンフレットに掲載されている金作原原生林の小さな写真を、その時初めて見たという。実際に行って歩いてみると珍しい雰囲気だったので、植物などに詳しくない観光客でも、歩いてもらうだけでいいツアーになると思い、金作原原生林散策をメニューに入れるようになった。また、観光ネットワーク奄美（1998 年）でも、奄美の魅力をよく感じられる、大人数では行くことができない場所として、金作原原生林に注目し、コースづくりを行った。

　以上、奄美大島のエコツアーとして位置づけられている二つの観光商品の成り立ちを明らかにした。1990 年代の初期のガイドたちは、これまでほとんど注目されていなかった陸域の自然環境を観光資源として捉え、アウトドア体験や自然体験ツアーなど、独自のツアー形式を確立していた。それが後に行政のエコツーリズム推進の中でエコツアーとして位置づけられるようになる。

## 5.　理想的なエコツーリズムの在り方—徳之島虹の会の事例から—

　徳之島のエコツーリズムは、2012 年頃から NPO 法人徳之島虹の会（以下、徳之島虹の会）が中心となって展開されてきた。徳之島虹の会は、地域住民が主体となって島のことを知り、さらに、島の子どもたちへ伝える環境

教育及び自然保護活動に重点を置いた民間組織である。2009 年頃、多様な分野の地域活動に関わる、様々な職業と背景を持つ 12 人が集まった。彼らは、島内で開催されるイベントや講演などで遭遇することが多かったため、徳之島の現状や課題などの話し合いをするようになった。そこから、自分たちの島のことを自ら考えようと、2011 年 4 月 NPO 法人を立ち上げた。2019 年 10 月現在、95 人が会員として活動しており、そのうち約 6 割が徳之島の住民である。設立当時は主に、島内の清掃活動を行っていたが、勉強会や観察会を重ね、知識の習得にも力を入れるようになった。現在、会の活動は徐々に増え、ボランティア清掃活動、自然保護パトロール、出前授業、講演会・学習会、自然観察会、行政からの委託事業・協議会の参加、調査研究の協力、エコツーリズムの推進などを実施している。中でも、委託事業による調査活動は 2012 年から行っており、鹿児島県の希少植物調査と希少植物保護活動（工事の対象となる区域に自生する、固有種など絶滅危惧植物の移植作業）、環境省奄美野生生物保護センターの野生生物モニタリング調査（アマミノクロウサギを始めとする希少動物とノネコの生態と活動状況を調査するための定点カメラ設置と点検作業）を実施した。2013 年からは、定点カメラによる調査結果をもとに、ノネコ捕獲調査を行っている。こうした活動によって、徳之島虹の会は、行政が設けた自然保護に関連する協議会との連携協力を図りながら、徳之島の自然環境の保全を担う地域組織として位置づけを確定させた。

　子ども向けの環境教育を積極的に推進していることも、徳之島虹の会の特徴である。徳之島に来る研究者や専門家などと連携して、学校での出前授業を行っている。他に、林道の動植物観察会、海岸のエコツアー、星空観察会、集落歩きなどを主催して、充実した環境教育を実践している。このような活動は、子どもに限らずあらゆる世代を対象としており、地元の人々に参加を呼びかけている。社内研修や地域女性連、青年団などの地域コミュニティ向けに出前講座を行うことも多いが、何より、誰でも自由に参加できる講演会や学習会を通じて、広く一般の人々に徳之島の価値を伝えようとしている。

　徳之島虹の会におけるエコツーリズム概念の導入と展開は、広域事務組合のエコツーリズム推進がきっかけとなっている。徳之島では、エコツーリズム推進の初年度となる 2012 年度に、エコツアー対象地点調査と 4 回のエコ

ツーリズム推進協議会を実施した。徳之島虹の会は、広域事務組合によるエコツーリズム推進の初期段階から重要な役割を担ってきた。また、広域事務組合の事業とは別に、独自にエコツアーコースの構築とガイド自主研修を兼ねた活動を開始した。さらに、旅行会社が企画したエコツアーの受け入れや徳之島虹の会主催のエコツアーを実施するなど、ガイド実績を重ねてきた。徳之島エコツアーガイド連絡協議会の設立（2013 年）においては、会員 8 人が登録ガイドになった。そして、徳之島虹の会の美延睦美氏が連絡協議会の会長に就いた。それから、「平成 25 年度世界自然遺産登録対策事業」の助成金を受け、「虹の会エコツアーガイドのための徳之島エコツアーガイドブック」を制作した。徳之島虹の会におけるエコツーリズムは、広域事務組合が設けたガイド制度の枠組みやエコツアーガイド連絡協議会の定めにもとづいているが、彼らが実践するエコツアーの内容は、今までの会の様々な活動から生み出されたものである。それは、観光振興を目的とはしない自然保護を優先する点に独自性がある。

　徳之島虹の会は、自然保護に根差した地域住民向けの組織である。世界自然遺産登録後、観光客による自然破壊を懸念して、「自分たちがきちんと森を案内できるようになり、自然を守りたい」という考え方を持つようになり、広域事務組合の取り組みに賛同した。2012 年から現在に至るまで、徳之島虹の会は、徳之島におけるエコツーリズム推進の担い手として活動を続けてきた。2017 ～ 18 年度には、広域事務組合の「奄美群島民間チャレンジ支援事業」に採択され、雇用創出に繋がるエコツアーガイド育成とツアー商品開発のための研修講座を行った。徳之島の自然と人々の暮らしを地域資源として活用し、質の高いエコツアーガイドを育成し、環境保全や自然保護を意識したツアー商品の開発によるリピーターの獲得を目的とした。また、事業の成果として、2017 年度に徳之島エコツアーガイドのホームページを作成し、2018 年度には新しいガイドブック「徳之島エコツアーガイド BOOK」を制作した。事業は 2 年で終了したが、新しいガイドの育成と既存ガイドの質の向上に関しては、今年度も自主的に取り組みを進めている。

## 6．おわりに

　以上、奄美群島における世界自然遺産推進の経緯を、観光利用の側面に注目して整理した。エコツーリズムは、自然環境を保全しながら持続的に利用できるという点から、環境省をはじめとする行政サイドにより世界自然遺産にふさわしい観光として位置づけられてきた。これを踏まえ、広域事務組合は、質の高いエコツアーを提供する担い手として、ガイドの育成と組織化に力を入れてきた。

　奄美群島におけるエコツーリズムは定着しつつある。しかし、観光や地域振興をめぐる近年の動きは、世界自然遺産登録に向けて保護と保全を語りながらも、開発主義的な地域づくりに重点が置かれている。「人類共通のかけがえのない財産として、将来の世代に引き継いでいくべき宝物」である世界遺産の本来の意義を忘れず、かけがえのない奄美の自然を大切に保全・利用し続けてほしい。

### 引用文献

奄美群島エコツーリズム推進協議会（2017）『奄美群島エコツーリズム推進全体構想』奄美群島エコツーリズム推進協議会．鹿児島：72.

エコツーリズム推進協議会（1999）『エコツーリズムの世紀へ』エコツーリズム推進協議会．東京：319.

海津ゆりえ・金坂留美子編（1994）『ヤマナ・カーラ・スナ・ピトゥ―西表島エコツーリズム・ガイドブック』西表島エコツーリズム協会．竹富町：111.

鹿児島県（2001）『21世紀新かごしま総合計画―共生ネットワークで築く心豊かで活力あふれる「かごしま」第 1 期実施計画』鹿児島県．鹿児島：421.

鹿児島県（2003）『奄美群島自然共生プラン』鹿児島県．鹿児島：200.

鹿児島県（2008）『奄美群島振興開発総合調査報告書』鹿児島県．鹿児島：262.

鹿児島県大島支庁（1973）『太陽とさんご礁のふるさと奄美』奄美群島観光連盟．鹿児島：207.

国立公園協会・自然環境研究センター（1993）『自然体験活動推進方策検討調査報告書』平成 4 年度．国立公園協会．東京：148.

宋多情（2018）『島嶼のエコツーリズムと世界自然遺産―奄美群島の事例を中心に

　　　一』鹿児島大学大学院人文社会科学研究科博士論文〔未公刊〕

日本自然保護協会（1994）『NACS-J エコツーリズム・ガイドライン』日本自然保
　　　護協会. 東京：93

真板昭夫・依田宏・宮川浩・海津ゆりえ・山下光子（1996）『山に十日・海に十日・
　　　野に十日―屋久島エコツーリズム・ガイドブック』自然環境研究センター.
　　　東京：47.

ローリー・ルーベック編（1998）『JATA エコツーリズム ハンドブック：エコツ
　　　ーリズム実践のためのガイド』日本旅行業協会. 東京：145.

# 第 11 章

## 世界自然遺産登録問題とメディア、住民意識

宮下正昭

## はじめに

　鹿児島県の奄美大島と徳之島が沖縄県の沖縄本島北部、西表島とともに世界自然遺産登録の候補地になったのは 2003 年だった。このとき政府は知床（北海道）、小笠原諸島（東京都）も候補地に挙げ、知床は 2005 年、小笠原諸島は 2011 年に遺産登録される。取り残された形の「奄美・沖縄」。政府は 2017 年、ユネスコに登録推薦を出すが、現地調査したユネスコの諮問機関・国際自然保護連合（IUCN）は翌 18 年、登録延期を勧告する。登録予定地の飛び地や希少動物・アマミノクロウサギをノネコからどう守るかという問題などが投げかけられた。19 年 2 月、政府はそうした課題をほぼクリアできたとして推薦書を再提出。ようよう 2020 年夏の登録実現を目指している状況だ。

　元々、奄美の人々にとって登録問題は降って湧いたような話だった。しかも登録される予定なのは、これまでもっぱら売りにしてきた白いリーフに囲まれた青い海ではなく山。奄美大島、徳之島に生息する希少な動植物だった。これまで島の人々はことさらその保護を意識することなく、島の生活を営んできた。その島が世界自然遺産に登録される⁉　過疎に悩む地元では地域振興につながると期待が膨らむのも仕方ない面があった。登録に向けて国立公園化など準備が進められるなか、一方で陸上自衛隊の誘致も奄美大島では 2013 年ごろから展開された。防衛の必要性からというよりこちらも地域振興の一環という地元の捉え方と言っていい。トントン拍子で造成など進み、2019 年 3 月、奄美市と瀬戸内町にミサイル部隊が開設される。

　世界自然遺産登録と陸自駐屯地誘致が同時並行して展開され、遅れてきた陸自の方が先行し、次は遺産登録を待つ奄美。人々の思いはどのようなもの

なのだろう。地元紙・南海日日新聞社（本社・奄美市）の協力をもらって
2015 年 10 月から 11 月にかけて住民意識調査を奄美大島と徳之島で実施し
た。記者 9 人がイベント会場などに出向き、面談形式で質問、奄美大島で 65 人、
徳之島で 35 人から聴取している。このときはまだ 2018 年夏の登録を目指し
ているころで、陸自の駐屯地計画は徐々に進んでいる状況だった。この論考
を書いている現在（2019 年）と時間差は 4 年あるが、聴取した記者たちは
島の人々のさまざまな意見も聞き出している。その中身は今なお色褪せない。
同じ 2015 年の 9 月、筆者は奄美在住の記者や識者計 10 人から遺産登録を控
えた奄美のありようを尋ねている。こちらも今なお傾聴に値する話が多い。

　奄美の人々が世界自然遺産登録をどうとらえているのか。登録への思い、
陸自駐屯地の存在、アマミノクロウサギ保護のためのノネコ対策、保護や規
制の対象にはなっていないが奄美・沖縄の固有種であるハブ、そして将来に
対する奄美の課題に絞って紹介したい。メディアのありようについても住民、
記者自身の意見を披露したい。世界自然遺産登録を控えた奄美の今を考える
参考になると願って。

## 1．降って湧いた登録話

　南海日日新聞の記者が意識調査した住民は、10 代（高校生）が 11 人、20
代 12 人、30 代 14 人、40 代 19 人、50 代 20 人、60 代 18 人、70 代 5 人、80
代が 1 人の計 100 人。一般の世論調査のような無作為抽出ではないが、記者
たちがイベント会場などに出向き、外見上の年代だけは配慮して、ほぼ無作
為に面接式で行ったものであることから一定の評価はできる。多くの住民が
意見も述べており、以下ではその内容も紹介する。住民の年齢、職業は聴取
当時（2015 年 10 ～ 11 月）のものである。筆者が 2015 年 9 月に取材した 10
人は以下の通りだ。肩書は当時で、現在（2019 年 10 月）と違う人はカッコ
内に記す。南海日日新聞社編集局次長（現・編集局長）・久岡学さん（1960
年生）、奄美新聞社取締役編集長・徳島一蔵さん（1962 年生）、同社記者（現・
会社員）・油井あづささん（1985 年生）、南日本新聞社奄美総局長（現・本
社編集部副部長）・竹中康雄さん（1963 年生）、朝日新聞社奄美支局長（現・
鹿児島総局記者兼務）・外尾誠さん（1971 年生）、特定非営利活動法人ディ

代表理事兼あまみエフエム放送局長・麓憲吾さん（1971 年生）、東京大学医科学研究所特任研究員・服部正策さん（1953 年生）、自然写真家・常田守さん（1953 年生）、環境ネットワーク奄美代表・薗博明さん（1934 年生）、奄美観光ハブセンター・中本美智子さん（1959 年生）だ。

　まずは奄美の自然について。奄美の人が奄美の自然の貴重さを認識したのはいつごろからなのだろうか。東大医科学研究所の服部さんは「私が意識し始めたのは、1990 年ごろ、WWF（世界自然保護基金）が注目して、海外の研究者が来島するようになってから」という。服部さんは 1980 年末から奄美大島・瀬戸内町にある同研究所でハブなどの研究をしていたが、希少動植物の島という視点はそれまでなかったらしい。1992 年、WWF 日本委員会は名瀬市（現・奄美市）で「第 6 回南西諸島自然保護シンポジウム」を初めて奄美で開催している（『朝日新聞』1992 年 10 月 25 日付）。このとき服部さんの言う研究者らも多く来たのだろう。

　実は、WWF は早くから奄美の自然に関心を示し、当時、総裁でイギリス・エリザベス女王の夫君エジンバラ公が 1984 年、奄美大島を視察している（『朝日新聞』1984 年 10 月 15 日付）。1987 年には同委員会も研究助成した研究員が「森林伐採の影響でアマミノクロウサギなど奄美大島の野生生物が減っている」と警告を鳴らしていた（『朝日新聞』1987 年 2 月 25 日付）。リゾート法（1987 年施行）とバブル経済が相まって 1990 年代、奄美大島でもゴルフ場建設計画が持ち上がると、同委員会は「計画着工前に環境アセスメントを」と要望している（『朝日新聞』1992 年 8 月 6 日付）。

　このころ地元では環境ネットワーク奄美の薗さんや常田さんらがゴルフ場計画に反対する運動を展開した。しかし、計画を推進する側の集会では、一部の首長や議員から「クロウサギは百害あって一利なし。人間の方が絶滅危惧種だ」という発言もあったと南海日日新聞の久岡さん。薗さんらはゴルフ場のための森林開発の認可取り消しを求めて鹿児島県相手に訴訟も起こす（「自然の権利訴訟」）。アマミノクロウサギなどを原告にしたことからメディアも注目した。結果は門前払いだったが、現地検証もした鹿児島地裁は判決のなかで、薗さんらの自然保護の活動を評価した（『南日本新聞』2001 年 1 月 23 日付）。5 年間続いた訴訟の間、「遺産登録をしたら、という話があった。でも当時はまだ地元の人の意識がそこまでなかった」と薗さんは言う。

　環境庁（現・環境省）は当時、すでに世界自然遺産登録を視野に入れており、2000 年には奄美大島・大和村に「奄美野生生物保護センター」を開設している。それでも地元ではまだ多くの人は遺産登録を具体的なものだとは思っていなかったようだ。2003 年 5 月、環境省と林野庁が知床、小笠原諸島とともに世界自然遺産登録の候補に選定すると、薗さんは「びっくりした」らしい。「これまでどれだけ奄振（奄美群島振興開発事業）で自然を壊してきておいて」というのが最初の正直な感想だったという。

### 戸惑いながら歓迎

　そんな薗さんもその後は登録を推進するさまざまな会合のメンバーとして活動している。島の人々が海や山に入って生活を営みながらも、持続可能な生態系を維持してきたことを思い起こし、「島の自然を見直す機運になれば」と登録に期待している。薗さんらと一緒に自然保護運動に取り組む、自然写真家の常田さんも「島の自然を世界が認めてくれ、自然を守りましょうということ。大歓迎です」という。「今までは奄振などで自然を壊してカネを得ていたが、今度は自然を守ったらカネになる。それでいいと思います」

　山に入りハブの生態などを調べている東大医科学研究所の服部さんは、登録候補入りの報に、「登録されたら今までのように自由に山に入れなくなる、困った」と最初は思ったらしい。しかし、今は「地元は観光に期待しているが、自然保護の機運が高まり、各種法的な規制ができることは歓迎」としている。

　それでは島の一般の人々はどう思っているのか。南海日日新聞の記者たちが奄美大島で 65 人、徳之島で 35 人の計 100 人からとったアンケートでは、自然遺産登録に賛成が 70 人で、反対は 8 人、「わからない」が 22 人だった。大半の人々が登録を前向きにとらえていた。

　賛成を年代別にみると、10 代から 30 代が 26 人（聴取者 37 人の 70％）、40 代・50 代が 22 人（同 39 人の 56％）、60 代以上が 22 人（同 24 人の 92％）で、働き盛りの 4、50 代の比率が他の年代に比べると低いのが分かる。登録による規制などで仕事に影響すると考えたのか。「わからない」の 22 人のうちこの 4、50 代が 14 人と 6 割以上を占めている。社会のありようが一番見えている年代だけに、慎重になっているのかもしれない。

　賛成の理由を 3 択で選んでもらったところ、「自然保護を一層進められる

から」が34人、「観光振興につながるから」が34人と同数で、その他が2人だった。「観光振興」が多くを占めるだろうと想像していたので意外な結果だった。登録へ向けたさまざまなイベント、広報、報道などが「自然保護」への関心を高めたのかもしれない。補足して意見を述べた方は、「観光促進」の立場からの人が多く、「経済効果があるなら」（天城町、漁業男性・55歳）、「雇用促進につながり、若い人も増加する」（龍郷、自営業男性・51歳）、「奄美を知ってもらえるいい機会」（瀬戸内町、会社員女性・24歳）。「その他」から「いろいろな面で島が盛り上がる」（奄美市、自営業男性・33歳）という声が寄せられた。

　「反対」8人に、その理由を3択から選んでもらったところ、「観光客が押し寄せ、逆に自然が壊されるから」が2人だった。「将来の開発に制約がかかるから」は1人いた。「その他」では、「住民意識が低い状態で登録を進めてもメリットが低いから」（龍郷町、公務員女性・35歳）、「沖縄と一緒という点は疑問がある。デメリットの説明不足」（奄美市、会社員男性・50歳）という意見も寄せられた。

　地元のメディアに従事する人たちはどうだろう。県内に数多いコミュニティーFMのなかで存在感を出している「あまみエフエム」の麓さんは、「複雑です」という。「評価されることは光栄だけど、島の人たちが価値を見出してくれるか」と思案投げ首だ。「昔の人は自然に対する畏敬の念をもっていた。それが近年なくなってきた。観光ベースになることが心配」と語った。「経済的に突き進むことで何か崩れることになるのでは。（島の共同体としての）協調性、コミュニティーが寸断されることにならないか」。注目されるようになった奄美の「島唄や自然が大事なのではなく、それを形成してきた生活に価値があるとなればいいのですが」という。麓さんは山の自然とともに培われてきた麓の集落の価値観、シマの文化が損なわれないか、心配なのだ。そうしたことを番組などのなかで「討論していかないといけないですね」と語った。

　朝日新聞の外尾さんは奄美着任（2014年4月）後、「週に1回ペース」で山に入り、希少な動植物を精力的に取材していた。登録の是非については、「自然保護のツールとして受け入れた方がベター」という微妙な表現。「島の人たちは自然と共生してきましたが、そこまで自然に関心はなかった。登録

が関心をもつきっかけになれば」と期待する。登録問題が観光などともに語られていることには、「地域振興もセットにしないと恐らく動いていかない。でもそれは放っておいても動きます。登録はそもそも自然保護のためのものです。地域振興にばかり目を向けると、危機遺産になる懸念があります」。

南日本新聞の竹中さんは「登録は奄美にとってプラス。住民の自然保護への意識を高めるでしょう。今は不法投棄が 10 メートルおきにあると言ってもいいくらいですから。観光面でもプラス。地域振興につながる」と話した。

奄美新聞の徳島さんも「登録は大きな魅力だと思います」という。「でもゴミ投棄、希少植物の盗掘など宿命も多い。住民の意識がまだ登録を受け入れるまでに至っていない。多くの人が島の価値に気づいていない。いったん島を出て帰ってきた人は気づきますが」という見方を示した。

もう一つの地元紙・南海日日新聞の久岡さんは、登録候補入りの報に「降って湧いた話だった」と振り返る。「奄美がそんなに大切な所だったのかと環境省と林野庁が気づかせてくれた」。ただ現実に登録に向かうとなると、「奄美は自然と人間との距離が近い。どのような規制、ルールをつくるか難しい。自然と人間の暮らしがマッチした奄美のルールをどう構築するか」と先をみつめる。同紙の報道は、自然遺産問題が出てきて「紙面が劇的に変わった」という。「報道の比重が自然保護に移った。かつては大島紬、公共工事の進捗状況が主だった」からだ。

確かに新聞やテレビで奄美を取り上げるニュースは増えている。目立つのは記者やカメラマンが山に入って希少動植物を紹介するケースだ。特に本土のメディアから山の案内を求められることが増えた自然写真家の常田さんは「社によって温度差はあるが、自然保護への関心が高まるのにマスコミの力は大きかった」という。

新聞記事データベースで「奄美」を検索すると、県紙である『南日本新聞』は、登録候補となる前と後とで分かりやすい。奄美が遺産登録候補に挙がった 2003 年は 1733 件で前の年 2002 年より 163 件増えている。ただこの 2002 年は前年末、奄美沖で沈んだ北朝鮮工作船の引き揚げ問題や奄美の本土復帰 50 年を翌年に控え、「奄美」が急速に増えた年だった。2001 年は 1322 件でそれより前の 1995 年から 2000 年は 1100 件から 1200 件前後で推移していた。候補地になった翌年 2004 年から 2018 年は 1600 件から 1700 件台の年が

多くなっている。『朝日新聞』は北朝鮮工作船問題の 2002 年が 719 件と目立つが、遺産候補地となった 2003 年も 653 件と多い。1990 年代後半が 400 件台だったのに比べ、2003 年以降はだいたい 500 件から 700 件前後となっている。『毎日新聞』も 2000 年以前は 200 件台だったのが、2003 年以降は 300 件から 500 件前後で推移している。こうした傾向はテレビでも同じだと考えて間違いないだろう。

　「奄美」の露出が増えるにつけ、奄美空港と本土を結ぶ路線開設も相次ぎ、現在（2019 年 10 月 5 日）、本土との路線は 1 日に 14 便。沖縄間も 1 便が就航している。奄美大島へ奄美群島以外からの入込客は 2018 年、44 万人を超え、5 年前 2013 年の 1.5 倍になっている。徳之島は 2018 年、8 万 6000 人余りで、5 年前より 1600 人ほど増えている（いずれも鹿児島県観光統計）。順調にいけば 2020 年夏に世界自然遺産登録となる奄美は既に観光で脚光を浴びていると言っていい。自然保護の活動家やメディア関係者が懸念する地域振興優先の空気が広がり、外尾さんが指摘したように、世界自然遺産登録がやがて「危機遺産」へ、とならないためには住民の覚悟が求められると言えるだろう。

## ２．同時進行した自衛隊駐屯

　世界自然遺産登録への準備を国や県、そして地元自治体などが進めているなか、2014 年 5 月、政府は奄美大島に陸上自衛隊の部隊を配備する方針を明らかにする。前年、瀬戸内町が自衛隊の地元誘致を政府に陳情していた。奄美市名瀬に中距離地対空ミサイル部隊（隊員 350 人）、瀬戸内町に地対艦誘導ミサイル部隊（隊員 210 人）。家族を合わせると約 1000 人が島に住むことになるらしい（『南海日日新聞』2019 年 1 月 13 日付）。ちなみに奄美市の人口は約 4 万 3000 人（2019 年 9 月現在）。瀬戸内町は約 8900 人（同 8 月現在）だ。「経済効果は年 5 億円以上」という推計もあるという（『西日本新聞』2016 年 7 月 5 日付）。

　「自然遺産登録を目指す行政が自衛隊を誘致した。何を考えているんだ」と怒るのは環境ネットワーク奄美の薗さん。「自然を壊す最たるものが戦争です」。その薗さんは住民 31 人とともに 2017 年 4 月、「平和的生存権が侵害される」と陸自部隊の建設差し止めを求めて鹿児島地裁に仮処分申請する。

翌 18 年 4 月、地裁は「具体的危険性はない」と申請を認めず、福岡高裁宮崎支部も同年 12 月、訴えを退けた（最高裁へ上訴せず）。

　奄美市名瀬のゴルフ場に隣接した造成地を整備し、瀬戸内町では町有地の山林を切り開いた二つのミサイル部隊はいずれも自然遺産の登録予定地からは外れている。建設工事は順調に進み、2019 年 3 月、開設された。隊員らの島入りでは沿道で日の丸を振って歓迎する住民も少なくなかった。一方、市民有志が 2018 年 4 月と 9 月の 2 回、奄美市名瀬の市街地で行った街頭シール投票ではそれぞれ 76.6%、79.7% が「奄美に自衛隊基地は不要」に投じた（『奄美新聞』2018 年 4 月 23 日付、同 9 月 18 日付）。

　「自然遺産と共存できるのか」。南海日日の久岡さんは、2019 年 4 月 8 日付の同紙「論説委員の視点」にこのような見出しを付けて問題提起している。「ミサイル搭載車は夜間移動が多く、野生生物との事故は十分起こり得る」「自然遺産の登録地に自衛隊は合わない。環境省は自然遺産登録に積極的だが、その応援団が離れていこうとしている」という識者の声を紹介し、「世界自然遺産を目指す島ならではのチェック体制を強化したい」と結んだ。久岡さんは 2015 年当時、筆者の取材でも、奄美大島で最近、自衛隊の演習が多いことを話し、「この間の演習でもジープが夜中、林道を走っていた」と希少動物の輪禍を懸念していた。「奄美のもろい自然が耐えられるか。報道機関として監視しなければならない」と地元紙としての姿勢を明らかにした。

　朝日新聞の外尾さんは「登録には影響ないと思うが、奄美の姿勢としてはマイナスの発信をすることになるのでは。私のようなヨソ者からすると、遺産も基地もと両方ともというのは虫がいい気がします」と感想。「訓練のときの交通規制など遺産の島としてハードルを上げることはできるのでは」と付け加えた。南日本新聞の竹中さんは「ジープの走行などかなり規制がかかるのでは」と予想した。

　あまみエフエムの麓さんは「国が抱えている問題をこの島で解決？　理屈はわかるけど距離感がありすぎて……」と正直な思いを吐露した。さらに、「経済効果に期待しているのでしょうが、過去もそうなってこなかった。結局、島の人たちは出て行った。その場しのぎではなく、もっと長期的、間接的な視点で」と注文を付けた。

　東大医科学研究所の服部さんは、「（先に登録された）知床の場合は自衛隊

基地が元々あった。奄美の場合は誘致。マイナスですよ。ユネスコは平和好き」
と残念がる。取材当時は部隊設置の工事はまだ始まっていなかった。「造成
工事などで地面が振動する。アマミノクロウサギは振動が大嫌いです」。服
部さんによると、二つの部隊立地周辺の山にもアマミノクロウサギは多数生
息している。部隊開設となった今、影響があっただろうか。

　では、住民の意識はどうだろう。南海日日新聞社が2015年に行った住民
アンケートではまだ計画段階だった。「計画は世界遺産登録に向けて影響が
あると思いますか」という問いに対し、4択で答えてもらった。「全く関係
ない」が100人中の14人で、「多少影響」が47人、「大いに影響」14人、「分
からない」が25人だった。この質問では、部隊が設置される奄美大島と設
置されない徳之島とで反応が分かれた。「全く関係ない」と答えた徳之島の
人は35人中7人で20%、「多少影響」と「大いに影響」を合わせた数は16
人で46%、「分からない」が12人の34%を占めた。一方、部隊が設置され
る奄美大島では「全く関係ない」は65人中7人（10%）と少なく、「影響ある」
が45人（69%）と大半となり、「分からない」が13人（20%）だった。

　この質問には意見を付け加えてくれる回答者が多く、「全く関係ない」と
答えた人からは「自然を壊すわけではないから」（奄美市、自営業男性・33歳）、
「別問題。自衛隊は災害対応などに貢献する」（天城町、自営業男性・55歳）
といった声が寄せられた。

　一方、「影響する」と答えた人からは、「本当に自衛隊が必要なのか疑問」（大
和村、主婦・62歳）という意見のほか、「自然へのダメージ」と指摘する声
が多かった。さらに具体的に「夜間に飛行しているヘリコプターの音などが
動物に影響しそう」（大和村、公務員男性・40歳）、「訓練すれば山に滞在し、
植物が荒らされる」（宇検村、農業男性・80歳）、「集落周辺も自衛隊の車が
走る。実際、不安」（大和村、無職女性・63歳）などと島で従来から行われ
ている訓練の体験から不安視する様子がうかがえた。

　「沖縄でも海を埋め立てて基地を造ろうとしている。奄美でも自然は二の
次になる」（瀬戸内町、自営業男性・32歳）という意見のほか、「陸上自衛
隊受け入れによる見返りで登録に向けた国の後押しがあると思う」（龍郷町、
会社員男性・37歳）という見方も披露された。

　「奄美のイメージが悪くなる」などとイメージ低下を懸念する声も多かっ

た。「自然遺産登録と相容れない。観光とミスマッチ」(瀬戸内町、公務員男性・
45歳)、「恐ろしいイメージがして観光に行きたくなくなる」(宇検村、会社
員女性・47歳)、「景観が変わる」(瀬戸内町、観光業女性・32歳)。さらに、「IUCN
などへのイメージが悪くなる」(伊仙町、会社員女性・50歳)と懸念する意
見も出た。IUCNは国際自然保護連合の略。ユネスコの諮問機関で登録地候
補地の現地調査などを行っており、2019年10月、2度目の調査に入った。

## 3．アマミノクロウサギとノネコ

　ウサギの原始の姿をとどめる「生きた化石」と評されるアマミノクロウサ
ギは奄美大島と徳之島だけに生息する希少動物だ。環境省の2003年時点で
の推定で、奄美大島に2000から4800匹、徳之島に約200匹いるとされる。
登録に向けてその保護の在り方が大きな課題の一つとなっている。交通事故
で死亡する例も少なくはないが、奄美大島の場合、一番の天敵はこれまでマ
ングースとされてきた。1979年、毒蛇ハブ対策に30匹を島に放つ。ところ
がハブはもっぱら夜中に活動する。マングースは昼間だ。もし偶然、鉢合わ
せしたとしても、マングースにとって毒蛇を食うために闘うという危険を冒
すより、勝利が確実なクロウサギを標的にすることになってしまった。マン
グースは山の中でみるみる数を増やし、ピークとされる2000年のころには
1万匹にまで増えたと言われる。

　このままではアマミノクロウサギが絶滅する。危機感を募らせた環境省は
捕獲用のワナを山の中隅々に仕掛けたほか、2005年からはマングースを捕
獲するハンター「マングースバスターズ」を結成し、現在(2019年10月)、
40人が従事している。ワナとハンターによる駆除は年々効果を上げ、当初
年に2000頭捕獲していたのが、2018年は1匹となり、根絶は目前に迫って
いるとされる(『読売新聞』2019年4月29日付)。かつてマングースとハブ
の対決ショーを店内で観光客らに見せていた奄美観光ハブセンター(奄美市
名瀬)は2012年でショーをやめた。「マングースが手に入らなくなったので
すよ」と中本さん。それまでは1匹8000円で購入していたという。

　代わって課題となってきたのがノネコだった。野良猫が野生化したネコを
「ノネコ」と呼び、山の中などでアマミノクロウサギやケナガネズミなど希

少種を捕食しているとされる。その数は環境省の2014年時点の推計で、奄美大島に600匹から1200匹、徳之島に150匹から200匹いるとみられている。島のネコはサトウキビを食い荒らすネズミ退治のために飼われ始めたとも言われる。ハブがネズミを求めて住宅地に現れるのを防ぐ目的もあった。その多くは放し飼いのため、奄美大島と徳之島の各市町村は2011年ごろから飼いネコを管理し、ノネコとならないための条例を設け、マイクロチップ装着や不妊去勢手術の義務化も定めた。

　一方で既にノネコ化したネコにはどう対応するか。捕獲して最終的には殺処分もやむを得ない。環境省や鹿児島県はそのような方向性を持ちながら、まずはノネコ問題への理解・啓発に乗り出した。そして2018年、ノネコ管理計画を定め、捕獲後1週間ほど保護、その後、引き取り手がなければ殺処分することを正式に決めた。これには動物愛護団体などから反発も多く寄せられている。

　奄美大島と徳之島の地元住民はどう思っているのだろうか。南海日日新聞社が住民アンケートした2015年10月、11月のころは、まだ管理計画は決まっていないが、殺処分もやむなしという声もあることはマスコミなどを通じて知られていた。「ネコを捕獲して引き取り手を探すのが間に合わず、殺処分を行うとしたら、どう思いますか」という質問に、3択で答えてもらった。回答者の100人中、「殺処分も仕方ない」が31人、「殺処分はすべきでない」が34人、「わからない」が26人だった。さらにネコを飼っている人だけが答えると質問者が勘違いしたのか無回答が9人いた。回答者の傾向に奄美大島と徳之島にほとんど違いはなかった。

　世代別に見ると、20代では「殺処分すべきでない」と答えた人が6人おり、無回答1人を除いた11人中の半分強を占めた。「殺処分仕方ない」は3人、「わからない」が2人だった。10代（高校生）は11人中、「すべきでない」が5人で、「仕方ない」が4人、「わからない」1人で、差がほとんどなかった。学校の授業で環境問題を習い、関心をもつ高校生も多いのかもしれない。30代（14人）では「仕方ない」が6人で40％を占め、「すべきでない」4人、「わからない」4人だった。50代は無回答の4人を除く16人中、「わからない」が半分の8人に上り、「すべきでない」「仕方ない」は4人ずつ。ネコへの愛着が強くて、判断に困った世代なのかもしれない。

「殺処分すべきでない」と答えた理由については、「クロウサギは守るのにネコはだめなのはおかしい。かわいそう」（龍郷町、高校男子・18歳）など「かわいそう」「命は大切」といった意見を述べた人が 15 人いた。また、「増やしたのは人間なのに自分勝手だと思う」（大和村、高校男子・17歳）、「人間の身勝手さで捨てられ悪者にされている」（天城町、観光業男性・48歳）など「人間の都合、身勝手さ」を指摘する声は 7 人だった。

　一方、「殺処分も仕方ない」理由では、「飼いネコが野良ネコに殺されたことがある。引き取り手がいなければ仕方ない」（大和村、介護職男性・39歳）、「野生にいない動物なので、かわいそうだけど仕方ない」（大和村、高校女子・18歳）、「生態系を乱さないためにはしようがない」（瀬戸内町、会社員女性・24歳）、「不幸になるネコを増やすよりは増やさない方がいい」（瀬戸内町、主婦・62歳）といった声が寄せられた。ネコの繁殖力の強さを指摘する意見も多かった。

　「わからない」と答えた人の理由には、「ネコにも命がある。私にはできない」（奄美市、無職女性・54歳）、「慎重にすべき」（奄美市、自営業男性・33歳）など殺処分に抵抗はある意見が多かった。

　ノネコ対策問題は記者たちにとっても悩ましい。殺処分も決めた管理計画ができた今と筆者が取材した 2015 年当時もさほど変わりはないだろう。報道は慎重にならざるを得ない。当時、南日本新聞の竹中さんは「住民にとってはノネコではなくて野良ネコです。地元の人がクロウサギを見に行くわけじゃない」と住民の一般的な反応を紹介した。殺処分の必要性を説くにも「被害データがなく、説得力が乏しい」と悩んでいた。それでも「将来はマングースバスターズに代わってノネコバスターズが登場することになるかもしれませんね」。

　時間が許せば奄美の山に入って取材を続けている朝日新聞の外尾さんは 2015 年当時から危機感を募らせていた。「クロウサギなど希少動物にとって最大の危機。一番の脅威です」「ノネコは殺すしかありません」。一足先に世界自然遺産に登録された小笠原諸島のノネコは保護された後、東京のネコ好きな人たちが引き取ってくれる仕組みができているらしい。「東京は人口が多い。その分、引き取られる可能性は高い。でも奄美の場合はノネコの数のケタが違います。1000 匹の後半の数はいるとみられています。野良ネコか

らの予備軍も含めたら数千匹になるかもしれません」。鹿児島の場合は捕獲されたノネコを引き受ける母数も小さいのに、絶対数が多い。殺処分という選択肢にならざるを得ないということになる。「ノネコは1匹で年間40数匹のクロウサギを食うという推計があります。場合によっては徳之島のクロウサギは全滅します」

　「でも、今のネコブームはすごい。本来、ネコは家の中で飼わないといけないのに、マスコミは（野良ネコがたむろしている）ネコの島を紹介します。NHK・BSの番組『岩合光昭の世界ネコ歩き』でも外で生活するネコを映している」。人の生活する街中で生きる野良ネコ。山が迫る奄美のような所だったら、その野良ネコのなかからノネコへと変わっていくことがありうる。ただそれを理解してもらうには、テレビなどが映し出す野良ネコたちの表情はかわいいだけに困難を伴いそうだ。

　ノネコの殺処分問題を報じる際、「本土紙が書くと影響が大きいので、慎重に、と思っています」と外尾さん。南日本新聞の竹中さんも語っていたが、まずは社内で問題意識を共有できるかどうかにもかかわってくる。社として報道する際の難しさがノネコの処分問題でもありそうだ。

　2018年5月9日付『朝日新聞』は興味深い記事を報じた。「ニュースQ3」という話題の事柄を多角的にとらえるコーナーで、「世界遺産めざす奄美　野生化ノネコの受難」と見出しが付いた記事が載った。国が打ち出した殺処分の方針に「計画は拙速だ。殺処分以外の道を探ってほしい」「科学的根拠が明確でないまま、人間の都合で猫だけに責任をおしつけている」といった関係者の声を紹介している。見出しにあるように「ノネコの受難」がテーマになった記事だ。東京本社のペット問題に詳しい太田匡彦記者が書いていた。ただし、九州地方に配られる西部版では、少なくとも鹿児島・宮崎に届く13版では、見出しが変わっていた。「野生化ノネコの受難」ではなく、「野生化した猫に苦悩」と。前者では殺処分されるノネコに同情がわくが、後者の見出しでは、ノネコ対策に苦悩する関係者の立場が思い起こされる。

　この太田記者はアマミノクロウサギの生息数で、従来環境省が公表してきた「2000〜4800匹」という数字（2003年推計）とは違う2015年時点での推計が「約1万5000〜3万9000匹」だという独自ダネを報じた（2019年3月25日付　東京本社夕刊）。環境省の内部文書にあったのを情報公開請求で

突き止めたらしい。2015 年当時、筆者の取材に応じた奄美観光ハブセンターの中本さんが「最近、クロウサギ増えているようですよ。1 日に 10 匹以上見る人もいます」と語っていたのと呼応する。環境省がいまだに 2003 年時の推計数を使っているのは、クロウサギの数が回復しているということで天敵・ノネコの対策が緩んでしまうのを恐れているのかもしれない。それが遺産登録に影響することも恐れて。

　アマミノクロウサギがサトウキビやタンカンの木などかじる食害も時々、ニュースになる。クロウサギの数が増え、食害も起きているという話はクロウサギ保護の機運をしぼませる可能性もある。「年間 100 回から 150 回山に入る」自然写真家の常田さんは、筆者が取材した 2015 年当時、「『クロウサギが増えた』って、意味がわからない！　昔、クロウサギがどれくらいいたか分からないのに」と憤った。「農業被害というのも根本が間違っている」という。「人間の勝手。彼ら（アマミノクロウサギ）にしたらキビの新芽なのか、何の植物の芽なのかわかるはずがない。それくらい増えたと喜ぶべきです」。

　常田さんたちはノネコ問題を「30 年前からやっている。それが今ようやく動き出そうとしている」と感慨深げだ。「クロウサギにとってネコはマングースより怖い。イヌも怖い。家ネコだって山の中に入ってウサギを食っている。その瞬間を新聞記者と一緒に見ました。だから山に近い家のネコは、夜中はケージの中に入れるべきです。不妊治療もしないよりいいだろうけど、治療したネコもウサギを襲うかもしれない」。環境ネットワーク奄美の薗さんも「住民はあまり関心ないけど、ノネコ問題は考えないといけない。島の生態系がチンガラッ（ばらばらに）なる！　でも時間がかかるだろうなあ」と語っていた。

## 4．ハブこそ守り神？

　奄美大島、徳之島、沖縄本島と周辺の島々には強い毒をもつ蛇・ハブがいる。奄美・琉球の存在感のある固有種の一つだ。奄美大島と徳之島のハブは沖縄本島のハブより、さらに毒性があるとされる。鹿児島県によると 2009 年から 10 年間をみると毎年 50 人前後が咬まれており、2014 年には加計呂

麻島で草刈り中の男性が手を咬まれて死亡している。死者が出たのは 10 年ぶりのことだった。咬傷被害を少しでも減らすため、奄美が本土に復帰した翌 1954 年から県と市町村による買い上げ事業が始まり、現在は 1 匹 3000 円で引き取られている。奄美大島と徳之島で年間 2 万匹ほどが捕獲した住民から持ち込まれている。

　ハブに咬まれると激痛と腫れが広がり、「ハブにウタレタ」「アタッタ」などと奄美では言う。作家・島尾敏雄は、その痛みを「一度に何千匹の蜂に刺されたようだ」と表現している（『名瀬だより』）。恐ろしい動物だが、森の生態系の頂点、食物連鎖のトップにおり、ハブを食う動物は島にはいない。『ハブの棲む島』（西野 2005）は、「伝説のハブ捕り名人」と言われた南竹一郎さんの次のような言葉を紹介している。「ハブは憎い奴じゃ。でも奄美の森はハブが守ってきた。昔の島の人は、山を畏れていたっチ。かんたんには山に入らんかった。だから、奄美の森の仲間は今まで生きのこってこれたにちがいないっチョ」「奄美の森からハブがいなくなったら、島の値打ちは半分じゃヤ」。奄美観光ハブセンターの中本さんも「ハブは奄美の宝。緑の深さ、植物の多種多様性。そんな森を守ってきた」と語っていた。

　ハブは怖いが、奄美の森の守り神？　奄美大島と徳之島で暮らす住民はどう思っているのだろう。2015 年の南海日日新聞のアンケート調査では、「奄美のハブは遺産登録に向けてさほど重要な位置付けになっていませんが、あなたにとってハブはどのような存在でしょうか」と尋ねている。100 人中 85 人が自分の言葉で答えてくれたのをみると、「嫌い」「ただただ怖い」「駆除すべき」といった否定的な意見が 36 人に上った。島別に見ると、徳之島の人が 17 人を占めた。アンケートは徳之島で 35 人（奄美大島で 65 人）聴取しており、無回答が 5 人いたので、回答した徳之島の 30 人の 56% がハブに対して否定的な感情を持っていることになる。奄美大島は 19 人で、無回答 10 人を除く 55 人中の 34%。奄美大島ではハブに否定的な声は少数派だった。

　一方、「必要悪」「奄美の象徴」「守り神」などとハブに対して肯定的な意見は 45 人。うち奄美大島の人が 33 人で、聴取の 65 人中無回答 10 人を除く 55 人に占める割合は 60% となった。徳之島は 12 人で 40%。アンケート結果からはハブは奄美大島の人の方が親しみを感じていることになる。このほか「小遣い稼ぎ」「住み分ければいい」「滅多に合わない存在」「生活圏にい

るのは困る」と、ハブの否定とも肯定ともつかない意見も 4 人から寄せられた。

　もう少し詳しくみてみると、ハブに肯定的な人の方がより自分の意見を述べている。「遭遇すると怖いけど、奄美の山を守ってくれているような存在」（奄美市、高校女子・17 歳）が多くの住民の声を代弁している。「大事。人間から自然を守っている」（大和村、主婦・62 歳）は言い得て妙だ。

　遺産登録に関連した意見もあった。「怖い存在ですが、分布や特性、人との関係性などからも遺産登録に向けて今より重要視してもいいのでは、と思います。興味を持たれる方も多いのではと感じます」（奄美市、パート女性・51 歳）。

　「大事。いなくなったら困る」（大和村、農業男性・48 歳）と、ハブの減少を心配する声もあった。「ゼロにはなってほしくない。ネズミも駆除してくれる」（瀬戸内町、新聞配達男性・30 歳）、「怖い。でも根絶はダメ。奄美の自然保全の役割を担う存在」（伊仙町、団体職員女性・33 歳）。さらに「役場に持っていけばお金になる。そろそろその制度も遺産登録にむけて少し変えてもいいと思ったりした」（奄美市、自営業男性・33 歳）、「捕獲し過ぎ、という議論が出てきていない」（瀬戸内町、自営業男性・32 歳）という声も寄せられた。

　南海日日の質問にもあるように、ハブはその知名度の割に、世界自然遺産登録に関してはほとんど重要視されていない。奄美・琉球の固有種ではあるが、同地域には固有種の数は多い。環境省は絶滅しないとみており[注1]、希少種にはなってない。2019 年 2 月、環境省がユネスコに再提出した推薦書では、奄美大島の爬虫類の特徴の項目で、「中琉球の固有種であり、食肉目が在来分布しない本島の頂点捕食者」と紹介され[注2]、付属資料の膨大な植生・種リストに入っているだけだ[注3]。

　奄美・琉球の固有種であるハブが将来、絶滅することはほんとうにないのだろうか。奄美のハブを長年研究している東大医科学研究所の服部さんは、2002 年の論文「ハブ―その現状と課題―」[注4]で、奄美大島にいるハブの数を、捕獲したハブの計測データと成長曲線データを元に、1992 年で約 10 万匹、1994 年で約 8 万匹と推計している。1990 年には体重が 600 グラムから 800 グラムある大型のハブが多数存在していたと見られるのが、2001 年の捕獲

ハブには 500 グラムを超える個体がほとんどいなかったらしい。「大型ハブ
の減少がハブの全繁殖量に影響を与えている」(服部 2002:17)。服部さんは
こうしたハブの減少の背景に、ハブの買い上げ増加があるとみていた。

　鹿児島県と地元市町村によるハブの買い上げ価格は 1990 年度から 1 匹
5000 円に値上がりし、その後、2004 年度に 4500 円に減額され、さらに
2014 年度からは 3000 円となっている。奄美大島での最近の買い上げ数は、
2006 年度から 2009 年度までは年間 1 万匹前後で推移したが、2010 年度に一
気に 2 万匹(2 万 13 匹)となり、翌 2011 年度は 3 万匹(3 万 222 匹)に急
増した。服部さんは、若年層の就職難で、道ばたにいる小型のハブを大量
に捕まえる 20、30 代の若者が増えている、という見解を南日本新聞の取材
に対し披露している(『南日本新聞』2012 年 6 月 13 日付)。翌 2012 年度は
2 万 2584 匹と大きく減らし、以降、年々減少し、2017 年度は 1 万 1774 匹、
2018 年度は少し前年より増えて 1 万 2577 匹だった[注5]。このほか業者の捕
獲が最近では毎年 100 匹余りある。一方、徳之島の行政買い上げ数はこの
10 数年、年に 8000 匹前後で大きな変動はない。

　服部さんは 2015 年、筆者の取材に対し、「ハブは、将来は激しく減ると思
う」と語った。その理由として「エサ不足はあると思う」とした。ハブが捕
食する野ネズミやトカゲ、ヤモリが減っているらしい。その背景には、ネズ
ミが食う椎の実やトカゲ、ヤモリが食う昆虫が減ったことを挙げることもで
きるという。

　南海日日新聞のアンケートに対する住民の声にあったように、世界自然遺
産登録を機に、買い上げ制度の見直しも検討していいのかもしれない。服部
さんも「登録するならハブの捕獲、買い上げをやめるべきという声も当初あ
った」と語った。

　鹿児島県と地元市町村でつくる「ハブ対策推進協議会」は、2001 年度ま
では「ハブ撲滅推進協議会」と名乗っていた。設立 25 周年を記念したこの
年のシンポジウムで「撲滅一辺倒ではなく、共存への発想転換も必要では」
という声や、個体数の減少による生態系への影響を心配する声が出たことが
きっかけだったらしい(『南日本新聞』2002 年 7 月 10 日付)。ハブと人と、
そして奄美の自然との共存。世界自然遺産に見事登録されたあかつきには、
「奄美の森の守り神」ハブにもっと注目したいところだ[注6]。

## 5．奄美のこれから

### (1) 環境保全と住民意識

　「大型ゴミを投棄・破棄する人の気持ちが分からない。信じられない」（奄美市、無職女性・54 歳）。2015 年に行った南海日日新聞の住民アンケート（100人）で、「奄美の自然環境保全でほかに問題や課題があれば教えてください」と問うと、ゴミの不法投棄問題を挙げる人が 25 人もいた。「自然保全の前に、ゴミのポイ捨てや不法投棄など身近な問題から取り上げた方がいいのでは」（奄美市、公務員女性・42 歳）、「遺産登録という言葉だけが一人歩き。住民の環境保全意識の啓発を」（徳之島町、団体職員男性・67 歳）という意見もゴミ問題に対する危機感から出ているのかもしれない。

　「奄美全体の人間がルールを守り、意識を改革しなければ現状は難しい」（瀬戸内町、無職男性・71 歳）、「世界自然遺産登録は住民側から盛り上がってきた運動か疑問。役場同士が盛り上がっているだけ。住民の意識は高まっていない」（瀬戸内町、公務員男性・45 歳）。地元にとって降って湧いた登録問題に戸惑う住民の様子がみてとれる。

　「奄美の自然や環境保全など楽しく学べる機会がもっと増えれば、と感じます。外来種やその対策について、もっと知る機会が増えるような、もっと身近に感じられる取り組みが増えれば、と思います。子供のうちから学校でも」（奄美市、パート女性・51 歳）と行政の取り組みを期待する意見もあった。

　登録に際し住民意識の問題を気にかけているのはメディアの皆さんも同様なのは 1 節で見てきたとおりだ。奄美大島の固有種で絶滅危惧種のリュウキュウアユを守るためエサが一緒の外来種・コイの駆除問題も精力的に取り上げている奄美新聞の記者・油井さんは、「島にある動植物を丁寧に紹介していきたい」という。「特に何が貴重な植物なのか認知してもらえる報道を心がけたい。動物はある程度認知されてきているが、植物は知られていないので」。「学校で環境教育を受けて、子供たちは詳しい」らしい。でも、「大人たちは何が貴重な植物か知らずに山から持って帰る」。

　南海日日新聞の久岡さんは、「自然遺産にふさわしい島にする。そのために住民の自発的な取り組みを促す。島の豊かな自然、文化をあらためて認識

してもらう報道を心がけたい」と語った。

### (2) 自然遺産と奄振

　「アカ松を見ていると自然遺産登録どころじゃないと思ってしまう」（奄美市、自営業男性・51歳）など松食い虫の被害を訴える声も複数あった。「乱開発と赤土流出。海と陸は密接に関係する。山（森）の再生も必要」（天城町、漁業男性・55歳）。陸上の無防備な造成や山の切開などで青い海に赤い土が流れ込む被害は奄美でも起こっている。「公共工事の在り方を見つめ直すべき」（大和村、無職女性・63歳）という指摘もあった。

　奄美の公共工事と言えば「奄振」だ。本土復帰が遅れた奄美に対して1954年以来続く奄美群島振興開発特別措置法に基づく特別支援事業で5年ごとに更新され、2019年3月、2023年度までの5年延長も決まったばかりだ。さまざま事業に対する国の補助率が沖縄の特別支援よりは低いが、離島振興法に基づく率より高い。2014年度からは、沖縄にならい地元自治体に裁量権のある交付金も創設、今回の延長で拡充されるという（『南日本新聞』2019年3月30日付参照）。交付金は大半がソフト事業に活用される。南海日日新聞の久岡さんは2015年の取材当時、「奄振は、かつてはガチガチの公共事業。交付金化は10年前に紙面で取り上げたが、当時は無視された」と振り返った。

　奄振と自然問題では、海岸線などの自然破壊を進めたと一部に根強い批判もある。山が海に迫る奄美大島にはトンネルが38カ所もあり、そのうち11カ所が1km以上（最長が網野子トンネルの4243m）の長いトンネルだ。また大半の23カ所が平成になってからのもので、新しい[注7]。トンネルができたことで山の中を曲がりくねっていた旧道を走る車はなくなり、山の貴重な動植物が守られるようになったとも言われる。

　「トンネルはよかった。山を守った。アマミノクロウサギの交通事故も減った」と東大医科学研究所の服部さん。ただ、服部さんらを取材した2015年当時でもアマミノクロウサギを見ようと旧道に入る観光客らは出現していた。自然写真家の常田さんは「旧道になって車が減ったためにクロウサギが出てくるようになり、事故死するケースも増えた」とみる。クロウサギは夜行性のため観光客のレンタカーは夜に集中する。「乗り入れ禁止にするか、

できなければ 1 晩に 10 台とか規制は早急に必要です」と常田さん。

　常田さんは「アスファルトの舗装も外した方がいい。車は物理的にスピードを出せなくなるし、周囲の気温も下がる」と語った。「林道の舗装もはがすこと。奄振で」とは環境ネットワーク奄美の薗さん。呼応するかのように常田さんは「自然に戻すために奄振で造った施設を壊すために奄振を使うべき」と提案した。常田さんには、護岸建設で砂がなくなった海岸線の復旧も念頭にあった。

　自然遺産の島にふさわしい奄振の使い方。「ソフト事業に使える交付金で交通費の助成を始めたことが流入人口の増加につながった」と評価する南海日日新聞の久岡さんは、「たとえば電柱の地下埋設に活用できたら」と提案した。台風の常襲地である奄美にとって、電柱が地下埋設されたら風水害に耐えられる。道路の活用幅も広がるだろう。「林道もアスファルトではない自然に優しい工法にして、植栽など工夫もしてほしい」と語った。朝日新聞の外尾さんは「奄振は、基本的には開発に使ってきた。その思想をどう変換していくか」と思案した。「エコツアーガイドなど人材育成には使い始めたが、自然のためにどう使えばいいのか分からない。今も出てくるのは、展望台は？ビジターセンターは？ロープウェイは？などとハコもの。仕方ないとは思います。その経験しかないので」。外尾さんは「メディアの提案も足りない」と自戒した。

## (3) 観光への期待

　「自然遺産登録になったときに迎える島の人が奄美のことをしっかり伝えて、おもてなしができるのか。自分を含めて心配」（奄美市、自営業男性・33 歳）。登録されて国内外から注目を受け、多くの人が奄美を訪れるようになった場合、島はどのように受け入れればいいのか。自然写真家の常田さんも「島の人が島の自然を知らないと観光もできない」という。「希少種の島。開発はできない。それを逆に売りにしておカネを稼げばいい」「沖縄のように大型リゾート観光はできない。本物の自然が売り。不便が売りです」。

　環境ネットワーク奄美の薗さんは「観光振興を目的としてはだめ。自然保護に徹した結果としてお客さんが来ればいい」と話した。「奄美には屋久島の縄文杉のような象徴的なものはない。奄美の希少動植物はうつむいて探さ

なければいけない。少人数で見て回るのが合っている」。東大医科学研究所の服部さんは、「ロープウェイは設ける場所はない。キャノピー・ウォークはいいかも」と話した。マレーシアの世界自然遺産・キナバル国立公園内で、両端の木の上で結んだ吊り橋（空中遊歩道）のことのようだ。

　朝日新聞の外尾さんも「バスが何台も入ってくるようなマス・ツーリズムは奄美には合わない」という。「希少種がコアな所には1回に100人入れるのではなく、10人を10回で。1回目はクロウサギを見たら、次回はルリカケスを、といった感じで何度も奄美に来てもらう」。外尾さんも観光施設の建設には消極的だが、「（大挙して山に入ってもらわないための）歯止めとしてビジターセンターは必要かもしれません。そこにけがをして保護したアマミノクロウサギを見せるといった選択肢はあるでしょう」。

　あまみエフエムの麓さんは「かつて農業から大島紬に転業する人がたくさんいました。それで失敗して島の外に出て行く。今度は観光に手を出して、失敗したら出て行く。そうなったら恐ろしい」と危ぶんだ。「奄美の魅力は人ですよね。島の自然、文化と共存している、ケンムン（奄美に伝わる妖怪）がいると本気で信じている感覚」。そんな奄美の風土を味わってもらえるような観光になればと願っていた。


## (4) メディアへの期待

　南海日日新聞の記者たちによる住民アンケート調査（2015年実施）では、ふだん一番接するメディアについても5択で聞いている。調査対象は100人だったが、複数回答した人もいた結果、「テレビ・ラジオ」が58人と最多で、次に「新聞」が30人、「インターネット」が22人、「コミュニティーFM」が7人、「役場広報」が3人だった。さらにふだん接する新聞について2択で尋ねると、「地元紙」が81人で、県紙・南日本新聞を含む「本土紙」が11人。圧倒的に奄美大島で発行する「地元紙」に軍配が上がった。2紙ある地元紙のうち、「南海日日新聞」と答えた人は51人、「奄美新聞」が23人だった。

　「奄美の環境問題についてメディアに注文があれば教えてください」という問いには、以下のような回答があった。「自然遺産になって良い面ばかりが強調されている。デメリットにも目をむけてほしい」（瀬戸内町、公務員男性・45歳）、「ゴミ問題などの現状を掘り下げて問題提起を」（伊仙町、団

体職員女性・33 歳）、「登録に向けて異業種のリレー記事を」（伊仙町、団体役員男性・59 歳）、「意識調査を増やしてほしい」（龍郷町、公務員女性・35 歳）、「月 1 回でも集落単位にシリーズで環境問題を取り上げてほしい」（瀬戸内町、無職男性・71 歳）。いずれも地元紙を念頭に置いているのだろう、きめの細かい情報、ニュースを求めていた。

　「登録の問題点をネットで分かりやすく説明するページをつくってほしい」（龍郷町、高校男子・18 歳）とネットユーザーならではの若い声もあった。地元紙の両紙ともＨＰなどでのネット配信も力を入れつつある。自然遺産のコーナーをつくってそこに貴重な動植物、特に多くの植物を網羅して、カラーで一覧できれば有効かもしれない。

## 注

　（1）環境省奄美自然保護官事務所の上席自然保護官・鈴木祥之氏が 2015 年 11 月 10 日、筆者の電話取材に「ハブは森の生態系のトップに君臨している。絶滅はしないでしょう」と答えた。

　（2）日本政府（2019）「世界遺産一覧表記記載推薦書　奄美大島、徳之島、沖縄島北部及び西表島」：65　https://www.env.go.jp/press/files/jp/110739.pdf（2019 年 10 月 7 日）

　（3）日本政府（2019）「奄美大島、徳之島、沖縄島北部及び、西表島　世界遺産一覧表記載推薦書－付属資料－3 項」：108　https://www.env.go.jp/press/files/jp/110740.pdf（2019 年 10 月 7 日）

　（4）服部正策（2002）「ハブ―その現状と課題―」『南太平洋海域調査研究報告』No.36　http://www.pref.kagoshima.jp/ae10/kenko-fukushi/yakuji-eisei/habu/documents/4349_20160419085139-1.pdf（2019 年 10 月 8 日）

　（5）鹿児島県ＨＰから「年度・保健所・市町村・業者別ハブ買上状況（最近 10 年間）」http://www.pref.kagoshima.jp/ae10/kenko-fukushi/yakuji-eisei/habu/documents/4349_20160419085139-1.pdf（2019 年 10 月 8 日）

　鹿児島県大島支庁総務企画課（2019）『平成 30 年度奄美群島の概況』鹿児島県大島支庁総務企画課：301

　同（2018）『平成 29 年度奄美群島の概況』同：299

　同（2017）『平成 28 年度奄美群島の概況』同：297

　(6)　奄美のハブは沖縄のハブより毒性が強いと言われる。服部さんによると、奄美の方が筋壊死性が強く、「別種と言っていい」らしい。

　(7)　鹿児島県大島支庁総務企画課（2019）『平成 30 年度奄美群島の概況』鹿児島県大島支庁総務企画課：212

**参考文献**

島尾敏雄（1977）『名瀬だより』農林漁村文化協会

西野嘉憲（2005）『ハブの棲む島　伝説のハブ捕り名人と奄美の森の物語』ポプラ社

# 第 12 章

## 諏訪之瀬島における移住決定要因
### ―多様性の受容を中心として―

西村　知

## 1．はじめに

　国内の中山間地域や離島では、人口減少、高齢化が進み、存続が危機的である限界集落が増加している。一方で、国民の居住地への選好の多様化、主にICTの発展・普及による生活・労働環境の地方と都市の格差の縮小、政府の移住政策の促進などによって、人口増加・若年化を実現している中山間地域離島も多数存在する。これらの事例を可能とした要因は多数あるが、本章は「多様性の受容」に焦点を当て、一離島の調査事例を用いて、移住者が増加したプロセスを明らかにする。

　調査地の諏訪之瀬島は、鹿児島市の南に位置する鹿児島県鹿児島郡十島村の小さな離島である（図1参照）。平成31年3月31日現在、人口79人であるが（十島村online）、最近では若年層人口の移住の増加によって、人口減・高齢化に悩む離島、中山間地域、地方自治体に注目されている。本章は、この移住者増加、定着の要因を移住者、十島村役場職員、島の役場出張所員への聞き取り調査を行うことによって明らかにした。

　聞き取り調査で明らかにした点は、平成22年度から始まった十島村の様々な移住促進政策、特に子供の教育への支援が子育て世代の若いカップルを島に呼びこむ要因となった経過、1960年代後半に形成されたコミューン「バンヤン・アシュラム」を目指して移住者の一部が島の社会や文化の形成に寄与している点についてである。聞き取り調査の結果を踏まえて、多様性の受容、つまり、多様な価値観を持つ島民の受け入れ、多様な主体の協働が島の経済・社会を活性化している現状について明らかにする。最後に人口循環の観点から島の移住における課題と展望について明らかにする。島の社会・経済が持続的なものとなるには、不可避的な移出者の数と同水準あるいはそれ

を上回る人々が移入する人口循環が必要である。

　本章は、まず、最近の移住の多様化について、ニッポン移住・交流ナビ（JOIN）の公式サイト（一般社団法人移住・交流推進機構のニッポン移住・交流ナビ（JOIN）online）を参考にして紹介する。移住スタイルの多様化を理解することは、人口減、高齢化問題を抱える地域において、適切な政策を設計するうえで非常に重要な作業と言える。JOIN は、日本全国の自治体や企業から、日々最新の情報を収集し、この情報ポータルサイトを通じて、各地の魅力を全国に伝えている。次に、諏訪之瀬島の事例から、多様性の受容が、人口減少・高齢化が進む集落において限界集落化を回避する一つの重要な要因であることを明らかにする。結論として、諏訪之瀬島の移住の展望と課題をまとめる。

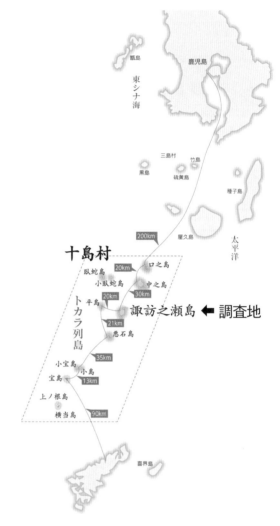

図1　調査地（鹿児島県薩摩郡十島村諏訪之瀬島）
（十島村役場ホームページより）

## 2．国内移住のスタイルの変化

　都市から地方への移住を区分する従来の一般的な類型化は、移住者が出身地の地方へ移住する U ターン、出身地とは異なる地方へ移住する I ターンの二分類であるが、近年は、人々の居住地への選好の多様化、労働・生活環境の都市・地方の間での均質化によって多様化している。図 2 が示すように JOIN は、従来のこの 2 分類から、複数のターンの分類化を行っている。以前からも、比較的多くあったと考えられる移住スタイルが、J ターンである。これは大都市から、出身地に近い地方都市に移住する形である。地方都市には、ある程度大きな労働市場が存在すること、移住者の出身地への近接性のため、両親や親戚や友人との交流が比較的容易であることが有利な点である。最近の新しい国内移住パターンとして、N ターン、O ターン、S ターン、X ターン、C ターンなどある。N ターンとは、仕事、環境などを求めて、数年おきに拠点を変えていき、年月をかけて最良の場所を追求し続ける移住スタイルである。O ターンとは、生まれ育った自然環境、ゆとりのあるライフスタイルを求めて U ターンしたい気持ちがあるものの、都会での仕事や生活も捨てがたいため、地方と都心の両方でできる仕事を選び、地方と都心を行き来する生活を送る移住スタイルである。S ターンとは、経営を学び、技術を習得し、経験を積み、開業に至る、といった起業・開業を成すうえで必要とされる過程をより適した地域で行い、起業・開業したい最終目的地を目指す、ステップアップ（step-up）していく移住スタイルである。X ターンとは、故郷などを拠点とし、定期的に国内外の様々な地域を旅行し、気に入ればそのまま住み、しばらくすると一度拠点に戻り、しばらくするとまた別の場所に住む、PC とネットがあればどこでも仕事ができるフリーな移住スタイルである。C ターンとは、「Child」の C の頭文字を取った名称である。動機が「子育て」であり、子どもの健康のために、縁もゆかりもない土地へ移住をするスタイルである。これらの移住スタイルすべてが、必ずしも都市と地方との移動を意味するものではないが、現代は、都市から地方への短期的、あるいは長期的な移住の可能性が拡大していることを意味する。

　地方から都市への一方向的な移住から、都市から地方への移住を含む多様

な移動の形が進行している第一の理由は、都市の人々の価値観の変化である。自然環境が劣悪で人間関係の希薄な都会から、豊かな自然に恵まれ、いまだに強い地域の紐帯の強い地方での生活を選好する人々が増えているのである。孤独死が社会問題化する日本では、地縁、血縁を基礎としたセーフティネットを求めて地方に移住する者もいる。第二の理由は、都市での経済格差の拡大・貧困層の拡大である。都市では生活コスト、特に居住費が高く貧困層が生活するのは困難である。第三の要因として、ICT の普及による情報・物流の都市・地方間のギャップが縮小していることである。PC とネット環境さえあれば仕事ができるような職種は、居住地を選ばない。また、ネットショッピングの普及はネット・物流網さえあれば、中山間地域でも、世界中の商品を取り寄せることができる。一方で、地方の中でも、遠隔地域や離島には、移住あるいは移住の定着を困難にする条件もある。それは高等教育と医療である。小中学校までの教育は、日本全国のほぼすべての地域で整備されているが、高校以上の教育施設は、ある程度の人口規模のある地域にのみ設置されている。このことは、若い移住者世帯は、子供が高校以上の年齢に達した場合、多くが島を世帯単位で移住地を離れることになる。また、定期的なあるいは特別な医療が必要となる年齢に達した高齢者あるいはその世帯

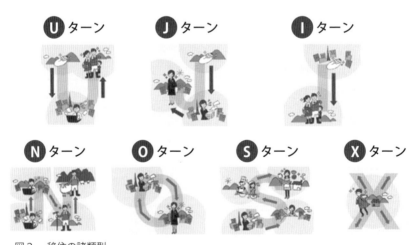

図２　移住の諸類型
（一般社団法人移住・交流推進機構ニッポン移住・交流ナビ（JOIN）より）

は医療環境の充実した都市へ移住せざるをえない。中山間地域、離島への移住者の中心は、独身、子供がいない、または子供が小中学校までの若者層と、子供が高校・大学を出て子育てを終えた世代から健康状態を維持している高齢者世代となる。転出者の存在を所与の条件として、それ以上の転入者を受け入れていくことが必要となる。

## 3．諏訪之瀬島の事例研究

### (1) 研究調査方法

　人口の少ない離島の人口減少・高齢化は島の存続を危機にさらすこととなる。離島は、内陸部の限界集落と比較すると、航路の維持などの費用がかかるため存続においてはさらに厳しい条件にある。実際、筆者が調査を行った諏訪之瀬島を含む十島村の臥蛇島（がじゃじま）では、1970 年に全島民が島外へ移住し、無人島となった。しかし、近年、十島村全体では、定住促進のための様々な政策のおかげで人口が増加しており、全国でも注目される存在となっている。特にこの村の中で人口増加率が高いのが諏訪之瀬島である。この島の移住者の多くは、島の出身者ではない。本来ならば、前述の新旧の様々な移住スタイル別のデータを収集し、それぞれのスタイルについて島への移住者の移住の理由を聞き取ることが必要であるが、現時点では、十島村にある資料では、移住者はＩターン者とＵターン者のみで分類されている。後述するように統計資料により、この島の移住者の増加をけん引しているのは、Ｉターン者であることが明らかになったため、今回の調査では、Ｉターン者のみを対象として聞き取り調査を行った。調査は、平成 29 年 12 月に行った。

　Ｉターン者とは、島外出身者が島に移り、定住した者である。この島を支える 60 代以上の高齢者の多くが、1970 年代に人口減少によって島の存続が危ぶまれたときに島民の希望によって島に移住してきた人々の一部である。彼らは、古参のＩターン者であるといえる。

　本章の課題の中心は、離島におけるＩターン者の移住・定着の過程、要因を、諏訪之瀬島の事例を用いて明らかにすることである。この課題の解明のために、十島村役場地域振興課、および諏訪之瀬島の村役場出張所において聞き取り調査および統計資料の収集を行った。そして、諏訪之瀬島を訪れ、Ｉタ

ーン者へ移住に至った過程や島での暮らしの現況について聞き取り調査を行った。聞き取り調査の対象者は、1970年代に移住した高齢者および十年以内に移住した若者である。前者からは、存続の危機にあった島における移住者の実態・役割、後者については移住を決意した理由などを中心に聞き取り調査を行った。

### (2) 諏訪之瀬島の移住はＩターン者が牽引

　諏訪之瀬島と十島村の人口の推移を平成12年から平成28年まで示したのが図3である。この図から、平成22年より、村、諏訪之瀬島ともに右上がりに人口が増えていることがわかる。後述するように、平成22年度より十島村は、移住者を増加させるための様々な政策を行ってきており、それが功を奏している形である。諏訪之瀬島の人口は、平成22年の42人から平成28年の人口79人となり伸び率は、88.1%であり、十島村の同期間の人口増加率、20%（594人から713人）を大きく上回っている。図4は、諏訪之瀬島の年齢別人口、すなわち、年少人口（15歳未満）、生産年齢人口（15歳以上65歳未満）、高齢者人口（65歳以上）の推移を平成14年、平成22年、平成28年について示したものである。この図から、平成14年から平成22年は、年少人口、生産年齢人口が減少し、高齢者人口が増加していることが読み取れる。一方、平成22年から28年には、年少人口と生産年齢人口が大きく増加しているのに対して高齢者人口はほぼ横ばいである。年少人口は、平成22年の7人から平成28年の24人に、生産年齢人口は24人から42人と、大きく増加した。諏訪之瀬島小・中学校は、児童・生徒数の増加に伴い、平成28年度より、平島小・中学校諏訪之瀬島分校から、諏訪之瀬島小・中学校として新設されることになった（諏訪之瀬島小中学校online）。同期間に、高齢者の人口割合は、29.5%（13/44）から17.5%（14/80）に減少した。諏訪之瀬島では、人口増加と平均年齢の若年化が同時に進んでいるのである。

　表1は、平成21年度から28年度までの、諏訪之瀬島への移住者を年度別Ｕターン者とＩターン者、およびその合計の世帯数・人数について示したものである。Ｕターン者とは島から島外に移動したのち、再び島に戻った者である。この期間の合計を見ると、Ｕターン者とＩターン者合計の世帯数20に対しＩターン者は15と75%を占める。人数においては、合計が38人、Ｉ

ターン者が 31 人と、81.6% を占める。島の人口の増加・若年化は I ターン者によるものであることがわかる。また、世帯数・人数ともに平成 22 年度から増加していることがわかる。同期間の一世帯あたりの移住者は、U ターン者の場合、1.4 人（7/5）、I ターン者の場合、2.1 人（31/15）と、I ターン者の方が U ターン者よりも高い。後述の通り、島における子育て環境の良さは、若いカップルの移住者の促進を定着するだけではなく、島でさらに子供をもうけるインセンティブとなっている。次に、I ターン者を呼びこませる要因を、村の移住者促進政策、教育、コミューンに絞って考察する。コミューンとは、島に若者たちが作った自給自足的な経済活動を共同でおこなうグループである。

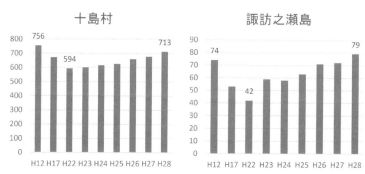

図 3　十島村と諏訪之瀬島の人口の推移（人）（平成 12 年～平成 28 年）
（十島村役場ホームページより　注：教職員・留学生を除く）

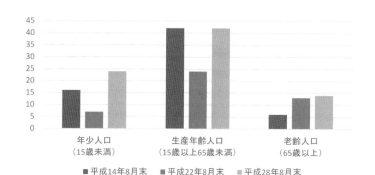

図 4　年齢別人口推移（人）（平成 14 年、22 年、28 年の 8 月末）
（十島村役場ホームページより　注：教職員・留学生を除く）

表1　諏訪之瀬島の年度別U・Iターン者及びIターン者世帯数・人数
（教職員・留学生を除く）（十島村（2017））

|  | H21 | H22 | H23 | H24 | H25 | H26 | H27 | H28 | 合計<br>(H21～<br>H28) |
|---|---|---|---|---|---|---|---|---|---|
| U・Iターン者世帯数 | 1 | 4 | 3 | 1 | 5 | 2 | 1 | 3 | 20 |
| 〃　人数（人） | 1 | 6 | 7 | 3 | 11 | 4 | 1 | 5 | 38 |
| Iターン者世帯数 | 1 | 2 | 2 | 0 | 5 | 1 | 1 | 3 | 15 |
| 〃　人数（人） | 1 | 4 | 6 | 0 | 11 | 3 | 1 | 5 | 31 |

## （3）Iターン者定住の要因としての少人数教育・コミューン

　諏訪之瀬島のIターン者が多い原因の第一は、十島村が平成22年度より開始した一連の定住促進政策である。平成22年度には就業者育成奨励金事業、空き家の改修などを行った。これらの政策、取り組みをまとめたものが表2である。平成24年度には、それまでは複数の課にまたがっていた業務を効率化するために地域振興課を新設し、定住促進窓口を一本化した。平成25年度からは都市圏の移住イベントに参加するようになった。平成27年度からは、地域おこし協力隊の募集を行った。地道な十島村の宣伝活動が村の島々の魅力の発信に成功しているのである。また、保育園も開園した。

　島で力を入れているのが少人数教育、子育て支援である。聞き取り調査に協力していただいたA氏（男性、調査時36歳）は、島内にある九州電工の発電所員の公募に応募し、採用され、妻と子供2人を連れて2010年に関西より島に移住した。島で、2人の子供をもうけ、現在では6人家族である。彼が、島への移住を決めた理由は、田舎暮らしが好きであるという個人的な理由が強かったが、定職があることと子育てに時間を取ることができるということも重要な理由であった。島には、小中学校があるが、一学年は1人から3人であり、少人数教育を受けることができる。また、村から子育て手当が第一子、第二子には月額1万円、第三子からは、月額2万円が支払われる。A氏によると、以前住んでいた大阪とは違い、子供と遊ぶ時間を十分に持てるという。二歳の一番下の子供（調査時）が中学を卒業するまでは子育ての環境の良い諏訪之瀬島に住み続けるという。島では、都市部で必要な子供を塾に通わせるような費用が軽減できる。また、A氏によると、島では若者が現金をほとんど使わずに釣り、サーフィンなどのレジャーを楽しむこと

ができるという。教育費やレジャー費の軽減は、貯金を可能にする。そして
この資金は、子供たちの高校以降の学費として用いることも可能である。島
の教育が移住者の定着のインセンティブとなるかどうかについて経済学的に
考察しようとすると、子供の教育にかかる長期的な費用と効用（どの程度の
学歴が期待できるか）を複数の事例を用いて検討することが必要であるが、
この点を科学的に明らかにすることで離島においてどのような政策をどの程
度の費用をかけて行っていくべきかが明らかになるであろう。

　Ⅰターン者の多い第二の理由は、島を支える古株のⅠターン者の存在であ
る。聞き取り調査に協力をしていただいたＢ氏（男性、調査時72歳）もそ
の一人である。彼は、大学卒業後の長い世界旅行の後、1970年代の初めに
当時、島にあった共同生活を行うコミューン、「バンヤン・アシュラム」を
訪ねて26歳の時に島に移住した。このコミューンはマスコミからは「ヒッ
ピー」の一団と呼ばれていた集団であるが、彼の説明によると「ヒンズー教
や仏教を通して人間の感性に向かう自給自足を行う集団」であった。このコ
ミューンは、島が人口減で立ち行かない状況になった時に、島を訪れた榊
七夫（ななお）に長老たちが若い人を島に連れてきて住んでもらうように懇願したのが
始まりであった。はしけ作業を行う若者が島にいなくなると島が閉鎖される
ためであった。実際、前述の臥蛇島は、人口減少のために1970年に島人は
全島移住せざるをえないこととなった。この島の無人化については村落共同
体の崩壊の過程を、商品貨幣経済、農漁業と賃労働、個人主義、交通・通信、
高等教育の普及など、多角的に検討した研究が存在する（皆村2006）。諏訪
之瀬島では、定期船による物流網の維持のために若者の移住が渇望されてい
た。榊七夫は、東京の「部族」という集団に属していたが、仲間に声をかけて、
アメリカ人の詩人ゲーリー・スナイダーなどとともにコミューンを1967年
に作った。このコミューンには多くの若者が訪れ1977年、1978年頃までは
貨幣を用いない、ほぼ自給自足の共同生活が行われていた。コミューンが崩
壊にいたった主な理由は、メンバーの結婚、子育てが世帯単位での生活を余
儀なくされたことであった。また、貨幣経済化した世帯の多くは高い所得
を求めて島から出た。島に残り、世帯単位で生活する者もいた。残った人々
は共同生活を止めたものの、島に定着し、島の活動、行事に参加し、島を支
える島民となっていった。現在では、5世帯が島の長老として神社で行われ

表 2　十島村の定住促進政策
（十島村　（2017））

| | 主な政策・活動 | 備考 |
|---|---|---|
| 平成22年 | 就業者育成事業奨励交付金事業開始（定住政策の根幹）<br>空き家利活事業開始 | 平成28年度までに24棟の空き家整備 |
| 平成23年 | 地元説明会開催 | |
| 平成24年 | 地域振興課新設（定住対策窓口一本化）<br>定住プロジェクトチーム発足<br>＊各島の自治会長、地元議員、出張員などで構成 | |
| 平成25年 | 都市圏での移住イベント参加 | |
| 平成26年 | 現業業務制度開始<br>東京で単独イベント | |
| 平成27年 | 地域おこし協力隊の募集開始<br>定住プロジェクト会議を全島で開催 | 国勢調査で市町村別人口増加率、全国2位<br>年少人口の増加<br>＊平成22年69名から平成27年は132名へ |
| 平成28年 | 地域おこし協力隊（畜産支援員）2名の活動開始<br>東京で村単独イベント開催 | |

表 3　平成 29 年度　自治会行事（諏訪之瀬島）
（諏訪之瀬島自治会資料（2017））

| 月 | 日 | 自治会行事 | 学校行事 | 備考 |
|---|---|---|---|---|
| 4 | 6 | 教職員歓迎会 | 入学式 | |
| | 26 | 自治会総会 | | |
| 5 | 31 | | | 漁祭り |
| 7 | 1 | 道普請（清掃活動） | | |
| | 2 | 〃 | | |
| 8 | 13 | 迎えの盆踊り | | お盆 |
| | 15 | 送りの盆踊り | | 〃 |
| | 16 | | | 御岳祭り |
| | 29 | 夏祭り | | |
| 9 | 16 | | 体育大会 | |
| | 25 | アラセツの踊り | | |
| | 26 | 〃 | | |
| 10 | 1 | シバサシの踊り | | |
| | 2 | 〃 | | |
| | 4 | 十五夜 | | |
| | 8 | 旧水源地清掃作業 | | |
| | 14 | | | 祈願祭 |
| 11 | 4 | | 文化祭 | |
| 12 | 2 | 道普請（清掃活動） | | |
| | 7 | | 駅伝大会 | |
| 1 | 1 | 新年祝賀会 | | |
| | 2 | | | 船祝い（船主） |
| | 11 | | | 漁祭り |
| | 14 | | | なり餅 |
| 2 | 23 | | お別れ遠足 | |
| 3 | 10 | | 卒業式 | |
| | 未定 | 教職員送別会 | | |

　る祭りなどの様々な行事や自治会行事、学校行事の運営において中心的な存在になっている。表3は、諏訪之瀬島自治会の配布資料をまとめ、主な年中

行事を示したものである。神社で行われる行事は、漁祭り（1月、5月）、船祝い（1月）、お盆（8月）、祈願祭（10月）などである。自治会行事は、島の道路の清掃、整備活動である道普請（7月、12月）、盆踊り（8月）、奄美を起源とする踊りであるアラセツの踊り（9月）、シバサシの踊り（10月）、教職員の歓迎会（4月）・送別会（3月）、などである。アラセツの行事は、山と海から稲霊を招いて五穀豊じょうに感謝し，来年の豊作を祈願する祭りである。シバサシの踊りは悪霊を追い払う、あるいは家々や集落内に悪霊を入れないと信じられている。学校行事は、体育大会（9月）、文化祭（11月）、駅伝大会（12月）が子供たちだけではなく大人も動員される大切な行事である。このように、諏訪之瀬島行事は一年中、途切れなく続くのである。古株のIターン者はこれらの一連の行事のまとめ役となっている。B氏らは、様々な行事の指揮、参加をするだけではなく、それらの詳細な内容を記録し、後世に伝えるという作業も行っている。

### （4）多様性の受容の観点から

　諏訪之瀬島は、今後は、空き家不足や5年間を上限とする就業支援（就業者育成奨励金制度）が切れた後のIターン者の定着など様々な課題が残るものの、現時点では、Iターン者による島の活性化に成功している。この成功要因を「多様性」の観点から整理すると以下の二点にまとめることができる。

　第一点は、島人の多様性である。島は、文化10（1813）年の火山大噴火の後に無人島化し、70年後の1880年代に奄美大島出身の藤井富伝らが入植した。この過程については、十島村の教育委員会が整理し、島の立て看板で紹介されている（図5参照）。そして、前述の通り、1960年代末には、コミューンの形成が新しい島民グループを形成した。前述の通り、島の行事は、奄美文化の強い影響を受けている。奄美からの入植者の子孫とコミューンの島人たちは差異を乗り越えて共同性を作り上げたのである。このことが、多様な価値観を持つIターン者を許容する文化を生んだと考えられる。島に移住したIターン者には、農業従事者、民宿経営者、Webデザイナーなど多岐にわたる。

　ネットの普及が多岐にわたる職種に人々の離島への定住をより容易なものとしている。民宿経営者の一部は、ウェブサイトを用いることによって顧客

を獲得している。長年にわたって、島民が利用してきた限られた商店のみならずネットショッピングで商品を入手することも可能となるようになった。Uターン者である出張所所員の伊藤氏によれば、島民の多くは、「敬愛食品」（食品一般）、「肉の大野屋」（精肉）、「日高水産加工」（魚）、「浜之上商店」（米）、「有村商事株式会社」（軽油・灯油）から取り寄せている。最近では、鹿児島市内の有力スーパー「タイヨー」やアマゾンを通じて、様々な商品を入手する島民も増加している。タイヨーのネットスーパーでは、離島でも、鹿児島市内でも配達料は一律である（タイヨースーパー online、図6参照）。A氏によると、インターネットの月の使用料は、約2000円で、本来は4000円程度であるが、十島村が料金の一部を支援しているという。物資の調達面では、都市と離島との格差は確実に縮小している。物流、情報ギャップの縮小を追い風として、古参のIターン者は多様な移住者を上手に受け入れてきているのである。

　第二の要因は、多様な主体の協働関係である。島人は、役場やNPOと協力しながらIターン者の受け入れに力を入れている。NPO法人トカラ・インターフェイスはIターン希望者のための島の視察ツアーの企画・運営も行

図5　藤井富伝についての島内立て看板（筆者撮影）

図6　タイヨーネットスーパー
（タイヨーホームページより）

図7　特定非営利活動法人トカラ・インター
フェイス事務所
（特定非営利活動法人トカラ・インターフェ
イス公式ホームページより）

っている。

　このNPOは、これまでの公共事業依存型の経済活動から脱し、自立・自興の道を探り、この地域にしかない「豊かさ」に目を向け、トカラ列島で営まれてきた、人と自然、人と人とが共生・共助する地域の仕組み「結」の再認識・再構築を目指している（NPO法人トカラ・インターフェイス公式ホームページ　online、図7参照）。鹿児島市内にある事務所兼物産販売所では、十島村の島々産の農産物、海産物を多数取り揃えており、島の魅力の発信に一役買っている。島民、NPO、十島村役場の強固なネットワークが島の人口増加、若年化を後押ししているのである。

## 4．おわりに―諏訪之瀬島の事例における課題と展望―

　A氏、B氏へのインタビュー結果は、島の将来展望を考察するうえで、様々な重要な点を示している。諏訪之瀬島の人口規模では、公共あるいは民間の機関が高等教育、高等医療を提供することは経済効率性の観点から困難であることは明確である。子供たちは、中学校を卒業すると高校に進学するため

には島を離れて暮らさざるをえない。Ａ氏のように、島外の子供に仕送り
をするなどして自らは小中学校の教育が充実している島に最年少の子供が中
学を卒業するまでは島に残るという選択もあるが、長子の高校進学とともに
家族全員で島を離れるという選択肢を選ぶ人々も多いであろう。また、Ｂ氏
のように、高齢化、本人または配偶者の病気の治療のために、充実した医療
機関のある都市部に移住せざるをえないという事例も多く存在するであろ
う。島の年齢別人口構成は、小中学校までの子供、その親、子育てが終わっ
た世代から病院への通院が必要でない高齢者層が中心となる。教育・医療に
おける島と都市の格差が、定期的に一定割合の移出者を生み出す構造ができ
ている。このような状況では、移出者数以上の移入者を島に呼びこむ必要が
ある。このためには、現在、十島村が行っている、小中学校教育の充実・支
援、生産性の高い「儲かる」産業を創生していくことが必要であろう。この
産業は、農水産業、観光業が中心となるであろう。また、都市部での定住促
進イベントなどによって島のPRを行っていくことも必要である。移出者が
多く同時に移入者が多い島は、多様な考え方を持つ島民で構成されることと
なり、柔軟で活力のある経済、社会を形作ることができる可能性が強いと考
えられる。また、定住者の促進においては、空き家の情報提供・改修などが
必要である。これらの政策・活動を効率的に行ってきたのが十島村であると
言える。前出の表２が示すように、十島村では、定住促進に向けた様々な活
動をおこなっている。産業育成に関しては、「就業者育成事業奨励交付金事業」
が根幹をなしている。PRイベントは、地元鹿児島、関東、都市圏で精力的
に行われている。空き家の改修・移住者への提供もスムーズに進んでいるよ
うである。ただし、前述の通り、将来的には空き家不足が移住者の受け入れ
の障害となる可能性もある。

　初等・中等教育の充実、若年者、高齢者の幅広い年齢層を対象とした生活・
雇用環境の充実、多様な価値観を持つ人々を受け入れる地域コミュニティの
維持、発展が離島の将来において重要な課題であることをこの諏訪之瀬島の
事例が物語っている。


**謝辞**

　本章の執筆に関わる研究・調査においては、十島村役場の隈元様、出張所員の

伊藤様、島民の皆様より多大なご協力をいただきました。心から感謝いたします。なお、本研究は、鹿児島大学の平成 29 年度文部科学省特別経費（プロジェクト）「薩南諸島の生物多様性とその保全に関する教育研究拠点整備」の助成を受けたものです。

## 参考文献

鹿児島県十島村地域振興課定住対策室 (2014)『十島村　定住者希望者向け情報誌』.
十島村（2017）『魅惑の島々トカラ列島＜資料編＞』トライ社.
皆村武一（2006）『村落共同体崩壊の構造—トカラの島じまと臥蛇島無人島への歴史—』南方新社.

## 参考ウェブページ

「一般社団法人移住・交流推進機構ニッポン移住・交流ナビ（JOIN）」https://www.iju-join.jp/feature_cont/guide/003/02.html（2019 年 9 月 20 日）.
「NPO 法人トカラ・インターフェイス」http://tokara-yui.net/whats/（2019 年 9 月 20 日）
「十島村ホームページ」http://www.tokara.jp/（2019 年 9 月 20 日）.
「諏訪之瀬島小・中学校」http://www.toshima-sc.net/suwanose/（2019 年 9 月 20 日）.
「タイヨーホームページ」https://nsp.taiyonet.com（2019 年 9 月 20 日）.
「十島村立諏訪之瀬島小・中学校」http://www.toshima-sc.net/suwanose/（2019 年 9 月 30 日）.

# 第 13 章

## 船舶事故を原因とする損害賠償制度の現状と課題

松田忠大

## はじめに

　鹿児島県は、その本土の多くの部分を海洋に接し、有人離島数が 26（離島人口約 15 万 9000 人）に上る島嶼部を擁する（鹿児島県離島振興協議会・鹿児島県企画部離島振興課 2019：1）。こうした地理的な位置づけから、豊かな海洋資源を基盤とした漁業、観光業も盛んに行われている。仮に、近海において船舶事故が生じた場合、漁業・観光施設の損傷、油の流出による海洋汚染によって、直接または間接にこうした産業に致命的な損失を与えるおそれがある。

　科学技術の進歩により、造船技術や航海そのものを安全にするための技術が発展してきたが、海難事故自体がなくなったわけではない。国土交通省運輸安全委員会の「船舶事故の統計」によると、運輸安全委員会が調査した衝突、沈没、転覆などの船舶事故は過去 10 年の平均で年間およそ 860 件に上る（国土交通省運輸安全委員会 2019）。船舶事故によって他人に損害を与えた者は、陸上での自動車事故などの場合と同様に、原則としてこれを賠償すべき法律上の義務を負う。しかしながら、人類が船舶を用いることにより海洋に進出して以来、そこで発生する固有の危険を回避・分散させるための特殊的な法制度が構築されてきた。たとえば、共同海損（general average）の制度はその一つであって、船舶・積荷を救うために生じた犠牲を航海に関係する者で分担する制度である。また、莫大な資本を必要とする海運業を保護するために、船舶を事業に利用する船舶所有者等の負うべき責任を一定の限度に制限する制度も構築されてきた。

　他方で、近年、特に船舶事故の結果として流出する油（原油、燃料油）は、より深刻なダメージを与えることが認識され、国際社会においては、これに

よる被害者が確実に賠償・補償を得られるようにするための制度も確立されてきた。こうした国際社会の動向のなか、わが国は、「1969 年の油による汚染損害についての民事責任に関する国際条約（International Convention on Civil Liability for Oil Pollution Damage）」（以下、1969CLC という）および「1971 年の油による汚染損害の補償のための国際基金の設立に関する国際条約（International Convention on the Establishment of an International Fund for Compensation for Oil Pollution Damage）」（以下、1971FC という）の成立を受けて、1975 年に「油濁損害賠償保障法」を制定して、油濁損害の被害者に生じた損害賠償および補償がなされるような仕組みを構築してきた。これにより、タンカーからの積荷としての原油流出を原因として損害を被った者は、相当程度十分な損害賠償・補償を受けることができる。これに対して、燃料油の流出を原因とする損害については、2019 年に、「2001 年の燃料油による汚染損害についての民事責任に関する国際条約（International Convention on Civil Liability for Bunker Oil Pollution Damage）」（以下、バンカー条約という）を批准するにあたり、2019 年に全面的にその内容を油賠法に取り入れるための同法の改正がなされたものの（2020 年施行見込み）、被害者救済に関する課題は少なくない。

　そこで、本章では、船舶の衝突によって生じた損害についての船舶所有者等の責任原則および責任制限制度等を概観することからはじめ、油濁事故を原因とする海洋汚染による損害賠償に関する課題に言及したい。

## 1．船舶事故による船舶所有者の責任と責任制限の制度

### (1) 船舶所有者の損害賠償責任

　船員等の過失によって船舶の衝突などの事故を引き起こし、他人の財産等に損害を生じさせれば、このような行為は、民法 709 条に定められる不法行為にあたる。したがって、当該船員等は、不法行為者として損害賠償責任を負うことになる。

　しかし、船舶の衝突等によって生じる損害賠償額は、通常は、莫大な額に上るため、これを船員個人が負担し、その全額を被害者に対して賠償することは現実的には困難である。また、運送営業などを行うために船員を雇い入

れて船舶を運航させ、これによって利益をあげている船舶所有者が、全く責任を負わないのも妥当ではない。この点、民法には、被用者を雇い入れて自己の事業に使用する者は、その被用者が事業の執行について第三者に与えた損害を賠償する責任を負う旨の規定があるが（民法715条1項）、これによれば、使用者が被用者の選任およびその事業の監督について相当の注意をしたとき、または相当の注意をしても損害が生ずべきであったときはその責任は免除される（過失責任）。船員等の使用者としての船舶所有者にこの規定が適用された場合、船舶所有者は、その雇用する船員が国家資格としての海技免状を有すること、船舶が航海に出てしまえばその監督は困難であることなどの理由から、容易に、船員に対する選任・監督の注意義務を怠らなかったことを証明することができ、この責任を免れかねない（中村・箱井2013：70-71）。

　そこで、商法は「船舶所有者は、船長その他の船員がその職務を行うについて故意又は過失によって他人に加えた損害を賠償する責任を負う」（商法690条）と規定し、船員の使用者としての船舶所有者に、民法の規定とは異なる無過失の損害賠償責任を負わせている。もっとも、民法715条が定める使用者責任も、危険責任および報償責任を根拠として実質的には無過失責任化が進んでおり、実際には、使用者の免責はほとんど認められていない（窪田2018：205-206）。

### (2) 損害賠償の範囲に関する一般原則

　債務不履行に関する損害賠償の範囲について、民法416条は「債務の不履行に対する損害賠償の請求は、これによって通常生ずべき損害の賠償をさせることをその目的とする（1項）。特別の事情によって生じた損害であっても、当事者がその事情を予見すべきであったときは、債権者は、その賠償を請求することができる（2項）」と定める。これに対して、不法行為に基づく損害賠償の範囲を定める規定は置かれていないが、わが国の判例は、民法416条は相当因果関係のある範囲での損害賠償を認めた規定であると理解し、不法行為に基づく損害賠償についてもその類推適用を認めている（大判大正15・5・22大民集5巻386頁）。したがって、船舶の衝突等によって損害が生じた場合、加害者たる船員および船舶所有者は、これによって通常生ずべ

き損害について賠償責任を負い、特別な事情によって生じた損害であっても、当事者がこれを予見し、または予見すべきであったものについては、損害賠償の責任を負うことになる。

### (3) 船舶所有者の責任制限

　このように船舶衝突等の事故によって生じた損害についても、民法416条に基づき、相当因果関係の認められる範囲で、加害者は、被害者に対する賠償責任を負う。しかし、海運の領域では、古くから、船舶所有者の負うべき責任を一定限度にとどめて、これを保護する制度が認められてきた。これが船舶所有者の責任制限の制度である。

　こうした制度が認められてきたのは、①広範な代理権を有する船長の行為について船舶所有者に無限責任を負わせるのは酷であること、②船舶所有者の負う使用者責任（商法690条）が民法上のそれに比べて重いこと、③船舶を用いた海上活動は危険であり、船舶事故によって生じる損害は巨額に上ること、④海運は国民経済の発展と密接に関連するため、その保護育成のために、責任制限の制度を認めるべきことを理由とする（時岡・谷川・相良1971:7-8）。しかし、その多くは現代には妥当せず、各国における海運を維持・促進するという政策的な理由だけが、こうした責任制限の制度が世界的に維持されている根拠となりうると思われる（中村・箱井2013：91）。

## 2．船舶所有者の責任制限制度

### (1) 制度の国際的統一

　責任制限制度の態様については、船舶所有者が意思表示により船舶などの海産を債権者に移転して責任を免れる委付主義（1975年商法改正前までわが国の商法が採用）のほか、執行主義、船価責任主義、金額責任主義など、各国によってその立法主義が異なっていた（なお、各立法主義の詳細は小町谷1984：5以下を参照）。しかし、船舶は国際貿易に従事することから、各国において立法主義が異なるのは望ましくない。そこで、1924年には「海上航行船舶の責任制度についての若干の規則の統一に関する国際条約」が成立したが、各国が採用してきた制度の妥協の結果として複雑な制度を採っ

たことから立法上の欠陥も多く、これが発効することはなかった（小町谷1984：11-14）。

　その後も、制度の国際的統一の努力は継続され、1957年には金額責任主義を基礎とした「海上航行船舶の所有者の責任の制限に関する国際条約（International Convention Relating to the Limitation of Liability of Owners of Sea-going Ships）」（以下、1957年条約という）が成立した。これが現在の各国における船主責任制限制度の礎を築くものである。なお、この条約は、1976年には、大幅な責任限度額の引き上げ、責任主体の拡張などを行うために「海事債権についての責任の制限に関する条約（Convention on Limitation of Liability for Maritime Claims, 1976）」（以下、1976LLMCという）に移行し（1986年発効）、その後の改正（1996年の改正議定書、2012年の簡易改正（責任限度額を51%引き上げ））を経て現在に至っている。

### (2) 船主責任制限法における責任制限の主体

　わが国では、金額責任主義を採用して成立した1957年条約を国内法化するために、1975年に「船舶所有者等の責任の制限に関する法律」（以下、船主責任制限法という）が制定され、前述の1976LLMC、および、その後の改正内容を摂取して現在に至っている。

　船主責任制限法に基づき責任制限ができるのは、（a）船舶所有者等またはその被用者等、（b）救助者またはその被用者等である（船主責任制限法3条1項、2項）。船舶所有者等とは、船舶所有者、船舶賃借人および傭船者ならびに法人であるこれらの者の無限責任社員をいい（船主責任制限法2条1項2号）、救助者とは、救助活動に直接関連する役務を提供する者をいう（船主責任制限法2条1項2号の2）。また、これらの者の被用者等とは、これらの者の被用者はもちろん、その他の者であっても船舶所有者等または救助者が、その行為について責任を負うべき者も含まれる（船主責任制限法2条1項3号）。被用者等を責任制限の主体に含めなければ、その行為によって生じた損害について被用者自身が賠償責任を負うことになる。しかし、これらの者がその責任を制限することができないとすれば、実質的には、これをその使用者である船舶所有者等または救助者が負担することになるおそれがある（重田 2003：36）。そのため、船舶所有者等・救助者に加えそのそれ

ぞれの被用者等も責任制限の主体に含まれている。ただし、船舶所有者等が、自己の故意または損害発生のおそれがあることを認識しつつも自己の無謀な行為によって損害を生じさせた場合（船主責任制限法3条3項）などは責任制限をすることができない。

### (3) 制限債権

　制限債権とは、船舶所有者等もしくは救助者または被用者等が、責任を制限することができる債権をいう（船主責任制限法2条1項4号）。船主責任制限法は、船舶所有者等またはその被用者等の制限債権として、①船舶上で、または船舶の運航に直接関連して生ずる人の生命・身体が害されることによる損害または当該船舶以外の物の滅失・損傷による損害に基づく債権、②運送品、旅客または手荷物の運送の遅延による損害に基づく債権、③これらの債権のほか、船舶の運航に直接関連して生ずる権利侵害による損害に基づく債権（ただし、当該船舶の滅失または損傷による損害に基づく債権および契約による債務の不履行による損害に基づく債権を除く）、④制限債権を生ずべき損害の防止・軽減措置によって生じる損害に基づく債権（ただし、当該船舶所有者等またはその被用者等が有する債権を除く）、⑤こうした措置によって生じる費用に関する債権（ただし、当該船舶所有者等およびその被用者等が有する債権ならびにこれらの者との契約に基づく報酬および費用に関する債権を除く）を列挙する（船主責任制限法3条1項各号）。また、救助者等の制限債権については、船主責任制限法3条2項各号が定めており、救助活動に直接関連して生ずる人の生命・身体が害されることによる損害または当該救助者に係る救助船舶以外の物の滅失・損傷による損害に基づく債権などが列挙されている。なお、責任制限の主体となる者が、責任制限をすることができない債権としては、旅客の人身損害に関する債権、海難救助・共同海損の分担に基づく債権、被用者が使用者に対して有する債権（たとえば、船員が船舶所有者に対して有する債権）、被用者の人身損害によって生じた第三者の有する債権（たとえば、船員の家族が有する債権）がある（船主責任制限法3条4項、4条）。

## (4) 船主責任制限法の適用のある「船舶」

　船主責任制限法はすべての船舶に適用されるわけではない。同法は、その対象とする船舶を「航海の用に供する船舶で、ろかい又は主としてろかいをもって運転する舟及び公用に供する船舶以外のもの」と定義する（船主責任制限法２条１項１号）。これは商法の適用のある船舶を定義する商法684条の規定に船舶法35条（漁船などの商行為船以外の船舶にも商法を準用する規定）を加味したような規定ぶりになっている。そのため、船主責任制限法の制定経緯なども踏まえて、ここにいう「航海」は商法684条におけるそれと同義であるとされてきた（東京高決４・12・10判例自治108号10頁）（時岡・谷川・相良 1979：26）。

　商法684条にいう航海の意義をめぐっては見解の対立があり、通説は、2018年改正前商法569条が陸上運送の範囲を陸上および湖川・港湾と定めていたことを理由に（2018年改正前商法施行規則122条は、同条の湖川・港湾の範囲は国土交通省令によると定め、これによれば、湖川・湾港の範囲は平水航路の区域（平水区域）であるとされてきた）、商法684条にいう「航海」は平水区域以外の水域における航行を意味すると解していた。しかし、2018年商法改正により、商法569条は運送人および陸海空の各運送を定義する規定に変わり、商法施行規則122条が削除されたことなどから、「航海」に関するこうした判例・通説の理解は困難になっている。したがって、2018年改正商法の下では、商法684条にいう「航海」は、近時有力に主張されてきていた「社会通念上の海」を意味する（石井 1964：116）と理解するほかないと思われる。そうすると、「船舶」の意義は相対的に広がり、従来の判例および通説の理解によれば船主責任制限法の対象とされていなかった船舶もその対象となる。

　船主責任制限制度は、本来全額の損害賠償を受けられるはずの被害者の損害賠償請求権を制限するものであることから、この制度自体に対しては古くから強力な批判も存在する（鈴木 1993：114以下；村田 2005：127）。また、船主責任制限法が、不当に財産権（憲法29条）を侵害するものとして憲法違反に当たるか否かが問題とされた事案において、最高裁は、同制度は相対的に危険な活動を行う海運業を保護するために伝統的に認められているこ

と、国際条約に基づく制度であってわが国だけがこれを採用しないことは困難であるといった極めて消極的な理由でその合憲性を認めている（最決昭和55・11・5民集4巻6号765頁）。さらに、平水区域のみを航行する船舶は船主責任制限法上の船舶に当たらないとした裁判例では、船主責任制限制度は、船舶所有者等の責任制限を認める半面、被害者に不利益を及ぼすという批判の多い制度であることが指摘され、激しい国際競争にさらされている海運業界保護のために各国で認められている制度をわが国だけが認めないことは事実上困難であると述べ、船主責任制限法の適用対象を安易に拡張すべきではないとする（東京高決平4・12・10判例自治108号10頁）。

　これらの裁判例が指摘するとおり、船主責任制限制度は、海上運送によって直接的に利益を受ける荷主・海運関係者以外にも不利益を及ぼす制度であるから、その適用対象を安易に拡張することは望ましくない。しかし、そうかといって、2018年商法改正により商法684条の定める「航海」の範囲が広がることを理由に、船主責任制限法上の「航海」を商法684条にいう「航海」とは異なるものと解するのも困難である。

## (5) 責任限度額

　責任制限によって船舶所有者等が負う責任限度額について、船主責任制限法は、条約にしたがって金額責任主義を採用する。すなわち、船舶のトン数に応じて算出される一定の金額がその負うべき責任の限度額となる。この限度額について、船主責任制限法は、①物損のみの場合（船主責任制限法7条1項1号）と②それ以外の場合（船主責任制限法7条1項2号）とに分けて責任限度額を定め、それぞれ、1単位に船舶のトン数に応じて定められた一定の数値を乗じて得られる額をその金額とする（図1を参照）。制限債権が人損と物損に関するものである場合も、船主責任制限法7条1項2号によって算出される金額が限度額となるが、①の金額（100トンに満たない木船も2000トン以下の船舶とみなされる）の②の金額に対する割合を乗じて得られた金額に相当する部分が物損に関する債権弁済に、残りの部分が人損に関する債権弁済に充てられる（船主責任制限法7条2項）。

　なお、同法にいう1単位とはIMF（国際通貨基金）協定3条1項に規定する特別引出権による一特別引出権（SDR）に相当する金額である（船主責

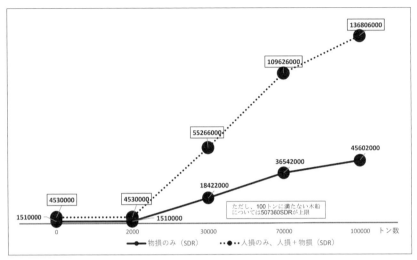

図1　船舶所有者等の責任限度額

任制限法2条1項7号）（2019年9月時点の1SDRはおよそ150円）。

## 3．油濁損害賠償責任制度

### (1) 油濁事故

　原油は、近現代の経済活動の根幹をなす重要な天然資源である。原油そのものを産出しないわが国などにおいては、これを産油国からの輸入に頼り、その輸送を船舶により行っている。前述したように、いかに造船技術・航海技術が進展しようとも、船舶の衝突等を原因とする船舶事故は後を絶たない。特に、原油を満載した巨大なタンカーが衝突事故を引き起こせば、環境被害を含む甚大な損害をもたらすことは想像に難くない。実際、20世紀には、国際社会はいくつかの重大なタンカー事故を経験した。

　1967年にイギリス南西沖で発生したトリー・キャニオン号の座礁による原油流出事故では8万トンの原油が流出し、イギリス・フランスの沿岸が広範囲にわたって汚染され、漁業・観光業に大きな損害を与えた（箱井 2012, ：260）。トリー・キャニオン号の事故後も、世界各地において多くの原油流出事故が生じているが（なお、各地で生じた油濁事故のうち国際油濁補償

郵便はがき

図書出版

南方新社 行

| ふりがな<br>氏　名 | | 年齢　　歳 |
|---|---|---|
| 住　　所 | 郵便番号　　　－ | |
| Ｅメール | | |
| 職業又は<br>学校名 | 電話( 自宅 ・ 職場 )<br>（　　　　　） | |
| 購入書店名<br>（所在地） | | 購入日　　　月　　　日 |

# 書名 （　　　　　　　　　　　　　　　　　）愛読者カード

本書についてのご感想をおきかせください。また、今後の企画について
のご意見もおきかせください。

本書購入の動機（○で囲んでください）

　　A　新聞・雑誌で　　（　紙・誌名　　　　　　　　　　　　　　）
　　B　書店で　　C　人にすすめられて　　D　ダイレクトメールで
　　E　その他　　（　　　　　　　　　　　　　　　　　　　　　　）

購読されている新聞, 雑誌名

　　　新聞　（　　　　　　　　　　）　雑誌　（　　　　　　　　　）

直 接 購 読 申 込 欄

| 本状でご注文くださいますと、郵便振替用紙と注文書籍をお送りします。内容確認の後、代金を振り込んでください。　（送料は無料） | | |
|---|---|---|
| 書名 | | 冊 |
| 書名 | | 冊 |
| 書名 | | 冊 |
| 書名 | | 冊 |

基金への補償請求がなされた事案については、IOPCF が刊行する Annual Report（https://iopcfunds.org/publications/iopc-funds-publications/）を参照）、紙幅の関係で、ここでは、1997 年に島根県沖で発生したナホトカ号による油濁事故についてのみ言及する。この事故では、上海からペトロパブロフスクに向けて原油を輸送していたロシア船籍のナホトカ号が折損事故を起こし、これによって重油約 6240 kℓ が流出するとともに、その船首部分が 2800 kℓ の原油を残したまま福井県沖に漂着した。この事故により、島根県から新潟県の沿岸に重油が漂着し、漁業損害、観光損害のほか、相当額の除去費用が生じた（谷川 1997：185 以下）。最終的には、ナホトカ号の船舶所有者およびその保険者ならびに国際油濁補償基金（IOPCF）から、被害者（国、海上災害防止センター、漁業関係者、観光業者など）に対して、およそ 261 億円の補償がなされた（国土交通省 2002；矢﨑・後藤 2006：55-57）。

## (2) 油濁事故への国際社会およびわが国の対応

　油濁事故によって生じた損害賠償責任に関する国際的規律に関して、トリー・キャニオン号事故を契機に 1969CLC が成立した（谷川 1988：41）。この条約は、油の流出による汚染損害の重大性に鑑み、これに対する船舶所有者の厳格責任（無過失責任）を定めるともに、その責任限度額、強制保険などの制度を設けた。しかし、1969CLC に基づく船舶所有者の責任限度額は著しく低く、油の流出によって損害を被った被害者保護には不十分であった。そこで、油濁事故から生じる損害の補償主体に、石油輸送の利益を享受する石油業界を取り込んで、これを十分ならしめる必要性が説かれ（箱井 2012：259）、1971 年には、1969CLC を補うべく 1971FC が成立し、これに基づき、原油の輸送によって利益を受ける者（油受取人）からの拠出金による国際油濁補償基金（IOPCF）が設立された（1978 年の 1971FC の発効と同時に設立）。その後、1969CLC は、これを改定する議定書により船舶所有者の責任限度額が引き上げられ（1992CLC）、また、同時に 1971FC についてもこれを改定する議定書によりその補償限度額が引き上げられた（1992FC）。

　こうした国際社会における油濁損害賠償・補償制度の確立を受け、わが国では、1975 年に 1969CLC および 1975FC を国内法化する油濁損害賠償保障法が制定された。その後、この法律は、1992CLC および 1992FC の批准に

伴う改正、日本近海における油濁事故を契機とした改正、そして、バンカー条約の批准に向けた（ナイロビ条約も同時に批准予定）改正を経て現在に至っている。なお、これらの改正により、その名称も「油濁損害賠償保障法」から「船舶油濁損害賠償保障法」、そして、「船舶油濁等損害賠償保障法」に改められた。

## 4．タンカー油濁損害賠償責任

### (1) タンカー所有者の負う厳格責任

　船舶油濁等損害賠償保障法（以下、油賠法という）は、海上輸送に用いられる船舶を、タンカー（ばら積みの原油等の海上輸送のための船舟類）および一般船舶（旅客またはばら積みの原油等以外の貨物その他の物品の海上輸送のための船舟類）に分け、その双方について船舶所有者等の損害賠償責任を定めている。この法律における「原油等」とは、原油、重油、潤滑油等をいう（油賠法 2 条 4 号）。ここでは、タンカー所有者（タンカーの船舶所有者）の責任について概観する。

　タンカー油濁損害が生じたときは、当該油濁損害に係る原油等が積載されていたタンカー所有者は、その損害を賠償する責任を負う（油賠法 3 条 1 項）。ここでいうタンカー油濁損害とは、タンカーから流出し、または排出された原油等による汚染によって生じる 1992CLC 締約国の領域または排他的経済水域内における損害、および、その損害を防止し、または軽減するためにとられる相当の措置に要する費用およびその措置によって当該タンカー所有者に生じる損害である（油賠法 2 条 14 号）。

　通常、不法行為に基づく損害について不法行為者がその賠償責任を負うには、その者に故意または過失が認められる必要があることは前述した。しかし、タンカー所有者の責任は、戦争、内乱、異常な天災地変といった不可抗力、専ら当該タンカー所有者およびその使用する者の悪意、専ら国または公共団体の航路標識または交通整理のための信号施設の管理の瑕疵によって生じた場合を除き、当該タンカー所有者の過失の有無を問題とすることなく生じる（厳格責任）（油賠法 3 条 1 項）。タンカー油濁が引き起こす損害の重大性に鑑み、まず、この点において、タンカー油濁損害についての船舶所有者

の責任が強化されている。また、タンカー同士の衝突などを原因として、2隻以上のタンカーに積載されていた油によりタンカー油濁損害が生じることも珍しくはない。油賠法は、この場合において当該油濁損害がいずれのタンカーに積載されていた原油等によるものであるかを分別することができないときは、各タンカー所有者が連帯して損害賠償責任を負うと定めている（油賠法3条2項）。これもタンカー所有者の責任を強化して被害者保護に資するものである。

タンカー油濁損害については、タンカー所有者に責任が集中していることも特徴的である。すなわち、タンカー所有者の被用者、当該タンカーの船舶賃借人・傭船者等は、これらの者の故意または損害の発生のおそれがあることを認識しながらした無謀な行為によってこれが生じた場合を除き、責任主体から除外されている（油賠法3条4項）。なお、タンカー油濁損害の被害者に確実な賠償を得させるため、その賠償義務を履行することによりタンカー所有者に生じる損害（少なくとも責任限度額）を船主相互保険組合等が填補する内容の保険契約（保障契約）を締結していない日本国籍のタンカーによる2000トンを超える原油等の輸送を禁じるとともに、これを締結していない外国籍のタンカーのわが国への入港等を禁じている（油賠13条、14条）。

## (2) タンカー所有者の責任制限

このようにタンカー油濁損害についてはタンカー所有者の責任が強化されている。しかし、自己の故意または損害の発生のおそれがあることを認識しながらした自己の無謀な行為によってこれが生じた場合を除き、タンカー所有者は当該タンカー油濁損害に基づく債権について責任制限をすることができる（油賠法5条）。前述したように、一般に、船舶所有者等は、船主責任制限法に基づき一定の債権についてその責任を制限することができるが、タンカー油濁損害については、特別法としての油賠法がこれを規律する。油賠法6条に基づくタンカー所有者の責任限度額は図2のとおりである（ただし、8977万SDRが上限）。

## (3) 国際油濁補償基金への補償請求

油賠法は、わが国のタンカー、わが国の港に入港するタンカーに強制保険

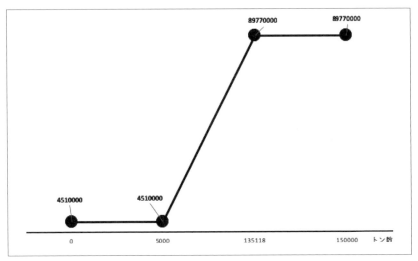

図2　タンカー所有者の責任限度額

を義務づけ、タンカー所有者の油濁賠償義務が履行されるような制度を構築
しているが、責任制限が認められていることから、タンカー所有者がその責
任を制限した場合には、油濁損害による被害者は十分な賠償を受けることが
できない。また、油賠法3条1項の免責事由等によってタンカー所有者が免
責される場合も同様である。

　この点、油賠法は、1992FC に基づく被害者への補償制度を取り入れてい
る。すなわち、被害者は、油賠法に基づき、1992FC の定めるところにより、
国際油濁補償基金に対し、2億 300万 SDR を上限としてタンカー所有者か
ら賠償を受けることができなかった部分の補償を求めることができる（油賠
法4条1項）。

　2000 年以降も油濁事故は後を絶たず、特に、2002 年にスペイン沖で重油
を流出させ、相当の被害を生じさせたプレステージ号の事故は、油濁損害
に対する追加的な補償の必要性を認識させた（箱井 2012：267）。そして、
2003 年には、「1992 年の油による汚染損害の補償のために国際基金の設立に
関する国際条約の 2003 年の議定書」（以下、2003 年追加基金議定書という）
により「2003 年の油による汚染損害の補償のための追加的な国際基金」（以
下、追加基金という）が設立された。この追加基金では、1992CLC および
1992FC に基づいて、被害者に対して実際に支払われた賠償額および補償額

の合計が7億5000万 SDR 以下の場合には、これを超えない範囲での補償がなされる（2003 年追加基金議定書4条2項（a）。1SDR=150 円としておよそ 1125 億円）。わが国も 2004 年に 2003 年追加基金議定書に加入して同年油賠法を改正したため、被害者が追加基金への補償を求めることができる（油賠法 30 条の2）。なお、原油および重油を受け取った者がこれらの基金への拠出義務を負う（1971FC 10 条、2003 年追加基金議定書 10 条）。すなわち、原油等の海上運送により直接利益を得る者に、これによって生じた損害を補償させる仕組みが採用されている。

## 5．一般船舶等油濁損害賠償責任

### (1) 燃料油による汚染損害と国際社会の対応

　油濁損害を生じさせるのは、タンカーに積載された貨物としてのばら積みの原油等だけではない。大型の貨物船がその燃料として積載する重油の量は、小型タンカーが貨物として積載する油量よりも多い場合がある。また、燃料油として使用される重油の性質上、その流出事故は極めて深刻な汚染被害を生じさせる。そのため、比較的早い時期から、国際社会では、燃料油による油濁事故から生じる損害賠償責任に関する国際的な統一ルールの必要性が説かれ（箱井 2012：265）、2001 年にバンカー条約が成立した。

### (2) わが国の油賠法と船舶所有者等の責任

　2002 年に茨城県日立港で北朝鮮籍の貨物船（チルソン号）が座礁した事故では、燃料油が流出し、三港湾管理者の茨城県が、およそ5億円に上る流出油回収、防除対策、船体撤去に係る費用の支出を余儀なくされた（露木 2006：75）。この事故を受け、わが国では、2014 年に、バンカー条約の批准に先駆けて、タンカー以外の一般船舶に燃料油汚染によって生じた損害を賠償するための保険加入を義務づけ、保険に加入していない船舶の入港を禁止することなどを内容とする油賠法の改正を行った（菱沼 2019：105）。その後、2019 年には、バンカー条約の批准に向け、同条約の内容を全面的に摂取した改正も行っている。

　このように燃料油等の流出によって生じる損害の賠償も油賠法がこれを規

律する。燃料油流出による損害は、タンカー油濁損害に対して、一般船舶等油濁損害と位置づけられ、タンカーまたは一般船舶から流出し、または排出された燃料油による汚染により生じるわが国の領域内または排他的経済水域内、燃料油条約の締約国である外国の領域内等における損害、および、こうした損害の原因となる事実が生じた後にその損害を防止し、または軽減するためにとられる相当の措置に要する費用・その措置により生じる損害と定義されている（油賠法2条16号）。

　一般船舶等油濁損害が生じたときは、戦争、内乱、異常な天災地変などの不可抗力、専ら当該一般船舶所有者等およびその使用する者以外の者の悪意、国または公共団体の航路標識または交通整理のための信号施設の管理の瑕疵による場合を除き、当該一般船舶等油濁損害に係る燃料油等が積載されていたタンカーまたは一般船舶の船舶所有者等は、連帯してその賠償責任を負う（油賠法39条の2第1項）。油賠法では、船舶所有者等とは船舶所有者および船舶賃借人をいうが（油賠法2条12号）、本条では、これに船舶管理人、船舶運行者も含まれている。

　この規定は、タンカー所有者の責任と同様に、一定の免責事由が生じた場合を除き、一般船舶所有者等に厳格な責任を負わせているが、タンカー所有者の責任とは次の点で異なる。すなわち、タンカー油濁損害の場合の責任はタンカー所有者に集中していたが、一般船舶等油濁損害の場合の責任については、船舶所有者のみならず、船舶賃借人、船舶管理者、船舶運航者もその責任主体に含まれ、これらの者の連帯責任とされている点である。なお、2隻以上のタンカーから油が流出した場合において、油濁損害がいずれのタンカーに積載されていた油によるものであるかを分別することができないときは、各タンカー所有者の連帯責任を認める規定（油賠法3条2項）は、一般船舶等油濁損害の場合にも準用される（油賠法39条2項）。

## (3) 一般船舶の船舶所有者等の責任制限

　一般船舶等油濁損害についての船舶所有者等の責任も、一般の船舶事故によって生じる損害およびタンカー油濁損害の場合と同様に責任制限の対象となる。タンカー油濁損害の場合には、油賠法がその特別法としての規律を設けているが、一般船舶等油濁損害の場合には、船主責任制限法がこれを規律

する（油賠法 40 条）。しかしながら、タンカー油濁損害の場合のように、船舶所有者等の責任限度額を超えた部分を被害者に対して補償する国際的な枠組みは存在しない。その理由は、油受取人の場合と異なり、荷主に責任の分担を求めるとしても、荷主の範囲が広く責任分担のあり方を構築するのが困難であることによる（小林 2017：121）。

## 6．油濁損害賠償責任に関する課題

### (1) 船舶の衝突によって生じた油濁損害に関する責任

　船舶が衝突し、双方の船舶から積荷としての原油等または燃料油等が流出した場合において、いずれの船舶から流出したものが第三者に損害を与えたのかを分別することができないときは、前述のように、各タンカー所有者の連帯責任、各船舶所有者等の連帯責任が認められる。他方、双方船舶の過失による衝突を原因として、一方の船舶からのこれらが流出し、第三者に損害を与えた場合には、いずれの船舶の原油等がこれを与えたかが明白であるから、この規定の適用はない。そうすると、この場合には、衝突した各タンカー所有者、各船舶所有者等は、油濁汚染の被害者に対して、船舶所有者間の衝突損害の分担を定める商法 788 条に基づき分割債務としての損害賠償債務を負うのか、または、民法 719 条に基づき連帯債務としてのそれを負うのかが問題となる。

　この問題は、商法解釈の問題として、双方船舶の過失によって衝突が生じた場合において、一方の船舶が他方の船舶の積荷等に損害を与えたときに、衝突船舶の所有者は積荷の荷主の第三者に対していかなる責任を負うかという問題として議論されている。商法 788 条は文言上、その適用を衝突した船舶所有者間の損害分担に限定していないこと、民法は原則として分割債務の原則を定めていること、人身損害を除き第三者に対する関係では各船舶所有者の責任を分割責任と定める「船舶の衝突に関する規定の統一に関する条約」（以下、衝突統一条約という）に鑑み、衝突船舶所有者と第三者との関係に商法 788 条が適用されるとの主張がある（戸田 1990：250 ほか）。これに対して、衝突について無過失の荷主等の第三者が船舶所有者の責任が分割責任となる不利益を被るのは妥当ではないなどの理由で、この場合には、衝突船

舶所有者は、第三者に対して不真正連帯の関係で損害賠償責任を負うとの主張もある（小町谷 1945：135）。わが国の判例は、この場合、民法 719 条に基づく共同不法行為が成立し、各船舶所有者は荷主等の第三者に対して連帯して損害賠償責任を負うと判示する（大判明治 44・11・6 民録 17 輯 627 頁）。

　2018 年商法改正に向けた法制審議会商法（運送・海商関係）部会では、当初、衝突統一条約に従って、人身損害の場合を除き、船舶所有者は第三者に与えた損害について分割責任を負う旨の規定を商法に新設することが提案された。しかし、同部会による審議の結果、被害者保護を重視すべきことなどの理由から、こうした規定の新設は見送られ（法務省 2015：28）、これに関する特別な規定は置かれることなく商法改正法は成立した。こうした事情に加え、海上運送に無関係な者に不利益になるような解釈は妥当ではない（松田 2014：73）。したがって、このような場合には、各船舶所有者による共同不法行為が成立し、船舶所有者は連帯して被害者に対する損害賠償責任を負うと解すべきである。

### (2) 一般船舶等油濁損害の場合の被害者保護

　一般船舶等油濁損害については、前述のように、船主責任制限法に基づく船舶所有者等の責任制限に服することになる。その結果、船舶から流出した燃料油によって生じた漁業施設、観光施設等の損傷などの損害は同法 3 条 1 項 1 号における「運航に直接関連して生ずる物の滅失・損傷による損害」にあたる。また、漁業権が侵害されたことによる損害、観光施設が被害を受け、営業ができなくなったことによる損失などは、同法 3 条 1 項 3 号における「船舶の運航に直接関連して生ずる権利侵害による損害」に、オイルフェンス展張の際の漁網被害、油処理による漁業被害は損害の防止・軽減措置に伴って生じる損害（船主責任制限法 2 条 2 項 3 号、3 条 1 項 4 号）にあたる（重田 2003：45-46）。さらに、沿岸の漁業関係者または観光業関係者が漂着した油の清掃作業を行った場合の費用は損害防止・軽減措置に関する債権にあたる（小林 2017：140）。

　このように燃料油の流出によって第三者が被った損害の賠償請求権、支払った費用に関する債権のほとんどは船主責任制限法に基づく責任制限の対象となる。一般船舶等油濁損害の場合には、油賠法は、タンカー油濁損害の場

合のように船主のみを責任主体とするのではなく、広く船舶賃借人のほか、船舶管理者、船舶運航者をも責任主体に取り込んでいる。しかし、これらの者も、さらには、衝突などの場合に、油賠法 3 条 2 項の規定の準用により連帯責任を負うことになった他船の船舶所有者等も船主責任制限法に基づく責任制限をすることができる（油賠法 40 条）。

　自己の有する債権が責任制限の対象となることにより、責任制限基金からの弁済を受けられることにはなるが、他の債権者とともに、自己の有する債権額に応じた配当を受けられるにとどまるから、一般的には債権者にとっては不利な扱いになる（小林 2017：141）。もっとも、タンカー油濁損害の場合には、タンカー所有者が責任制限をしたとしても、国際基金および追加基金からの補償を受けることができるので、こうした者への保護は十分に行える。そうすると、やはり、タンカー油濁損害の場合のように、補償基金を設けて、一般船舶等油濁損害の場合にも、これによる補償を制度化することが望ましいが、すでに指摘されているように、現実には、多種多様な荷主にどのような責任分担の下で補償基金への拠出を求めるかは解決の困難な問題である。

　そこで、例えば、清掃費用などの損害・軽減防止措置に係る費用に関する債権については、理論上は制限債権にあたると解しつつも、実務上は、船舶所有者の協力を得て、船舶所有者が清掃作業等の実施を漁業者関係等に委託し、これらの者にその報酬を支払う形を取ることにより、これを制限債権の対象から外す方法をとるべきことが指摘されている（小林 2017：141）。また、海洋汚染防止法に基づく防除措置および無害化措置により海上保安庁長官または関係地方公共団体の長等が有することになったこれに係る費用請求権は制限債権にあたらないと解釈することなどにより、制限債権にあたるものを解釈上限定すべきことも提案されている（小林 2017：147, 153）。

　そもそも、油濁損害における被害者の多くは、その発生について何ら落ち度のない者であり、生じた損害がタンカー油濁損害、一般船舶等油濁損害のいずれの場合であっても同様の損害を受けることに変わりはない。漂着した油の清掃作業を漁業者等に委託する形をとるには、船舶所有者が積極的にこれに応じなければならないといった問題はあるものの、ここにみた指摘・提案は、船主責任制限法の定める制限債権の範囲に実質的な限定を加えること

により、タンカー油濁損害の場合における被害者保護と一般船舶等油濁損害の場合における被害者保護とのバランスを取ろうとするものであり、合理的なものであると言えよう。

## おわりに

　本章では、船舶衝突等の事故に起因して生じる損害賠償責任の原則を概観するとともに、特に、事故により船舶から油が流出し、これによって生じた損害についての船舶所有者等の責任に焦点をあて、これを規律する法的枠組みが有する課題に言及した。一般に、船舶所有者等は、その雇用する船員等が過失によって他人に与えた損害を賠償する責任を負うが、この責任は一定の限度に制限される。油濁事故によって生じた損害賠償責任も同様であるが、タンカー油濁損害の場合には、責任制限によって被害者が得られなかった賠償額については、1992FC および追加基金から２段階の補償を受けることができる仕組みが確立されている。これにより、被害者の保護はある程度十分に図られることになる。

　ところが、一般船舶等油濁損害の場合には、船舶所有者の責任は、タンカー油濁損害の場合と同様に厳格責任とされるものの、船主責任制限法に基づく責任制限制度が適用されることにより、船舶所有者の責任は軽減される。さらに、この場合には、タンカー油濁損害の場合とは異なり、責任制限によって得られなかった損害賠償額を補償するための基金は設けられていない。したがって、すでに提案されているように、タンカー油濁損害の場合の被害者保護と一般船舶等油濁損害の場合の被害者保護との間のバランスを取るような法解釈・運用が望まれる。これに加えて、タンカー油濁損害の場合と同様の損害補償基金を構築することは困難であろうが、一般船舶等油濁損害の場合にも船舶による物品・旅客の運送による利益を受ける者がその責任の一端を担う制度的枠組みを模索し続けることも重要であろう。

**引用／参考文献**

石井照久（1964）『海商法』有斐閣．東京．

鹿児島県離島振興協議会・鹿児島県企画部離島振興課（2019）『かごしまの島々』

　　鹿児島県 . 鹿児島 .

窪田充見（2018）『不法行為法民法を学ぶ第 2 版』有斐閣 . 東京 .

国土交通省（2002）「ナホトカ号油流出事故における油濁損害賠償等請求事件に
　　係る訴訟の和解について」http://www.mlit.go.jp/kisha/kisha02/10/100830_
　　html（最終閲覧 2019 年 9 月 30 日）

国土交通省運輸安全委員会（2019）「船舶事故の統計」https://jtsb.mlit.go.jp/jtsb/
　　ship/ship-accident-toukei.php（最終閲覧 2019 年 9 月 30 日）

小林寛（2017）『船舶油濁損害賠償・補償責任の構造』成文堂 . 東京 .

小町谷操三（1945）『船舶衝突論』岩波書店 . 東京 .

小町谷操三（1984）『復刻版海商法研究』第 7 巻 . 成山堂 . 東京 .

重田晴生（2003）「船主責任制限制度」落合誠一・江頭憲治郎編『海法大系』商事
　　法務 . 東京 .

鈴木竹雄（1993）『新版商行為法・保険法・海商法〔全訂 2 版〕』弘文堂 . 東京 .

谷川久（1988）「国際油濁損害補償制度の 20 年」『成蹊法学』28

谷川久（1997）「ナホトカ号流出油事故と法的問題点」『ジュリスト』1117.

露木伸宏（2004）「放置座礁船問題への取組み」『運輸政策研究』7(2)

時岡泰・谷川久・相良朋紀（1979）『逐条船主責任制限法船舶油濁賠償保障法』商
　　事法務研究会 . 東京 .

戸田修三（1990）『海商法〔新訂 5 版〕』文眞堂 . 東京 .

中村眞澄・箱井崇史（2013）『海商法（第 2 版)』成文堂 . 東京 .

箱井崇史編（2012）『船舶衝突法』成文堂 . 東京 .

菱沼奏太（2019）「燃料油条約と難破物除去条約の国内法制化─船舶油濁損害賠償
　　保障法の一部改正─」『立法と調査』412

法務省（2015）「法制審議会商法（運送・海商関係）部会第 15 回会議議事録」
　　http://www.moj.go.jp/content/001166942.pdf（最終閲覧 2019 年 9 月 30 日）

松田忠大（2014）『船舶衝突責任法の現状と課題』成文堂 . 東京 .

村田治美（2005）『体系海商法〔2 訂版〕』成山堂書店 . 東京 .

矢崎真澄・後藤真太郎（2006）「ナホトカ号重油流出事故における地方公共団体の
　　補償請求の査定基準について」『地球環境研究』8

# 索 引

## ■ 著者紹介（執筆順）

### 高宮　広土（たかみや　ひろと）
1959年、沖縄県生まれ。現在、鹿児島大学国際島嶼教育研究センター教授。専門は先史人類学。Ph.D. in Anthropology, University of California, Los Angeles。札幌大学女子短期大学部講師、札幌大学文化学部助教授・教授を経て、2015年より現職。著書に『島の先史学：パラダイスではなかった沖縄諸島の先史時代』（2005年、ボーダーインク）など。札幌大学名誉教授

### 橋本　達也（はしもと　たつや）
1969年、大阪府生まれ。現在、鹿児島大学総合研究博物館教授。専門は考古学。早稲田大学大学院文学研究科修士課程修了。徳島大学助手を経て2001年より現職。「古墳と南島社会─古墳時代における南の境界域の実相・広域交流・民族形成─」（『国立歴史民俗博物館研究報告』No.211、2018年）、『X線CT調査による古墳時代甲冑の研究』（2018年、鹿児島大学総合研究博物館）など。

### 高津　孝（たかつ　たかし）
1958年、大阪府生まれ。現在、鹿児島大学法文教育学域法文学系教授。専門は中国古典文学。京都大学大学院文学研究科博士後期課程中退。1988年より現職。著書に『江戸の博物学　島津重豪と南西諸島の本草学』（2017年、平凡社）、『博物学と書物の東アジア─薩摩、琉球と海域交流─』（2010年、榕樹書林）、編著に、『琉球王国漢文文献集成』36冊（2013年、復旦大学出版社）、『東アジア海域に漕ぎだす3　くらしがつなぐ寧波と日本』（2013年、東京大学出版会）など。

### 渡辺　芳郎（わたなべ　よしろう）（編者）
1961年、埼玉県生まれ。現在、鹿児島大学法文教育学域法文学系教授。専門は考古学。九州大学大学院文学研究科博士後期課程中退。九州大学文学部助手、佐賀県立九州陶磁文化館学芸員を経て、1993年より現職。著書に『日本のやきもの　薩摩』（2003年、淡交社）、『近世トカラの物資流通－陶磁器考古学からのアプローチ－』（2018年、北斗書房）など。

### 桑原　季雄（くわはら　すえお）
1955年、鹿児島県生まれ。現在、鹿児島大学共通教育センター教授。専門は文化人類学。筑波大学大学院歴史・人類学研究科博士後期課程中退。鹿児島大学教養部助教授、鹿児島大学法文学部教授を経て2016年より現職。著書（共著）に『鹿児島の島々』（2016年、南方新社）、『The Amami Islands』（2016年、北斗書房）など。

### 兼城　糸絵（かねしろ　いとえ）
1982年、沖縄県生まれ。現在、鹿児島大学法文教育学域法文学系准教授。専門は文化人類学、中国地域研究。東北大学大学院環境科学研究科単位取得退学。博士（学術）（東北大学）。2013年より現職。論文に「"移民"が支える神祇祭祀─福建省福州市の僑郷の事例から」『僑郷─華僑のふるさとをめぐる表象と実像』（2016年、行路社）など

### 熊　華磊（ゆう　からい）
1986年、中国江蘇省南京市生まれ。現在、鹿児島大学高等教育研究開発センター特任助手、鹿児島大学、志学館大学非常勤講師。専門は文化人類学、民俗学。鹿児島大学大学院人文社会科

学研究科博士後期課程修了。博士（学術）（鹿児島大学）。論文に「地域社会における桜の花見の展開のあり方：鹿児島県伊佐市の近隣二集落における花見の展開プロセスに着目して」（『文化／批評』8、2017年）など。

### 鵜戸　聡（うど　さとし）

1981年、宮崎県生まれ。現在、鹿児島大学法文教育学域法文学系准教授。専門はフランス語圏アラブ＝ベルベル文学。東京大学大学院総合文化研究科博士後期課程修了。博士（学術）（東京大学）。共著書に松原康介編『地中海を旅する62章』（2019年、明石書店）、庄司宏子編『国民国家と文学』（2019年、作品社）など。

### 萩野　誠（はぎの　まこと）

1959年、福岡県生まれ。現在、鹿児島大学法文教育学域法文学系教授。専門は経営情報論。九州大学大学院経済学研究科博士後期課程中退。1987年鹿児島大学に赴任、現在に至る。著書に『情報技術と差別化経済』（2004年、九州大学出版会）、編著『世界自然遺産とエコツーリズムのモデル分析』鹿児島大学人文社会科学研究科地域経営研究センター叢書No.3（2018年、北斗書房）など。

### 宋　多情（そん　だじょん）

1990年、韓国全州市生まれ。現在、鹿児島大学国際島嶼教育研究センタープロジェクト研究員。博士（学術）（鹿児島大学）。専門は文化人類学。論文に「奄美大島におけるエコツーリズムの受容プロセス」（『島嶼研究』18-1、2017年）など。

### 宮下　正昭（みやした　まさあき）

1956年、鹿児島県生まれ。現在、鹿児島大学法文教育学域法文学系准教授。専門は報道論。慶應義塾大学法文学部卒。南日本新聞社に32年勤務後、現職。著書に『予断　えん罪高隈事件』（1988年、筑摩書房）、『聖堂の日の丸　奄美カトリック迫害と天皇教』（1999年、南方新社）、『中国香港特別区最新事情』（1999年、社会評論社）など。

### 西村　知（にしむら　さとる）

1963年、京都府生まれ。現在、鹿児島大学法文教育学域法文学系教授。専門は、経済学。1992年、九州大学大学院経済学研究科修了。1990年より1992年まで国費留学生としてフィリピン大学経済学部に留学。九州大学経済学部助手、鹿児島大学教養部講師を経て、2015年より現職。博士（経済学）（九州大学）。論文に「「新興国」フィリピンの挑戦」（『アジア太平洋究』24、2015年）など。

### 松田　忠大（まつだ　ただひろ）

1971年、鹿児島県生まれ。現在、鹿児島大学法文教育学域法文学系教授。2012年、博士（法学）（早稲田大学）。専門は商法、海商法。早稲田大学大学院法学研究科博士課程を修了後、国立宇部工業高等専門学校講師、国立鹿児島工業高等専門学校准教授、鹿児島大学法文学部准教授を経て、2013年より現職。著書に『船舶衝突法』（共著）（2012年、成文堂）、『船舶衝突責任法の課題と展開』（単著）（2014年、成文堂）がある。

## 奄美群島の歴史・文化・社会的多様性

発　行　日　　2020年3月25日　第1刷発行

編　　　　者　　渡辺芳郎

発　行　者　　向原祥隆

ブックデザイン　　オーガニックデザイン

発　行　所　　株式会社 南方新社
　　　　　　　　〒892-0873　鹿児島市下田町292-1
　　　　　　　　電　　話　099-248-5455
　　　　　　　　振替口座　02070-3-27929
　　　　　　　　URL http://www.nanpou.com/
　　　　　　　　e-mail info@nanpou.com

印 刷・製 本　　株式会社朝日印刷